더불어민주당 창당70년 기념사업 추진위원회 편

| 축사 |

더불어민주당 70년사 발간을 축하하며

더불어민주당 당대표
정 청 래

국민 여러분, 당원 동지 여러분,

더불어민주당이 창당 70년을 맞았습니다. 국민들의 고통에 맞서고, 함께 울고 웃으며 성장해 온 70년입니다. 민주주의와 서민의 정당, 더불어민주당의 한 구성원으로서 무한한 긍지와 자부심을 느낍니다.

더불어민주당의 역사는 대한민국 민주주의의 역사 그 자체입니다. 더불어민주당은 1955년, 창당과 함께 당명에 '민주'를 새겼습니다. 이승만의 친위쿠데타와 사사오입 파동에 맞서 '반독재 민주화'를 역사적 소명으로 여겼기 때문입니다. 이후, '전 국민의 심부름꾼'이 되겠다 했던 신익희 선생 타계의 아쉬움을 뒤로하고 4.19 혁명에 함께했습니다. 서슬 퍼런 박정희 군사독재 하에서도 재야세력과 손잡고 민주회복 개헌투쟁을 이끌었습니다. 신군부에 맞선 부마항쟁과 5.18 광주민주화운동은 더불어민주당의 가슴에 민주주의를 위해 희생한 국민의 이름을 영원히 새겨 넣었고, 87년 6월 항쟁의 거리를 거대한 시민의 함성으로 물결치게 할 수 있었습니다. 또한 더불어민주당의 역사는 "대한민국의 주권은 국민에게 있다"라는 헌법 제1조를 실현해 온 역사입니다. 언제나 '행동하는 양심, 깨어있는 시민'과 함께 헌법을 수호하고 국민주권의 시대를 향해 전진해 왔습니다. 박근혜 정권의 부정부패 국정농단을 촛불혁명으로 물리쳤고, 윤석열 정권의 불법 계엄 내란 사태는 빛의 혁명으로 막아냈습니다. 민주주의가 위기에 처할 때마다 더 큰 민주주의로 이겨냈으며 그 현장에는 진정한 주인, 국민들이 계셨습니다. 그 역사는 김대중, 노무현, 문재인정부를 거치며 싹을 피웠고, 이재명정부에서 국민주권시대라는 이름으로 활짝 꽃피기 시작했습니다. 지난 70년, 더불어민주당이 이룬 성과는 차곡차곡 국민의 삶을 변화시켜 왔습니다. 복지는 국민 권리로, 성장 동력으로 발전했습니다. IMF 국난을 극복하고, IT혁명을 이끌었습니다. 국방예산을 획기적으로 늘리고, 국방개혁을 통해 군사강국으로 거듭났습니다. 외교지평을 넓혀 다양한 나라들과 무역의 길을 열었습니다. 한반도의 평화가 결코 꿈이 아니며, 우리 힘으로 가능하다는 것을 증명했습니다. 지난 70년은 더불어민주당이 민주주의와 인권, 복지와 평화에서뿐 아니라 경제에서도, 안보에서도, 또 민생에서도 유능하다는 것을 증명하는 시간이었습니다.

더불어민주당 창당 70년 당사는 꼭 더불어민주당의 것만이 아닙니다. 경제 강국, 민주주의 강국으로 성장하기까지 대한민국이라는 이름으로 함께해 주신 국민 모두의 역사입니다. 어려울 때나 기쁠 때나 변함없이 당을 지켜주신 당원들의 속 깊은 이야기이며 더불어민주당을 아끼고, 질책해 주신 지지자들의 기록입니다. 국민과 당원들이 있었기에 불굴의 역사, 극복의 역사, 승리의 역사를 써 내려갈 수 있었습니다. 더불어민주당 70년과 함께 헌신적으로 당을 지켜주고 계신 당원 동지들께 깊은 존경의 말씀을 전합니다.

당사를 발간하기까지 많은 분들의 수고가 있었습니다. '창당70년 기념사업 추진위원회' 공동위원장으로서 당을 든든히 지켜주고 계신 권노갑 상임고문님과 송춘한 백년당원님께 특별한 감사를 드립니다. 위성곤 당사편찬분과장님과 이기헌 간사님, 김준혁·정을호 위원님, 집필과 편집을 담당해 주신 동지들께도 수고하셨다는 말씀 전합니다.

이제 우리는 국민과 당원이 승리하는 백년정당으로 갑니다. 당원이 주인이 되는 당원주권시대를 열고, 국민주권 이재명정부의 성공을 위해 다시 심기일전해야 합니다. 이번 창당 70년 당사 발간을 통해, 더불어민주당의 위대하고 찬란한 역사와 성과들을 되돌아보며, 새로운 백년정당의 기틀과 비전을 다잡을 수 있기를 바랍니다. 당원 동지 여러분, 사랑합니다. 고맙습니다.

2025년 12월 정청래

| 발간사 |

민주당 70년,
국민 행복과 대한민국
발전의 희망의 역사

더불어민주당 창당70년 기념사업 추진위원회 위원장
권 노 갑

존경하는 국민 여러분, 사랑하는 당원 동지 여러분,

올해 우리 더불어민주당은 창당 70주년을 맞이했습니다. 민주당의 70년 역사는 단지 한 정당의 정치사가 아닙니다. 그 역사는 대한민국 민주주의의 뿌리를 세운 출발이었으며, 그 시작은 1955년 9월 19일 이승만 독재에 맞서 국민의 자유와 권리를 지키기 위해 창당된 민주당이었습니다.

당시 창당 정강은 다음과 같습니다.
1. 일체의 독재주의를 배격하고 민주주의 발전을 기한다.
2. 공정한 자유선거에 의한 대의 정치와 내각책임제 구현을 기한다.
3. 자유경제 원칙하에 생산을 증강하고 사회정의에 입각한 공정한 분배로서 건전한 국민경제의 발전을 기하며 특히 농민, 노동자, 기타 근로대중의 복리향상을 기한다.
4. 민족문화를 육성하며 문화교류를 촉진하여 세계문화의 진전에 공헌함을 기한다.
5. 국력의 신장과 민주우방과의 제휴로서 국토통일과 국제정의의 확립을 기한다.

민주당은 창당 당시 제시한 정강을 오늘날까지도 기본 정신으로 삼아, 국민과 함께 독재에 맞서 싸워 왔습니다. 아울러 민주주의와 사회정의에 입각한 국민경제, 민족문화 육성 및 국제교류, 국력신장과 민주우방과의 국제적 제휴 및 국제정의 실현, 그리고 민족의 평화·통일을 지향하는 정책을 추진했습니다. 따라서 민주당 70년사는 이승만, 박정희, 전두환, 노태우로 이어지는 군사독재정권에서 온갖 탄압과 박해에 맞서 국민과 함께 국민주권의 민주주의를 지키고, 국민의 행복과 나라 발전을 위해 노력한 대한민국의 고난과 희망의 역사입니다. 민주당이 있었기에 우리 국민들이 "대한민국"을 자랑스럽게 외칠 수 있었고, 대한민국은 세계인들이 부러워하는 민주주의 국가이자 정보화 강국, 선진 복지사회, 전 세계에 한류문화를 꽃피운 문화의 발원지, 그리고 세계 10위의 경제대국으로 발전할 수 있었습니다.

이제 민주당은 과거를 돌아보며 현재를 다듬어, 세계와 미래로 나아가는 대한민국의 비전과 정책을 국민에게 제시해야 합니다. 오늘의 세계는 과거와 달리 내치와 외치가 구분되지 않는 지구촌 시대입니다. 따라서 AI 등 최첨단 과학기술혁명 경쟁, 강대국들과의 군사 통상경제 대결 등으로 재편되는 국제질서의 새로운 변화를 바르게 인식해야 합니다. 그리고 이에 대한 정책들을 잘 준비해서 국민의 행복과 나라발전, 한반도 평화와 세계 평화에 기여하는 정당이 되어야 합니다.

이를 위해서는 민주당의 국회의원과 당원 모두가 김대중 대통령의 정치철학을 깊이 새겨야 합니다. 즉, '망원경적 역사의식과 현미경적 현실인식', '서생적 문제의식과 상인적 현실감각'을 갖추어야 합니다. 그리고 끊임없이 배우고 연구해야 합니다. 이제는 만능적인 AI시대로 무엇을 몰라서 못한다는 말은 할 수 없게 되었습니다. 국민 삶의 현장에서 왜 정치를 하는지, 국민의 행복과 나라발전을 위해서는 무엇을 어떻게 해야 하는지를 생각하며 노력하는 당원들이 되어야 합니다. 김대중 대통령은 "기적은 기적적으로 오지 않습니다. 국민의 피와 땀으로 만들어집니다."라고 말씀했습니다. 이 지적처럼 국민과 함께하는 민주당원의 헌신이 국민에게 희망을 주고 대한민국의 새로운 미래를 여는 원동력입니다. 민주당은 정책정당으로서 정치인을 혐오하는 국민들에게, 민주당을 염려하는 국민들에게 신뢰와 희망을 주어야 합니다. 더 나아가 세계 각국의 정당들이 민주당을 보고 배울 수 있는 정당이 되도록 앞서가야 합니다.

민주당 70년사 편찬을 위해 헌신하신 모든 분들에게 깊이 감사드리며, 당원 동지 여러분들의 행복과 건승을 기원합니다. 감사합니다.

2025년 12월

CONTENTS

축　사　더불어민주당 70년사 발간을 축하하며　　　　　　　　　2
　　　　　더불어민주당 당대표 | 정청래

발간사　민주당 70년, 국민 행복과 대한민국 발전의 희망의 역사　　4
　　　　　더불어민주당 창당70년 기념사업 추진위원회 위원장 | 권노갑

서　문　국민과 함께, 당원과 함께 해 온 민주당 70년을 돌아보며　12

제1장 더불어민주당으로 새로운 출발(2015-2016)

1. 더불어민주당의 탄생　　　　　　　　　　　　　　　　　　28
　　새로운 시작　　　　　　　　　　　　　　　　　　　　　　28
　　소녀의 눈물 운동본부　　　　　　　　　　　　　　　　　　30

2. 승리의 시작: 제20대 총선　　　　　　　　　　　　　　　33
　　비상대책위원회 결성　　　　　　　　　　　　　　　　　　33
　　4.13 총선, 원내 제1당과 호남의 심판　　　　　　　　　　38
　　추미애 당대표 체제 출범　　　　　　　　　　　　　　　　41

3. 헌정사 최초의 대통령 탄핵　　　　　　　　　　　　　　44
　　제20대 국회와 국정감사　　　　　　　　　　　　　　　　　44
　　박근혜-최순실 국정농단과 촛불혁명　　　　　　　　　　　50
　　대통령을 파면하다　　　　　　　　　　　　　　　　　　　59

제2장 제3기 민주정부와 포용국가(2017-2019)

1. 되찾은 민주정부 — 70
   제19대 대선 후보 당내 경선 — 70
   대선 승리: 나라를 나라답게 — 74
   제3기 민주정부 출범: 선도국가, 포용국가를 향해 — 80

2. 개혁과 반개혁 — 85
   여소야대에서 공조와 공방 — 85
   지방선거 승리 — 87
   이해찬 당대표 체제 출범 — 92
   권력기관 개혁과 저항 — 95
   민주당의 정당혁신 — 103

3. 나라다운 나라 — 106
   적폐청산과 국정개혁 과제 — 106
   평창 동계 올림픽의 성공적 개최 — 110
   J노믹스 — 113
   에너지 전환 로드맵 — 114
   문재인 케어와 복지 확대 — 116

4. 한반도의 봄 — 120
   한반도 평화 프로세스 — 120
   남북 정상회담 — 122
   북미 정상회담 — 124
   신북방 정책과 신남방 정책 — 129
   국방개혁 2.0 — 131

CONTENTS

제3장 코로나19 위기와 국난 극복(2019-2020)

1. 계속되는 위기와 민주당의 대응   136
   소부장 위기 극복   136
   연구개발(R&D) 지원 정책   138
   코로나19 국난극복위원회 출범과 활동   139
   아프리카 돼지 열병 확산 저지   145

2. 제21대 총선 승리   147
   선거제도 개혁   147
   뜨거운 투표 열기   149
   이해찬 지도부의 당 혁신   154
   멈추지 않는 개혁   155

제4장 제20대 대선 패배와 정치보복(2021-2022)

1. 민주당의 체제정비   164
   민심 이반과 재보궐선거 참패   164
   송영길 당대표 체제 출범   166

2. 검찰개혁과 저항   169
   검찰개혁을 향해 뗀 첫걸음   169
   윤석열의 변신과 저항   172

3. 아쉬운 패배   175
   대선 후보 이재명 선출   175
   0.73%p의 석패   181

제5장 검찰공화국의 등장과 이재명 당대표 체제 출범(2022-2023)

1. 지방선거 패배와 이재명 당대표 체제   190
    검찰독재의 시작   190
    제8회 지방선거 민주당 참패   191
    이재명 당대표 체제 출범   194
    윤석열 정권의 폭주   195
    민주당 내부 갈등과 반격   199

2. 이태원 참사 진상 규명을 위한 민주당의 분투   203
    예견된 참사   203
    국정조사와 특별법 제정   204

3. 민주당의 대정부 견제와 검찰의 공세   208
    민주당의 민생 입법 추진   208
    대통령의 거부권 남발과 민주당의 견제   210
    이재명 당대표와 민주당을 향한 검찰의 공세   213

4. 윤석열 정권의 실정과 국격의 추락   216
    최악의 잼버리 대회와 국제적 망신   216
    부산엑스포 유치 실패   218
    순직 해병 사건 수사 외압과 은폐   220
    연구개발(R&D) 예산 대폭 삭감   223

5. 이재명 당대표의 단식투쟁   225
    체포동의안 가결과 민주당의 위기   226
    강서구청장 보궐선거 승리   229
    의료 대란 사태 대응   231

CONTENTS

제6장 친위쿠데타 저지와 제4기 민주정부 출범(2024-2025)

1. 이재명 당대표 피습 　　　　　　　　　　　　　　　　236

2. 제22대 국회의원 선거 민주당 압승 　　　　　　　　　238
   　공천규칙 확정과 내부 갈등 　　　　　　　　　　　　240
   　압도적 승리와 정치 지형의 변화 　　　　　　　　　　242

3. 제22대 국회개원과 민주당 전당대회 　　　　　　　　248
   　민주당의 입법 노력 　　　　　　　　　　　　　　　　249
   　이재명 당대표 연임 　　　　　　　　　　　　　　　　250
   　민주당의 계엄 경고 　　　　　　　　　　　　　　　　251
   　거세진 윤석열 퇴진 요구 　　　　　　　　　　　　　253

4. 윤석열 불법 비상계엄령 선포 　　　　　　　　　　　255
   　내란의 밤 　　　　　　　　　　　　　　　　　　　　255
   　시민과 민주당의 저항 　　　　　　　　　　　　　　258

5. 국민과 함께 이뤄낸 대통령 탄핵 　　　　　　　　　　263
   　불발된 탄핵소추 　　　　　　　　　　　　　　　　　264
   　역사적인 탄핵소추 의결 　　　　　　　　　　　　　268
   　대통령을 파면한다 　　　　　　　　　　　　　　　　270
   　조기 대선과 이재명 대통령 당선 　　　　　　　　　273

6. 정청래 당대표 체제 출범과 검찰개혁의 완수 　　　　280

제7장 **더불어민주당의 길**

더 강한 민주주의를 향해	288
통합의 정치, 통합의 나라를 향해	291
민생을 책임지는 유능한 정당으로	292
흔들리지 않는 백년 정당을 향해	294

연 표   297

후 기   승리의 역사, 국민과 함께 이룬 새로운 10년의 기록   302
더불어민주당 창당70년 기념사업 추진위원회 당사 편찬 분과장 | 위성곤

| 서문 |

국민과 함께, 당원과 함께 해 온 민주당 70년을 돌아보며

2024년 12월 3일 밤, 윤석열이 비상계엄을 선포했다. 전두환이 비상계엄을 선포한 이래 45년 만에 일어난 사태였다. 윤석열은 상기된 표정으로 반국가 세력이 준동하여 나라가 위기에 처했다고 했다. 아닌 밤중에 홍두깨였다. 경찰이 국회를 봉쇄하고, 특전사 요원들이 국회의사당으로 진입했다. 여의도 상공으로는 헬기가 날았고, 한강 다리로는 장갑차가 지났다. 국회의 기능을 마비시켜 비상계엄 해제를 못하게 막으려는 것이었다. 강압에 의하여 헌법기관의 권능행사를 불가능하게 하는 것은 명백한 국헌문란이자 내란행위임에도 그 짓을 벌인 것이다. 그 상황은 실시간으로 한국뿐만 아니라 전 세계로 타전되고 있었고, 온 세계가 대한민국의 운명을 걱정했다.

우려도 잠시, 세계인들은 또 한 번 놀랐다. 비상계엄 선포 직후부터 국회의사당 앞은 비상계엄 해제를 요구하는 시민들로 넘쳐나기 시작했다. 그들은 맨 몸으로 장갑차 앞을 가로막았다. 맨손으로 총 든 군인들과 대치하며 의원들이 국회의사당 안으로 들어갈 길을 냈다. 의원들은 국회 담을 넘어 본회의장으로 달려갔다. 그렇게 해서 국회의원 190명이 본회의장 안으로 모였고, 새벽 1시께 재석 의원 전원의 찬성으로 비상계엄 해제를 의결했다. '국회가 재적의원 과반수의 찬성으로 계엄의 해제를 요구한 때에는 대통령은 이를 해제하여야 한다.'는 헌법 제77조 규정에도 불구하고 윤석열은 한참을 머뭇거렸다. 2차 계엄을 우려했지만 새벽 4시가 넘어서 결국 비상계엄 선포를 해제했다. 국민과 함께 민주당이 대한민국의 운명을 되돌린 것이다.

45년 만에 선포된 비상계엄이 6시간 만에 종료될 수 있었던 배경에는 민주당의 역할이 컸다. 민주당 의원과 당직자들은 일촉즉발의 위기 속에서 좌고우면하지 않고 일사분란하게 움직였다. 비상계엄을 해제시키고, 탄핵소추안을 의결하고, 윤석열이 파면되고, 구속되기까지 민주당은 한 치의 흐트러짐도 없이 대응했다. 물론 국민들과 함께 했기 때문에 가능한 일이었다. 민주당은 4.19 혁명 때도 그랬듯이 '빛의 혁명'을 이룬 국민께 감사의 인사를 전했다.

"헌정질서가 위태로울 때마다 떨쳐 일어나 국헌을 바로 세우고 민주주의를 지켜낸 우리 국민의 위대함과 슬기로움에 대한민국 국회는 깊이 감사하며 무한한 존경과 신뢰를 표합니다. 대한민국 국민과 이 시대를 함께 할 수 있어서 영광입니다."

위기의 순간, 나라를 구한 것은 다름 아닌 역사였고 뿌리였다. 1894년 동학농민혁명, 1919년 3.1 독립운동, 1960년 4.19 혁명, 1980년 5.18 광주민주화운동, 1987년 6월 민주항쟁, 2016년 촛불혁명의 역사가 2024년 12월 내란에서 대한민국을 구했다. 과거의 역사가 현재의 역사를 구원했고, 피와 땀으로 키워 온 민주주의의 뿌리가 현재를 지탱했다. 민주당 70년이야 말로 그런 대한민국의 역사와 뿌리를 만들어 온 시간이었다. 국민과 함께, 당원과 함께 해 온 민주당 70년의 역사가 자랑스러운 만큼, 새로운 70년으로 나아가기 위해 지난 역사를 돌아봐야 한다. 지난 역사에서 부족했던 부분은 채우고, 잘못한 것은 고쳐 시대와 민심에 부응하는 정당으로 거듭나야 한다. 70년의 역사 속에서 민주당이 겪었던 온갖 수난과 저항, 분열과 통합, 승리의 순간들을 성찰해 더 나은 민주당으로 나아가야 한다.

민주당은 2016년에 창당 60년사를 펴낸 바가 있다. 그 안에는 창당에서부터 김대중정부와 노무현정부의 탄생까지를 담았다. 더불어민주당 10년사를 살펴보기 전에 민주당의 지난 60년사를 간략하게 돌아보자. 민주당은 1955년 9월 19일을 당사의 시작으로 한다. 그 날, 이승만 독재에 저항하던 야당세력들은 대동단결을 외치며 '민주당'을 창당했다. 1952년 부산정치파동이라는 이름의 친위쿠데타로 이승만은 정권을 연장했으며, 1954년에는 사사오입 개헌으로 영구집권을 획책했다. 속수무책으로 당하던 야당세력은 민국당을 중심으로 호헌동지회를 결성하고, 이를 모태로 신당추진위원회를 결성했다. 민국당이 중심이 되고, 장면·정일형 등 흥사단계, 현석호·김영삼 등 자유당 탈당파, 기타 무소속 정치인들이 참여했지만, 조봉암 등 혁신계를 배제한 것은 안타까운 일이었다. 아무튼 민주당은 반독재 민주화의 깃발 아래 민주, 자유, 통일의 기치를 높이 든 정통 야당으로 탄생했다.

민주당은 창당하자마자 자유당 정권의 전횡과 이승만 장기집권에 반대하며 1956년 제3대 대통령선거를 맞았다. 대통령후보에 신익희, 부통령 후보로 장면을 내세운 민주당은 '못살겠다 갈아보자'는 구호를 내걸고 부패와 절대빈곤에서 벗어나고자 하는 민심에 화답했다. 안타깝게도 신익희 후보가 선거를 10일 앞두고 갑자기 사망함으로써 정권교체를 실현하지 못하고 장면 후보의 부통령 당선에 그치고 말았다. 그러나 이승만과 자유당의 독재정치는 뿌리부터 흔들렸다. 급기야 제5대 대통령선거에서는 부정선거 아니고서는 집권이 불가능해졌다. 유례없는 부정선거를 획책했고, 민주당과 국민은 함께 부정선거를 규탄했다. 마침내 4.19 민주혁명으로 이어져 이승만의 12년 독재는 종말을 고했다.

4.19 민주혁명으로 집권한 민주당은 내각제 개헌 등을 이뤄 독재의 그림자를 지우려고 노력했다. 그러나 민주당은 신파와 구파로 갈려 싸우느라 혁명과업을 제대로 수행하지 못했다. 독재를 물리친 시민들도 거리로 쏟아져

나와, 민주당 집권 기간에 일어난 가두시위는 모두 2천여 건에 연인원 1백만 명에 이르렀다. 그런 가운데서도 경제개발 5개년 계획을 수립하여 추진하는 등 잘 사는 나라를 만들려는 노력을 멈추지 않았다. 바로 그때 박정희가 5.16 쿠데타를 일으켜 집권 9개월 만에 민주당정부를 무너뜨렸다.

군사정권 아래서 야당세력은 지리멸렬했다. 1963년 정치활동이 허용되자 야당세력은 앞 다투어 창당을 했으나 대선과 총선에서 거듭 패배했다. 1965년 6월 14일 원내 제1야당인 민정당과 제2야당인 민주당이 통합하여 민중당을 창당했다. 5.16 이후 최초의 통합야당이다. 그러나 민중당은 한일협정을 둘러싸고 강경파와 온건파가 다시 신한당과 민중당으로 갈라졌다. 그랬다가 제6대 대통령선거를 앞두고 두 당은 다시 신민당으로 통합했다. 정통 야당의 맥을 이은 신민당은 반독재와 평화적 정권교체라는 목표를 내걸고, 박정희 군사독재정권과 맞서 투쟁을 벌였다. 1971년 제7대 대통령선거를 앞두고 신민당에는 '40대 기수론'이 바람을 일으켰고, 김대중이 신민당 대통령후보가 되었다.

그는 오랫동안 준비한 정책을 선보이며 박정희와 백중지세를 이루며 선거 돌풍을 일으켰다. 돌풍은 불었지만 정부의 천문학적인 자금살포와 관권부정선거를 잠재우지는 못했다. 어렵사리 이긴 박정희는 장기집권을 위해 1972년 유신쿠데타를 일으켰고, 민주당은 국민과 함께 반유신투쟁에 앞장섰다. 민심도 날로 박정희에게 등을 돌렸다. 1978년 12월 실시된 제10대 총선에서는 신민당이 집권 공화당을 유효득표수에서 1.1%p 앞서기까지 했다. 그런 민심에도 아랑곳없이 박정희와 공화당은 더 폭압적이고 강경하게 나왔다. 급기야는 신민당 총재 김영삼을 제명하기까지 했다. 닭 모가지를 비튼다고 새벽이 오지 않을리 없었다. 부마항쟁이 일어났고, 10.26 사태로 박정희가 살해되면서 박정희 1인 체제는 끝이 났다.

박정희 독재의 몰락과 함께 봄이 찾아왔다. 그 봄날, 김영삼계(상도동계)와 김대중계(동교동계)로 양분되어 신민당이 내홍을 치르는 동안 전두환 신군부는 12.12 쿠데타를 일으켰다. 군권을 장악하고 1980년 5.17 비상계엄확대조치로 권력을 탈취해 광주학살을 자행했다. 김대중 등은 조작된 내란음모사건으로 구속되고, 신민당은 1980년 10월 27일 제5공화국 헌법 부칙에 의해 해산되고 말았다. 전두환은 그렇게 박정희 군사독재에 맞서 13년을 버텨온 신민당을 하루아침에 없애버렸다. 대신 관제야당을 만들어 여당의 이중대로 활용했다.

민주당의 맥을 이으려는 움직임이 다시 시작된 것은 1984년 5월 18일, 상도동계와 동교동계 인사들이 민주화추진협의회(민추협) 결성하면서다. 민추협은 제12대 총선을 앞두고 1985년 1월 18일 구 신민당 인사들과 각계 민주인사들을 모아 신한민주당(신민당)을 창당했다. 신민당은 창당선언문에서 "민주화의 열망과 민주적 역량을 총집결, 민족의 주체세력으로 모든 반민주적 세력과 요소들을 과감히 제거하는 데 앞장서겠다"고 밝혔다. 대통령직선제·지방자치실시·언론기본법폐지·군의 정치적 중립 등을 정강정책으로 내세운 신민당은 창당 20여일 만에 치른 제12대 총선에서 돌풍을 일으키며 제1야당이 되었다.

신민당은 반독재투쟁을 전개하며 직선제 개헌을 당론으로 내세웠다. 개헌투쟁을 벌이던 와중에 내각제를 표방한 '이민우 구상' 등으로 당 내분이 빚어졌다. 김대중과 김영삼은 다수 의원들과 함께 분당 선언을 하고 통일민주당을 창당했다. 신민당은 붕괴의 길로 갔다. 김대중과 김영삼이 중심이 된 통일민주당은 재야와 함께 민주헌법쟁취국민운동본부를 결성하고 개헌투쟁에 나섰다. 마침내 민정당 대표 노태우의 '6.29 선언'을 이끌어냈고, 김대중 등의 사면복권과 직선제 개헌이 이루어졌다. 직선제로 치러진 제13대 대통령

선거에서 통일민주당은 김영삼 총재와 김대중 상임고문의 경쟁으로 분란에 빠졌다. 후보 단일화가 어려운 지경에 이르렀고, 결국 김대중은 동교동계 및 재야인사들과 함께 1987년 11월 12일 평화민주당(평민당)을 창당해 독자출마 했다.

야권의 분열은 뼈아픈 패배로 이어졌다. 전두환의 후예, 노태우가 제13대 대통령에 당선되었다. 이듬해 실시된 제13대 총선에서는 평민당이 제1야당으로 약진하면서 민주화 정국을 주도했다. 제2야당 총재로 밀린 김영삼은 1990년 1월 22일 노태우(민정당), 김종필(신민주공화당)과 합당을 선언하고 민자당을 창당함으로써 군사독재세력과 손잡고 정통 야당의 줄기에서 이탈했다. 김영삼은 1992년 실시된 제14대 대통령선거에 민자당 후보로 나서 평민당의 김대중 후보를 누르고 당선되었다. 김영삼의 변신으로 인해 그 자신은 대통령에 당선되었으나, 전통적인 영남지역 민주세력이 와해되고, 이후 한국 민주주의 발전에 치명적 타격을 입히는 결과를 낳았다.

평민당은 통일민주당 잔류파가 만든 민주당('꼬마' 민주당)과 통합을 이루고 3당 합당에 반대한 정치인, 재야인사들을 영입하여 1997년 12월에 치른 제15대 대통령선거에서 김대중 후보가 민자당의 이회창 후보를 누르고 당선되었다. 이로써 반세기만에 정통 야당이 선거를 통해 승리하여 최초의 수평적 정권교체를 이루었고, 대한민국 민주주의와 남북관계에 큰 진전을 낳았다. 2002년에는 새천년민주당 노무현 후보가 제16대 대통령으로 당선되어 제2기 민주정부를 열었다.

보수세력의 반동은 극심했고, 급기야 탄핵소동까지 일으켰다. 그런 와중에도 민주당은 분열과 이합집산을 거듭하면서 2007년과 2012년 두 차례 대선과 총선에서 패배함으로써 다시 만년 야당의 신세가 되었다.

그러나 민주당이 집권한 10년 동안 민주정부는 대한민국을 한 단계 도약시키는 큰 성취를 이뤄냈다. 헌정사 처음으로 수평적 정권교체를 이룬 김대중정부는 국난에 가까운 외환위기를 성공적으로 극복했다. 외환위기의 원인이었던 정경유착과 관치금융을 청산하기 위해 금융개혁을 단행했다. 정부조직을 혁신해 작지만 효율적인 정부를 도모했다. 노사정위원회를 출범시켜 노사가 사회적 대타협을 이뤄 상생할 수 있는 전기를 마련했다.

일관되게 대북 포용정책을 추진해 분단 이래 처음으로 남북 정상회담을 하고, 남과 북이 서로 힘을 합쳐 통일문제를 자주적으로 해결해 나가자는 6.15 공동선언을 했다. 그런 노력에 힘입어 김대중 대통령은 한국 최초로 노벨평화상을 수상했다. 생산적 복지를 국정지표로 삼아 국민 기초생활을 보장하고, 일을 통한 복지를 구현하려는 정책을 내놓았다. 국민기초생활보장제도와 4대 보험(국민연금, 건강보험, 고용보험, 산재보험)을 완성했다. 또한 정보화 대국을 꿈꾸며 정보고속도로를 개통하고, 전국 144개 주요 지역을 광케이블 초고속 정보통신망으로 연결시켰다. 우리 민족의 문화적 저력을 기반으로 대중문화를 개방해 한류 열풍을 불러왔다. 2001년에는 국가인권위원회를 설치해 한국이 인권국가임을 세계에 알렸다.

노무현정부도 그런 변화와 개혁을 이어갔다. 역사 바로 세우기부터 시작했다. 과거 국가권력이 저지른 잘못을 사과하고 진상을 규명하고 피해자 명예회복과 배상 또는 보상하기로 했다. 그러기 위해 진실화해를 위한 과거사정리위원회를 출범시켰다. 책임총리제를 시행해 제왕적 대통령의 폐단을 없애려고 노력했다. 경제적 성과도 적지 않았다. 사상 첫 주가지수 2천 시대 개막, 사상 첫 수출 3천억 달러 돌파라는 쾌거를 이뤘다. '선 성장 후 분배' 패러다임을 '성장과 복지의 동반성장' 기조로 전환해 경쟁력 있는 민주복지국가를 이루고자 했다. 기초노령연금제도와 장애수당도 도입해 소외계층의 소득보장 정책을 시행했다. 근로빈곤층의 근로의욕을 높이고 생계 지원을 확대하기 위해 근로장려세제도(EITC)도 도입했다. 무엇보다 국가균형발전을 이루려는 노력을 아끼지 않았다.

국가균형발전을 국가 핵심 정책으로 내걸고 신행정수도 건설, 공공기관 지방 이전 등 역대 정부가 시도하지 못한 과감한 정책을 추진했다. 신행정수도 건설의 꿈은 헌법재판소가 들고 나온 관습헌법에 가로막혀 무산되고 말았다. 행정중심복합도시로 축소되어 세종시 건설이 시작되었다. 김대중 대통령에 이어 두 번째로 남북 정상회담을 열고 한반도 종전선언 추진, 3자 또는 4자 정상회담 추진, 남북 정상회담 수시 개최, 서해평화협력특별지대 설치 등 8개 항을 담은 '남북관계 발전과 평화번영을 위한 선언'(10.4 선언)을 했다.

그런 눈부신 성과로 국민은 민주당의 역량과 능력을 확인했고, 민주당의 가치와 존재 의미를 새롭게 인식했다. 민주당정부 10년 동안 대한민국은 평화와 번영의 기운으로 가득했고, 국제적 위상은 높아졌으며, 경제적 수준과 함께 삶의 질도 좋아졌다. 민주주의는 더 단단해졌으며 모두가 함께 잘 사는 대한민국을 꿈 꿀 수 있었다. 그럼에도 불구하고 민주당은 정권을 넘겨주고 말았다. 열린우리당에서 대통합민주신당으로, 다시 통합민주당에서 민주통합당으로 분당과 합당을 거듭하는 민주당에 국민들은 정권을 맡길 수 없었다. 연속되는 패배와 무기력을 딛고 2015년 더불어민주당이 태어났다.

이 책은 60년의 역사를 이어받은 더불어민주당이 지난 10년 동안 이룬 성과와 한계를 담고 있다. 더불어민주당 10년은 국민과 함께, 당원과 함께 승리와 패배, 투쟁과 승리가 교차했던 시간이었다.

더불어민주당 10년은 새로운 시작이었다. 2015년 12월 28일, 당대표가 된 문재인은 당명을 새정치민주연합에서 더불어민주당으로 바꿨다. 오랜 분열을 끝내고 국민과 더불어, 좋은 정치인과 더불어, 혁신과 더불어, 약자와 더불어 멋진 당을 만들자는 다짐이었다. 당 이름만 바꾼 것이 아니었다. 당원의 권리를 강화하기 위해 온라인 당원 가입 시스템을 도입했다. 당원이 당의 의사결정에 쉽게 참여할 수 있게 된 것이다. 당이 안정되자 과감하게 김종인을 비대위원장으로 영입해 총선을 준비했다. 총선 결과 새누리당보다 한 석을 더 얻으면서 제1당이 되었다. 그렇지만 호남에서는 매서운 회초리를 맞았다. 호남 총의석 28석 중에서 23석을 국민의당이 차지했다. 어쨌든 민주당은 비대위 체제를 끝내고 새로운 당대표를 선출했다. 자신감을 회복한 민주당은 대선 승리를 향해 나아갈 수 있었다.

더불어민주당 10년은 국민과 함께 투쟁한 시간이었다. 박근혜 국정농단 사건이 터졌다. 민주당은 국회에서 박근혜 국정농단을 엄정하게 수사할 특별검찰과 국회 국정조사를 동시에 추진해 가결시켰고, 곧바로 특검이 출범했다. 그런 상황에서도 국민들은 하루가 멀다 하고 촛불을 들고 광장으로 쏟아졌다. 탄핵을 머뭇거리던 민주당은 탄핵추진기구를 설치하고, 여당의원들을 설득해 2016년 12월 9일, 마침내 박근혜 탄핵소추안을 헌정사 처음으로 통과시켰다. 2017년 3월 10일, 헌법재판소는 대통령 박근혜를 파면했다. 재판관 8명 전원일치 결정이었다.

더불어민주당 10년은 단결로 승리를 일군 시간이었다. 탄핵을 거치면서 민주당은 더욱 단단해졌다. 2017년 5월에 장미대선이 열렸고, 문재인이 제19대 대통령에 당선되었다. 더불어민주당 이름을 걸고 처음 치르는 대선에서 거둔 승리였고, 그 승리로 10년 만에 다시 정권교체를 이뤘다. 국민들은 지난 10년을 지나며 이게 나라냐고 한탄했고, 문재인정부는 다시 나라다운 나라를 만들어야 할 책무를 졌다. 취임하자마자 제23회 평창 동계 올림픽이 다가

왔다. 외국 언론으로부터 '평창 올림픽의 문제는 문제가 없다는 것이 문제'라는 찬사를 들을 정도로 심혈을 기울여 대한민국의 국격을 회복했다. 남북한 선수단이 공동 입장해 남북화해의 물꼬도 텄다.

북한과의 관계 개선이 급물살을 타자 문재인 대통령은 김정은 국무위원장과 두 차례 판문점에서 정상회담을 했다. 급기야 북한을 방문해 정상회담을 갖고 북한 핵의 완전한 폐기와 한반도 평화 체제 구축, 북한의 안보•경제적 우려 해소, 북미 관계 및 북일 관계 개선 등을 포함한 한반도평화 구상을 담은 9.19 평양공동선언을 발표했다. 난데없이 찾아온 코로나19가 퍼지자 민주당은 코로나19 국난극복위원회를 구성하고 당정청이 협력해 감염병 피해를 최소화하기 위해 전력을 다했다. 그 결과 세계로부터 방역모범국가라는 찬사를 받았다. 2018년에는 30-50 클럽에 가입하면서 세계 10위 경제대국에 진입했다. 뿐만 아니라 만 8세 미만 아동까지 아동수당을 확대했다. 문재인정부의 이런 성과를 바탕으로 민주당은 2018년 지방선거와 2020년 총선거에서 유례없는 역사적 대승을 거뒀다.

더불어민주당 10년은 검찰개혁의 시간이었다. 문재인정부는 민주당의 오랜 숙원이었던 검찰개혁에도 적극 나섰다. 검찰의 권한을 나누어 견제할 수 있게 하는 것이 핵심이었다. 민주당은 1997년 대선에서부터 검찰의 수사권과 기소권을 분리하겠다고 했다. 문재인정부는 지금까지 검찰의 저항에 부딪혀 매번 실패했던 검찰개혁에서 큰 발을 내딛었다. 고위공직자범죄수사처를 신설했고, 검경수사권을 조정해 수사권을 경찰에 대폭 이양했다. 그 과정에서 검찰은 반발했고, 당시 검찰총장이던 윤석열은 총장에서 사퇴하더니 제20대 대통령선거에 출마했다.

민주당은 경기도지사였던 이재명 후보를 내세웠다. 결과는 0.73%p 차이의 안타까운 패배였다. 곧바로 치러진 지방선거에서도 민주당은 패했고, 흔들리기 시작했다. 그런 상황에서 이재명이 당대표에 출마했고 77.77%에 달하는 압도적 득표로 당대표가 되었다.

더불어민주당 10년은 수난과 저항의 시간이었다. 검찰총장 출신 윤석열이 대통령이 되자 검찰공화국이 열렸다. 폭주가 시작되었다. 축소된 검찰 직접 수사권도 시행령으로 간단히 복원했다. 자신의 최측근 검사들을 요직에 앉혀놓고, 야당 대표와 민주당, 전 정부를 탄압하기 시작했다. 그러면서 본인 가족과 검찰 가족은 철통같이 지켰다. 검사에 의한, 검사를 위한, 검사의 나라였다. 한계도, 자제도, 절제도 없었다.

검찰은 이재명 대표를 상대로 무려 376차례 압수수색을 했고, 김혜경 여사도 129회나 압수수색을 당했다. 이재명을 제거하고 민주당을 풍비박산 내겠다는 듯이 달려들었다. 급기야는 이재명 대표가 끔찍한 테러를 당하는 일까지 벌어졌다. 2024년 1월 2일, 부산 가덕도 신공항 부지를 방문 중이던 이재명 대표를 향해 한 남자가 달려들어 예리한 칼로 목 부위를 찔렀다. 다행히 수술이 잘 끝나 생명에는 지장이 없었다. 이재명 대표는 퇴원하면서 '죽이는 정치가 아니라 살리는 정치를 하자'고 호소했다. 한 시민이 저지른 범행이었지만 정적을 제거하려는 정치가 낳은 비극이었던 것이다.

더불어민주당 10년은 내란을 저지한 역사적 순간이었다. 대화와 타협은 사라지고 정적을 제거하려는 무도한 짓을 벌이는 동안, 권력의 온갖 추문, 국격 추락, 민주주의 후퇴, 민생 불안이 이어졌다. 돌아선 민심은 2022년 총선에서 그대로 표출되었다. 민주당이 유례없는 압승을 거뒀지만 윤석열정부는 민심에 아랑곳하지 않았다. 오히려 계엄준비가 의심되는 정황이 드러났고, 민주당은 계엄 준비설을 지속적으로 제기했다. 윤석열정부는 딱 잡아떼며 유언비어이자 괴담이라며 되레 민주당을 공격했다. 우려는 현실이 되었고, 12월 3일 밤 윤석열은 비상계엄을 선포하기에 이르렀다. 국민이 이룬 빛의 혁명으로 민주당은 내란을 저지할 수 있었다. 대통령을 파면해 치른 조기 대선에서 이재명 후보가 제21대 대통령에 당선되었다. 당도 정청래 대표 체제로 새롭게 정비해 이재명정부의 성공을 위해 뛰기 시작했다. 내란을 청산해 후퇴한 민주주의를 바로 세우고, 추락한 국격을 다시 회복하고, 위기에 빠진 경제를 되살려 민생을 구하라는 국민의 명령을 가슴에 새긴 채 그렇게 민주당은 창당 70년을 맞았다.

더불어민주당 10년은 지난 60년의 거대한 뿌리를 확인하는 시간이었다. 분열과 통합, 수난과 저항, 승리의 역사로 일궈 온 민주당 60년이 거대한 뿌리로 더불어민주당 10년을 지켜주었다. 위기의 순간, 당은 분열하지 않았고 더욱 단결했다. 계파로 나뉘어 강경론과 온건론을 명분으로 내세워 싸우다 당을 뛰쳐나가던 이전의 모습은 사라졌다. 똘똘 뭉쳐 역사상 처음으로 비상계엄을 해제하고 국민과 민주주의를 지켰다. 민주당 70년의 역사가 저력을 발휘한 것이다.

이 책은 2015년부터 2025년까지 더불어민주당 10년을 일곱 개의 장으로 나누어 엮었다. 제1장은 더불어민주당으로 이름을 바꿔 새롭게 출발하는 순간, 대통령을 탄핵하는 투쟁의 순간을 담았다. 제2장은 제3기 민주정부의 출범과 나라다운 나라를 만드는 여정을 그렸다. 제3장에는 코로나19 국난을 극복하는 노력이 펼쳐진다. 제4장은 제20대 대선 패배에 이어 찾아온 검찰독재와 정치보복에 맞서 투쟁하는 민주당의 모습을 기록했다. 제5장과 제6장은 검찰공화국에 맞선 민주당의 투쟁 과정과 내란을 저지하고 제4기 민주정부를 수립하는 과정을 담았다. 마지막 장인 제7장에서는 더불어민주당에게 주어진 역사적 과제와 나아갈 길을 살펴보았다.

더불어민주당 창당 70년 당사는 더불어민주당만의 역사가 아니라 대한민국 국민의 역사다. 경제 강국, 민주주의 강국으로 성장하기까지 대한민국이라는 이름으로 함께 해 온 국민 모두의 역사다. 어려울 때나 기쁠 때나 변함없이 당을 지켜 온 당원의 역사다. 국민과 당원들이 있었기에 불굴의 역사, 극복의 역사, 승리의 역사를 써 올 수 있었다.

이제 다시 새로운 역사를 향해 국민과 함께, 당원과 함께 나아가야 한다. 그러기 위해서는 민심에 순응하고, 당심을 받드는 겸손한 정당이어야 한다. 민주당답게 당내 민주주의를 강화해 차이와 이견을 조화롭게 만들어나가는 성숙한 정당이 되어야 한다. 이념을 추종하거나 관성대로가 아니라 국리민복만을 추구하는 실용적 정당이 되어야 한다. 새로운 미래를 설계하고 현실의 문제를 풀 수 있는 유능한 정당이 되어야 한다. 국민 삶의 현장에서 답을 찾는 성실한 정당이 되어야 한다. 그런 당이 되기 위해 쉼 없이 혁신하고 노력해야 한다. 그래야 민주당이 모두가 함께 잘 사는 진짜 대한민국의 꿈을 실현하는 주역이 될 수 있을 것이다.

창당 70주년 기념식에서 김대중 재단이 김대중 전 대통령의 민주당 입당 성명서 원본을 민주당에 기증(2025.9.19.)

제1장

더불어민주당으로 새로운 출발
(2015-2016)

| 제1장 |

1. 더불어민주당의 탄생

새로운 시작

2015년 12월 28일 새정치민주연합은 더불어민주당으로 당명을 변경하고 새 출발을 했다. 국민공모에서 제안된 당명 중 '희망민주당', '소나무민주당', '새정치민주당', '함께민주당', '더불어민주당'이 최종 후보군으로 추려졌고, 최고위원회는 더불어민주당을 새로운 이름으로 선택해 당무위원회에 상정했다. 정당의 약칭은 더민주와 민주당으로 결정되었다.

더불어민주당은 100년 가는 정당을 목표로 하여 "국민과 더불어, 좋은 정치인과 더불어, 혁신과 더불어, 약자와 더불어" 나아가게 됐다고 선언했다.

정당은 당원들에 의해서 지탱된다는 기본에 입각해서 쉽고 간편하게 당원으로 가입할 수 있도록 정당 사상 최초로 온라인 입당의 길을 열었다. 2015년 12월 15일 대한민국 정당사에 새로운 획이 그어진 것이다. 불과 이틀 만에 4만 명의 당원이 가입했고 그 힘을 모아서 새로운 당명을 모색하게 된 것이다. 디지털 시대에 맞춘 이 과감한 혁신이 더불어민주당을 새로운 길로 이끌게 되었다. 2015년 더불어민주당의 당원 수는 2,671,954명이었다.

더불어민주당으로 당명 확정(2015.12.28.)

집권여당인 새누리당보다 30여만 명이 적은 수치였다. 하지만 2023년 기준으로 보면 더불어민주당의 당원 수는 5,219,314명으로 국민의힘보다 70여만 명이 더 많다.

이렇게 당원 수가 폭발적으로 증가한 것은 디지털 시대에 맞는 시스템을 재빨리 갖췄던 덕분이다. 최초의 온라인 당원 가입 시스템은 당원 모집의 문턱을 낮추고 당원 참여의 폭을 넓히는 중요한 전환점이 되었다. 결국 다른 정당들도 더불어민주당의 선례를 따라 변화에 동참했다.

더불어민주당은 1987년 성립된 제6공화국에서 최초로 두 명의 대통령을 배출한 정당이며, 현재 존재하는 원내정당 중 당명을 가장 오래 지속하고 있는 정당이기도 하다.

소녀의 눈물 운동본부

2015년 12월 28일 서울 외교부 청사에서 위안부 문제와 관련한 회담을 마친 뒤 윤병세 외교부 장관과 기시다 후미오 일본 외상이 공동 기자회견을 가졌다. 이 자리에서 '한·일 일본군 위안부 피해자 문제 합의'가 발표되었다. 이 발표를 통해 양국 정부는 일본군 위안부 문제가 최종적으로, 불가역적으로 종결되었음을 선포하였다.

일제강점기 일본군 위안부로 큰 피해를 입은 위안부 할머니들의 입장은 아랑곳하지 않고 일방적으로 정부가 일본 측과 협상하여 내놓은 발표는 큰 충격을 주었다. 박근혜정부는 합의 발표 후에야 위안부 할머니들을 만나 설득하려 들었다. 그 과정 역시 상당한 강압을 동반한 것이어서 국민의 공분을 자아낼 수밖에 없었다. 일본의 사과 여부도 불투명했다.

일본의 아베 신조 총리는 공식적인 사과 성명 하나를 내지 않았다. 그럼에도 불구하고 박근혜정부는 일본 측이 내놓기로 한 10억 엔을 위안부 피해 할머니들에게 개별 지급한다고 말하며 모든 문제가 해결된 듯이 굴었다. 이렇게 돈을 통한 해결은 그 전에도 시도되었지만, 위안부 피해 할머니들은 일관되게 거부해 왔다.

결국 일본이 지불한 10억 엔으로 화해·치유재단이 2016년 7월 28일에 설립되었다. 재단은 위안부 피해 할머니와 유족들에게 치유금이라는 명목으로 총 44억 원을 지급하고 2018년 11월에 해산하는 것으로 결정되었다.

더구나 당시에도 발표된 사실 이외에 이면 합의가 있었을 것이라는 의혹이 있었다. 정부 당국은 이면 합의는 없다고 일축했었으나 결국 사실로 밝혀졌다. 2019년 한일 위안부 피해자 문제 합의 검토 태스크포스는 이 합의에 비공개 부분이 있었다는 점을 밝혔다. 향후 '성노예'라는 단어는 사용하지 않고 제3국에 위안부 기림비 설치 지원을 하지 않으며 위안부 피해 할머니를 설득한다는 등을 이면 합의했던 것이다. 심지어 '불가역적'이라는 강한 표현도 박근혜정부에서 먼저 주장했다는 것 역시 드러났다.

더불어민주당은 즉각 반발하고 정부의 무성의한 조치를 지적하고 나섰다. 문재인 대표는 12월 30일 종무식에서 "올해 마지막까지 위안부 할머니들의 절규까지 들어야 하니, 마음이 참 무겁다."라고 탄식했다. 이종걸 원내대표도 "일본군 위안부 협상은 굴욕, 밀실 졸속, 담합 협상이며 외교 참사이다. 피해자들의 명예와 존엄, 국민적 자존심을 10억 엔과 맞바꾼 굴욕 협상"이라며 맹공을 퍼부었다.

2016년 1월 6일, 추미애 최고위원을 위원장으로 하는 특별위원회, 소녀의 눈물 운동본부를 설치했다. 추미애 위원장은 같은 날 오후에 24주년을 맞은 정대협의 제1212차 정기수요집회에 참석하여 굴욕적인 협상의 부당성을 재차 강조하며 정부의 재협상을 촉구했다. 한일 간의 불행한 과거에서 비롯된 위안부 피해 할머니 문제는 신중하고 사려 깊게 접근해야 할 문제였다. 그럼에도 불구하고 박근혜정부는 근시안적인 합의를 해 한일 간에 더 깊은 상처를 남겼고, 이 문제는 더욱더 풀기 어려운 미궁 속에 빠져들고 말았다. 국가의 중대사를 밀실 합의한 결과에 대한 책임은 후임 정권에 큰 짐으로 남고 말았다.

한일 위안부 합의에 반대해 전국에 내건 더불어민주당 현수막(2016.1.)

이렇게 잘못된 합의는 두고두고 골칫거리가 되었다. 결국은 국가 대 국가로 결정된 사항인지라 우리 측에서 일방적으로 파기할 수 없는 국가 신의 문제가 되었기에 이재명정부에서도 합의를 불만스러워도 뒤집는 것은 바람직하지 않다고 말할 수밖에 없었다. 이재명 대통령은 이렇게 천명했다.

"피해자의 명예와 존엄 회복, 마음의 상처 치유라는 기본 정신을 존중하는 동시에, 피해자의 온전한 명예 회복을 위한 해결 방안을 함께 모색해 나가고자 한다."

2. 승리의 시작: 제20대 총선

비상대책위원회 결성

2015년 12월 13일 안철수 의원의 탈당을 기점으로 위기가 닥쳐왔다. 새정치민주연합 창당의 주역인 안철수의 탈당은 큰 충격을 주었다. 문병호(인천), 황주홍(전남), 유성엽(전북), 김동철(광주), 임내현(광주), 최재천(성동) 의원 등이 그 뒤를 이었다. 탈당 의원이 더 많을 것이라는 소문도 돌았다. 2016년 1월 7일에 김한길(광진) 의원이 탈당해 안철수와 연대할 것을 선언했다. 이런 상황에서 벌어진 당명 개정 작업은 위기 상황에서 새로운 활로를 모색하고자 하는 움직임이기도 했다.

1월 15일 전북 지역의 더불어민주당 국회의원 9명은 당을 지키기로 결의하고 김성주(전주) 의원은 "더 이상 탈당은 없다. 우린 분열을 허용하지 않고 총선 승리와 정권교체를 향해 흔들림 없이 나아가겠다."고 선언했다. 1월 17일에는 국회 의원회관에서 '더불어 컨퍼런스 - 사람이 온다'가 열렸다. 이 자리에서 더불어민주당은 표창원 소장부터 시작해 김종인 조기선대위원장까지 외부 영입 인사들을 차례로 소개했다. 그리고 영입 인사들이 참석자들 앞에서 차례로 강연하는 시간을 가졌다. 문재인 더불어민주당 대표는 민주당에 온라인으로 입당한 누적 입당자 수가 10만 명을 돌파했다고 밝혔다.

이 자리에서 문재인 대표의 사퇴 의사가 분명해지면서 탈당 분위기는 잦아들게 되었다. 1월 19일에는 문재인 대표의 신년 기자회견이 있었다. 이 자리에서 야권통합을 위해 당대표에서 사퇴하고 백의종군하겠다고 선언했다. 무너진 경제를 살리기 위해 경제민주화의 상징인 김종인 위원장을 영입했다는 점도 밝혔다.

1월 20일에 개최된 최고위원회에서 문재인 대표와 최고위원들이 일괄 사퇴를 결의했고, 김종인 선거대책위원장 체제로 전환하기로 결정했다. 이 결정은 22일에 열린 당무위원회의 중앙선거대책위원회 구성 결의로 이어졌는데, 김종인 위원장을 포함해서 전현직 국회의원, 당직자, 그리고 문재인 대표

신년 기자회견에서 당대표 사퇴를 밝히는 문재인 대표(2016.1.19.)

가 영입한 인사 등 16명으로 꾸려졌다. 이와 더불어 문재인 대표의 사퇴에 따라 김종인 중앙선거대책위원장을 수장으로 하는 비상대책위원회 구성이 1월 27일 개최한 중앙위원회에서 최종 의결되었다. 김종인 대표는 "단호한 결의와 행동만이 총선 승리를 가져올 수 있다"며 총선 승리의 확신을 가지자고 당부했다.

이런 혁신의 노력 끝에 당 지지율도 오르기 시작했다. 여론조사 전문기관 '알앤써치'의 조사에 따르면 한 달 만에 더불어민주당의 지지율은 9.1%p가 오른 30.7%를 기록하여 처음 30%의 장벽을 돌파했다.

2월에 테러방지법이라는 대형 이슈가 발생했다. 박근혜정부와 새누리당이 2015년 11월 파리 연쇄 테러와 북한 핵 위협에 대응하기 위해 테러방지법이 필요하다고 나섰다. 국무총리 산하에 대테러센터를 두고 국가정보원이 정보수집의 컨트롤 타워 역할을 맡는 체계 일원화가 필요하다고 주장했다. 더불어민주당은 국정원의 권한이 너무 커지고 테러 위험인물 지정 기준이 모호하여 국민의 기본권을 침해할 우려가 있다는 점을 들어 이 법안의 통과에 반대했다. 더불어민주당의 반대로 법안이 상임위 통과를 할 수 없게 되자 정의화 국회의장은 2월 23일에 법안을 본회의에 직권으로 상정했다. 이날은 여야 합의로 선거구 획정이 된 날이기도 했다. 간신히 어려운 고비를 넘는 순간 직권상정이라는 초강수가 등장하여 여야 정국은 다시 얼어붙었다.

테러방지법을 막기 위해 더불어민주당은 최후의 수단인 필리버스터에 나섰다. 국회선진화법 시행 이후 처음으로 필리버스터가 발동되었다. 필리버스터는 다수당이 수적 우세를 가지고 법안을 강행 처리하고자 할 때 소수당이 무제한 토론을 통해 합법적으로 의사 진행을 막을 수 있는 제도를 가리킨다. 의원이 연단에서 자리를 지키고 토론 연설을 하는 동안, 표결 등 의안을 결정하는 행위는 할 수 없다. 이렇게 회기 종료까지 연단을 지킨다면 토론이 끝나게 되고, 해당 의안은 다음 회기로 넘어가게 된다. 무제한 토론 종결 동의가 제출되고 24시간이 경과한 뒤 재적의원 3/5(180석) 이상이 찬성하게 되면 토론을 끝내야 한다.

테러방지법 표결 저지를 위한 필리버스터
첫 번째 주자로 나선 김광진 의원(2016.2.23.)

테러방지법 통과 저지를 위해 더불어민주당 의원 38명은 2월 23일 오후 7시부터 3월 2일 오후 7시까지인 192시간 25분 동안 필리버스터를 벌였다. 이종걸 원내대표의 토론을 끝으로 필리버스터는 종료되었고, 곧바로 본회의 투표가 이어졌다. 야당의원들이 퇴장한 가운데 결국 테러방지법은 통과되지만, 이후 더불어민주당이 다시 집권하면서 국정원에 집중된 권한을 분산하고 민주적 통제가 가능한 방향으로 개정하게 되었다.

테러방지법이 국회의장 직권으로 상정된 날 선거구 획정이 이루어졌는데, 이 또한 쉽게 이루어진 일이 아니었다. 이미 2001년에 헌법재판소는 지역구 인구 편차가 과도하면 평등선거 원칙(헌법 제41조·선거권 평등)을 침해한다고 판정한 바가 있었다. 이에 따라 선거구를 다시 조정해야 한다는 여론이 높았지만, 정당 간의 이해가 첨예하게 대립해 협상은 난항 중이었다. 문재인 대표는 지역 선거구를 253석으로 늘리는 대신, 만 18세 청소년들에게도 투표권을 주자는 절충안을 다가올 제20대 총선(4.13 총선)부터 적용할 수 있게 해주면 새누리당이 요구한 선거구 획정과 쟁점 법안 연계 처리를 검토하겠다고 했다. 그러나 새누리당은 청소년 투표권 확대는 절대 타협할 수 없다는 강한 반대 의사를 표명했다. 만 18세까지 투표권을 늘리는 문제는 제21대 총선에 가서야 이루어졌다.

2월 23일 여야 합의로 선거구 획정이 이루어졌다. 제19대 국회와 비교하면 지역구가 8석 늘어나 253석이 되었고 비례대표가 47석으로 줄어들었다. 수도권 의석수가 늘어나고 영호남 의석수는 각각 2석씩 줄어들었다. 비례대표 47석은 이후 지금까지 유지되고 있다.

선거구 획정이 늦어진 만큼 후보들의 지역구 경선 역시 촉박하게 치러야 했다. 55개의 경선이 국민 공천을 실현하기 위한 안심번호 경선으로 처음 실시되었다. 무작위 추출로 조직 동원 같은 잡음은 원천 봉쇄되었지만 응답률이 낮은 점과 후보에 대한 정보 전달이 미약하다는 점은 향후 보강해야 될 과제로 남게 되었다.

3월 2일에 김종인 위원장은 '야권통합'을 제안했다. 총선 승리를 위해서 전 야권이 하나로 뭉쳐야 한다고 역설한 것이다. 야권의 분열로 치러지는 총선인 만큼 여당의 압도적인 강세가 나올 것이라는 예측이 많았다. 이런 불리한 지형을 타개하기 위해 김종인 위원장은 정의당, 국민의당 등에게 '야권통합' 필요성을 강조하면서, 총선을 불과 40여 일 정도 앞둔 시점에서 박근혜정부가 그간 국정을 전반적으로 망친 것에 대한 책임을 물으려면 총선에서 반드시 이겨야 하고, 그러기 위해선 전 야권이 하나로 뭉쳐야 한다고 호소했다. 이는 과거 문재인 의원이 당대표를 맡던 시절 추구했던 바와 같은 노선이기도 했다. 이에 따라 야권 후보 단일화 논의가 벌어졌고 문재인 전 대표도 야권 후보 단일화를 추진했으나 결과는 좋지 않았다. 극소수의 야권 후보 단일화만 이루어졌고, 단일화 과정에서 논의가 틀어지는 경우도 있었다.

4.13 총선, 원내 제1당과 호남의 심판

3월 24일, 총선 출정식이 열렸다. 김종인 위원장은 "박근혜정부의 경제 정책 실패에 대한 심판이 이뤄져야 한다."고 주장하며 이명박정부 5년과 박근혜정부의 3년은 '잃어버린 8년'이었다고 역설했다. 그러나 총선 전망은 밝지 않았다. 무엇보다 전통적 지지 기반이었던 호남의 민심이 좋지 않았다. 4월 8일 문재인 전 대표는 호남을 방문하여 '4.8 광주 선언'을 내놓았다. 문 전 대표는 호남에 고립과 상실만 안겼다며 반성하고 호남 기득권 세력이 되어버린 국민의당과 맞설 것이라 말했다. 호남에서 지지를 거두면 정치에서 물러나겠다는 배수의 진을 쳤다. 문 전 대표는 선거 직전인 12일에 다시 한번 호남을 찾았다. 호남에 대한 충정을 표시하고 다시 한번 지지를 호소했다. 안철수의 국민의당은 이를 무시하는 전법으로 맞섰다.

여러 탈당 세력이 규합해 2016년 2월 2일에 국민의당을 창당했다. 탈당한 호남 의원들이 가세해 국민의당은 호남 지지 기반을 가진 정당이 되었다. 문 전 대표의 읍소가 있었지만 호남의 민심은 결국 돌아오지 않았다. 국민의당은 총 38석을 획득했는데 호남 지역구를 대부분 차지한 것에 이어서 정당 득표율에서도 민주당을 앞서며 제3당으로 뛰어올랐다. 더불어민주당은 텃밭이라 여기던 곳에서 이개호, 안호영, 이춘석 세 사람만 당선되었다. 민주당이 호남을 홀대한다는 세간의 인식은 짧은 순간 바뀌지 않았지만, 문 전 대표와 김종인 대표의 호남에 대한 적극적인 다가섬은 지지 기반을 늘리는 데 기여한 것만은 사실이다. 호남 민심 잡기는 향후 더불어민주당의 큰 과제가 되었다.

호남에서의 참패는 뼈아픈 일이었지만, 전국적으로는 큰 승리를 거두었다. 새누리당을 누르고 원내 제1당으로 올라선 것이다. 지역구 110석, 비례 13석으로 새누리당에게 딱 1석을 더 이겼다. 새누리당은 180석, 어떤 때는 200석도 가능하다는 희망에 부풀어 있다가 민심의 심판을 제대로 받고 말았다.

그럴 수밖에 없는 일이었다. 박근혜 대통령은 새누리당의 내분을 스스로 부추겼다. 능력과 자질은 보지 않고 자신에게 충성하는 사람들만을 데리고 당을 꾸리려 했고, 그 결과 당대표와 공천관리위원회 간에 잡음이 끊이지 않았다. 마침내는 당대표 김무성이 당대표 도장을 가지고 잠적하는 이른바 '옥새 투쟁'을 일으키기에 이르렀다. 이런 정당에 국민들이 표를 줄 리 없었다. 여당의 자만심도 선거에 큰 영향을 주었지만 김종인 비대위가 내세운 경제 심판론이 큰 역할을 했다.

제20대 총선 수원 유세(2016.4.5.)

총선 10대 정책도 경제와 관련된 것들이 많았다. 기초연금 인상, 청년 일자리 창출, 성평등 사회, 경제민주화, 가계 부채 대책 마련, 한국형 복지국가 건설, 777플랜(국민총소득대비 가계소득비중과 노동소득 분배율, 중산층 비중을 각각 70%대로 상향), 국민연금 활용, 건강보험 불공평 해소, 한반도 신경제 지도 구상이 10대 총선 공약으로 내놓은 것이었다. 2015년 7월 말부터 총선공약기획팀이 심도 있게 검토한 결과로 수권정당, 대안정당의 면모를 보여주는 데 성공했다. 이를 바탕으로 선거 초반부터 일관되게 제시한 경제 메시지가 국민들에게 받아들여진 것이 제20대 총선의 결과였다.

집권여당이 과반수 득표에 실패한 것은 2000년 제16대 총선 이후 처음 있는 일이었다. 다시 한번 여소야대의 시간이 왔다. 제20대 총선으로 지역감정

국회 의원회관 대회의실에 마련된 더불어민주당 선거종합상황실(2016.4.13.)

이 완화되었다는 평가도 있었다. 새누리당이 호남에서 2석을 얻었고, 더불어민주당도 부산 5석, 경남 3석, 대구 1석을 얻었다. 서로 불모지에서 당선자를 낸 것이다.

제20대 국회를 이끌 첫 원내대표 선거가 5월 4일에 있었다. 우상호, 강창일, 이상민, 우원식, 민병두, 노웅래 의원이 후보에 나섰다. 우상호 의원은 계파 투쟁 없는 정당과 국민의 사랑을 받는 당을 만들겠다는 점을 강조했다. 1차 투표에서는 과반수 득표자가 없었다. 1위는 40표를 받은 우원식 의원, 2위는 36표를 받은 우상호 의원이었다. 이어 벌어진 결선투표에서 우상호 의원이 63표를 얻어 7표 차로 승리했다.

1석 차이였기 때문에 국회의장을 어느 당이 맡는가 하는 점도 초미의 관심사가 되었다. 새누리당은 정부여당인 자신들이 맡아야 한다고 주장했고, 더불어민주당은 원내 제1당이 맡는 것이 당연하다고 맞섰다. 국민의당 박지원 원내대표와 협력하여 제20대 국회 초대 국회의장은 정세균 의원이 맡게 되었다.

추미애 당대표 체제 출범

당대표도 선출해야 할 때가 되었다. 8월 27일에 전당대회가 열렸다. 추미애, 이종걸, 김상곤이 후보로 나섰다. 추미애가 54.03%, 이종걸이 23.89%, 김상곤이 22.08%를 획득하여 추미애 후보가 당대표로 선출되었다.

호남 민심을 어떻게 회복할 것인가가 경선에서 중요한 문제로 떠올랐다. 호남 없이는 정권교체도 없다는 데에는 세 후보 모두 동일한 목소리를 냈다. 하지만 방법론은 각기 달랐다. 김상곤 후보는 호남 출신 대표가 필요하다고 주장했다. '더민주비전 2017'을 통해 새로운 정책 비전과 로드맵을 제시했다. 당의 혁신을 지속하고 확장해야 한다는 주장이었다. 이종걸 후보는 계파 청산이 우선이라고 주장하며, 당내 민주주의의 회복과 공정 경쟁을 핵심가치로 내세웠다. 당원 중심의 풀뿌리 정당으로 변화시키겠다고 약속했다. 추미애 후보는 민주당을 지켜온 사람만이 호남지지를 되살릴 수 있다고 주장했다. 민주종가의 며느리로 오직 민주당 한길만을 걸었다고 내세우며 다시 호남을 일으키겠다고 외쳤다. 최우선 목표는 정권교체이며, 대선 승리를 위한 강력한 대선 관리형 대표가 되겠다고 역설했다.

추미애 당대표는 더불어민주당을 온·오프 네트워크 정당으로 만들어 국민이 함께 만들어 나가는 정치를 하겠다고 당선 소감을 밝혔다. 민생을 살릴 수

올림픽공원 체조경기장에서 거행된 전당대회에서 당대표에 선출된 추미애 의원(2016.8.27.)

있는 민생처방전이 필요하다는 이야기도 했다. 떨어진 후보에게도 손을 내밀어 통합의 당을 만들겠다는 의지를 보였다. 당의 주류와 비주류를 통합하는 것은 제일 시급한 문제이기도 했다. 추미애 대표는 과거 노무현 대통령 탄핵에 참여했던 것에 대해서 사과하고 계파 없는 정당을 만들어 정권교체를 이루겠다는 다짐을 내놓았다.

"흩어진 지지자들을 강력한 통합으로 한 데 묶어서 기필코 이기는 정당, 승리하는 정당을 만들겠습니다. 반드시 정권교체해서 국민에게 희망을 드리고, 새로운 10년, 국민이 승리하는 세상 함께 만들어 갑시다."

제20대 총선의 승리로 역사의 시간은 더불어민주당으로 옮겨오기 시작했다. 새누리당 총선 패배의 가장 큰 책임은 박근혜 대통령에게 있었기 때문에 레임덕이 올 수밖에 없었다. 권력자의 몰락이 다가오고 있었다.

3. 헌정사 최초의 대통령 탄핵

제20대 국회와 국정감사

대통령 탄핵의 역사는 길다. 임시정부 시절 초대 대통령이었던 이승만도 탄핵된 바 있었다. 노무현 대통령도 탄핵 심판까지 갔다. 하지만 광복 이후 탄핵이 되어 파면에 이른 대통령은 박근혜가 처음이었다.

2016년 7월부터 민정수석 우병우에 대한 비리 의혹이 보도되기 시작했다. 넥슨과 수상한 땅 거래가 있었다는 의혹으로 시작해서, 아들 의무경찰 복무 특혜와 인턴 채용 의혹, 처제의 조세 회피처 국적 획득 의혹, 아내와 장모의 횡령 및 배임 혐의 등이 쏟아져 나왔다. 결국 검찰이 수사에 착수했지만, 우병우는 공직에서 물러나지 않았다. 우병우에 대한 공격에 조선일보와 TV조선까지 가담했다. 청와대가 조선일보를 부패한 기득권 세력이라고 비난하기까지 했다. 여당의 든든한 지지기반이 이탈하기 시작한 것이다. TV조선은 미르재단의 문제점도 공격하기 시작했다. 여권은 흔들렸고, 보수세력은 분열했다.

정기국회 첫날인 9월 1일에 정세균 국회의장은 우병우의 사퇴를 촉구했다. 민정수석은 검찰에 영향력을 미치는 자리인데 어떻게 직을 유지하며 수사를 받을 수 있냐는 것이다. 또한 사드(THAAD·고고도미사일방어체계) 배치를 원점에서 재검토해야 하고, 고위공직자비리수사처(공수처)를 신설해야 한다고 개회사를 통해 밝혔다. 새누리당은 크게 반발해 일제히 퇴장하는 추태를 벌였다. 급기야 이날 밤 새누리당은 국회의장실을 침탈하여 점거했다. 경호원들이 막아섰지만 아랑곳없었다. 하지만 이 사태를 불러일으킨 우병우에 대한 첫 보도는 보수언론인 조선일보였다. 총선 패배에서 비롯된 박근혜 레임덕이 시작된 것이다.

8월부터 더불어민주당으로 여러 제보가 쏟아져 들어왔는데, 그 제보가 가리키는 사람은 한 사람이었다. 바로 최순실(최서원으로 개명)이었다. 최순실은 박근혜 대통령이 가깝게 지냈던 최태민 목사의 딸이다. 8월 중순부터 계속되는 제보에 우상호 원내대표는 비공개 태스크포스를 구성했다. 조응천, 박범계, 손혜원, 도종환 의원 등이 참여했다.

조응천 의원은 최순실의 영향력에 대한 정보를 가져오고, 손혜원 의원은 문화계 황태자라 불리는 차은택과 최순실에 대한 정보를 취합했다. 특히 대통령과 최순실이 미르재단 설립에 개입한 정황이 드러났다. 도종환 의원은 최순실의 딸, 정유라의 이화여대 입학 과정이 수상하니 조사가 필요하다고 했다. 안민석 의원도 정유라의 승마 비리에 대해서 폭로했다. 국정을 농단하여 특혜를 누리는 사람들에 대한 소문이 민주당 국회의원들에 의해 사실로 드러났다. 심각한 문제였다.

조응천 의원은 국회에서 처음으로 최순실이라는 이름을 거론했다. 미르재단과 K스포츠재단의 배후에 비선실세 최순실이 있으며, 박근혜 대통령이 착용한 브로치와 목걸이를 구입한 사람이 최순실이고, 우병우 민정수석이 발탁했다고 하는 윤전추 행정관의 청와대 입성도 사실은 최순실 작품이라는 이야기가 있다고 발언한 것이다.

9월 20일 자 한겨레신문도 미르재단과 K스포츠재단의 배후에 비선실세 최순실이 있다고 보도했다. 각각 2015년 10월과 2016년 1월 재벌들이 800억 원의 거금을 들여서 만든 재단들이다. 하루 만에 재단 설립 허가가 나왔음에도 불구하고 아무 일도 하지 않는 이상한 재단이었다. K스포츠재단 이사장은 최순실이 다니던 스포츠마시지센터 원장이었다.

9월 24일에 김재수 농림축산부 장관 해임건의안이 통과되었다. 더불어민주당과 국민의당의 연합으로 해임건의안이 통과될 수 있었다. 두 당 사이에 쌓인 앙금이 어느 정도 가라앉아가고 있었다. 최순실 사건의 파장이 막대할 것이었기 때문에 두 당의 협력이 절실한 상황이었다.

일반적으로 해임건의안이 통과되면 장관직을 내려놓는 것이 관례였다. 하지만 김재수 장관은 사퇴를 거부해 야당을 더욱 격분시켰다.

새누리당은 해임건의안에 격분하고 국회 일정을 보이콧했다. 새누리당 이정현 대표는 단식투쟁에 들어갔다. 국정감사를 연기시키고자 하는 쇼였다. 국민의당도 국정감사 연기를 요청했지만, 더불어민주당은 단독으로 9월 26일에 국정감사에 돌입했다. 최순실 비리가 계속 나올 때 박근혜정부의 실정을 모두 드러내야 했기 때문이다. 새누리당은 정세균 국회의장이 김재수 장관 해임건의안을 표결 처리한 것을 의장의 권한 남용이라고 비판했다. 결국 직권 남용, 허위공문서 작성, 명예훼손 등의 혐의를 걸어 서울중앙지검에 고발했다. 검찰은 이 사건을 대검 공안 2부에 배당했다.

어떻게든 국정농단 사실을 막아보고자 국회가 개원한 이래 유례가 없었던 국정감사 전면 거부를 감행한 새누리당은 여론의 질타를 받았다. 어쩔 수 없이 10월 4일에 국정감사장으로 돌아왔다. 이 때문에 국정감사는 애초 9월 26일부터 10월 14일까지 진행될 예정이었지만, 10월 19일까지 연장하게 되었다.

민주당은 국정감사에 최순실과 차은택 등을 증인으로 신청하려고 했다. 그러나 새누리당이 증인 채택 안건을 안건조정위원회에 회부하는 바람에 무산되고 말았다. 안건조정위원회는 최대 90일까지 안건을 보류할 수 있기 때문에 국감이 종료되면 증인 채택 건은 자동 무산이 된다는 점을 노린 꼼수였다.

미르재단과 K스포츠재단 문제는 법제사법위원회, 기획재정위원회, 교육문화체육관광위원회 등에서 관련 질의와 감사가 이루어졌고, 안종범 경제수석비서관이 전경련을 통해 기업들에게 재단출연금을 모금한 녹취록이 공개되는 바람에 파장이 일었다.

국정감사 전날 백남기 농민의 사망 소식이 전해졌다. 백남기 농민은 지난 2015년 11월 14일에 있었던 대한민국 민중총궐기 때 경찰의 물대포 직사 사격에 맞아 쓰러졌었다. 해당 시위는 박근혜정부의 노동 정책, 한국사 교과서 국정화, 세월호 참사 진상 규명 소홀, 농민 문제, 빈곤 문제에 항의하여 민주노총 등 시민단체가 주도한 것이었다. 그는 가톨릭농민회 전국 부회장, 우리밀살리기운동본부 공동의장 등을 지낸 농민운동가였다.

시위를 막기 위해 설치된 경찰 버스를 밧줄로 당기다가 경찰이 쏜 물대포에 맞아 쓰러지면서 뇌출혈이 일어났다. 이후 1년 가까운 투병 생활을 했으나 회복하지 못하고 끝내 숨지고 말았다. 물대포를 시위 진압에 사용할 때는 엄격한 매뉴얼을 지켜야 하는데, 경찰은 시위대를 향하여 직격으로 쏘았고, 그것에 백남기 농민이 맞고 쓰러졌던 것이다.

서울대학교병원은 백남기의 사망진단서를 병사라고 적어 사망의 원인을 속이려고까지 했다. 경찰이 물대포를 직사한 CCTV 영상이 박남춘 의원에 의해 국감장에서 공개되어 경찰의 살수차 사용 결과 보고서가 허위라는 점이 밝혀지기도 했다. 특히 빨간 우의를 입은 사람이 백남기 농민을 가격해 쓰러졌다는 터무니없는 주장이 제기되기도 했는데, 박주민 의원은 그 주장을 반박하는 동영상을 공개하기도 했다. 극우 사이트 일베에서 나온 주장을 새누리당 의원들은 검증도 없이 국감장에서 그대로 제시했다.

백남기 농민이 참여했던 시위를 촉발했던 문제 중 하나는 한국사 교과서 국정화 논란이었다. 그 논란은 우리 사회의 이념적 갈등을 잘 보여준 사례였다. 2015년 교육부 국정감사에서 박근혜정부가 한국사 교과서 국정화 추진을 꾀하고 있다는 사실이 드러났다. 10월 12일에 교육부는 한국사 교과서의 국정화를 행정예고 했다. '올바른 역사교과서'를 만들어 좌편향된 교과서를 바로잡겠다고 한 것으로 극우적 시각을 아낌없이 드러냈다. 한국사 국정교과서는 박정희 대통령이 10월 유신 때 도입했다. 의도는 분명했다. 국민을 한 가지 역사 해석으로 몰아넣으려 한 독재적 발상에서 비롯되었다. 김대중정부 때 와서야 한국근현대사 과목이 검정제로 바뀌었고, 노무현정부 때 모든 역사 교과서가 검정제로 바뀌었다. 박근혜정부는 그 변화를 다시 되돌려놓으려는 것이었다.

11월 10일에 박근혜 대통령은 국무회의 모두 발언에서 한국사 교과서 국정화의 당위성을 강조하며, "자기 나라 역사를 모르면 혼이 없는 인간이 되는 것이고, 바르게 역사를 배우지 못하면 혼이 비정상이 될 수밖에 없다."라는 발언을 했다. 이미 박근혜 대통령은 2013년 광복절 축사에서 "고려 말의 대학자 이암 선생은 '나라는 인간에 있어 몸과 같고, 역사는 혼과 같다'고 하셨다."라는 말을 한 바 있는데 그 연장선상에 있는 이야기였다. 역사학계는 이

말에 더욱 경악을 금치 못했는데, 그것은 이 말이 국수주의 위서인 <환단고기>에서 유래한 것이기 때문이었다. 사이비 국수주의 세력이 청와대에 있는 것이 아니냐는 의문이 증폭되었다. 역사학계, 교육계, 시민사회 등이 '친일·독재 미화'를 우려하며 반대 시위와 성명 발표를 이어갔지만 아랑곳하지 않았다. 28일에 국정교과서 현장검토본을 공개했다. 여기서 '건국절' 논란, 박정희의 새마을 운동 미화, 친일파 서술 축소 논란이 증폭되었다. 국정교과서 문제는 탄핵 정국 때 황교안 권한대행이 1년 유예했다가 문재인정부가 들어서자마자 폐기되었다. 박근혜정부가 교과서 반대 성명을 낸 역사학자를 학술연구지원사업에서 배제할 목적으로 블랙리스트를 만들어 관리했다는 사실도 뒤늦게 밝혀졌다.

미래창조과학방송통신위원회의 국정감사에서는 세월호 보도 관련해서 이정현 새누리당 대표가 언론사에 전화해 해경 비판을 자제해 달라고 요구하는 녹음 파일이 공개되었다. 민주당 유승희 의원이 그 사실을 왜 보도하지 않았느냐고 KBS 보도본부장에게 묻자, 고대영 사장은 "답변하지 마"라고 지시하는 해프닝이 일어나기도 했다.

외교통일위원회 국감에서는 사드 배치 문제와 한일 위안부 합의 문제, 개성공단 폐쇄에 따른 대북 문제가 주요 쟁점이 되었다. 세 가지 문제 모두 국민을 설득하려는 노력 없이 졸속으로 결정되어 향후 외교적으로 큰 문제를 불러일으켰다. 특히 2016년 2월에 갑자기 이루어진 개성공단 폐쇄는 최순실이 개입한 것이라는 의혹도 얼마 후에 제기되었다.

박근혜정부는 궁지에 몰리자 검찰에 의지했다. 공직선거법 공소시효가 10월 13일로 만료되기 때문에 이날 무더기로 국회의원을 기소했다. 새누리당은 13명인데 반해 야권은 총 24명(더불어민주당 16명)으로 야권에 기소가 집중되었고, 여당의원들 중 정권 실세인 이른바 친박 의원은 한 명도 기소되지 않았다. 또한 송민순의 회고록 <빙하는 움직인다>(10월 7일 출간)의 내용을 가지고 색깔론을 들고 나왔다. 송민순 전 장관은 노무현정부 시절 외교통상부 장관을 지냈으며 제18대 국회 때 통합민주당의 비례대표를 지내기도 했다. 그는 회고록에서 2007년 UN에서 있었던 북한 인권 규탄 결의안 표결 때 우리 정부가 기권한 것을 '종북 행위'였다고 비난했는데, 이것을 새누리당이 들고 나와 색깔론 공세를 퍼부었던 것이다. 송 전 장관은 우리 정부가 북한의 의견을 듣고 기권했다는 주장을 했는데, 해당 당사자들은 모두 그런 일이 없었다고 부인했다. 더불어민주당은 침착하게 해당 사안에 절제하며 대응을 하여 논란의 확산을 막았다.

박근혜-최순실 국정농단과 촛불혁명

여름부터 이화여자대학교는 미래라이프 단과대학 설립 문제로 학내 분규 중이었다. 미래라이프 단과대학은 교육부의 평생교육 단과대학 지원 사업에 따른 것이었는데, 학생들과 아무런 소통 없이 학교 당국이 독단적으로 진행한 탓에 학생들은 정원 감소 등 불이익을 받게 되어 분노가 커졌다. 더 큰 문제는 최경희 이화여대 총장이 시위 진압을 위해 학내 경찰 진입을 허가하는 바람에 벌어졌다. 재학생뿐만 아니라 졸업생들까지 시위에 가세하면서 결국 미래라이프 단과대학 설립을 취소하기에 이르렀다. 하지만 이화여대생들은 최경희 총장 사퇴를 요구하며 시위를 이어갔다. 최경희 총장이 안하무인으로 행동한 데는 권력층의 비호가 있을 것이라는 합리적 의혹이 생겨났다.

이런 때에 민주당 안민석 의원이 국정감사에서 최순실의 딸, 정유라의 부정 입학 의혹을 터뜨리면서 이화여대 시위는 새로운 국면으로 넘어갔다. 한겨레신문에서 9월 27일에 정유라의 이화여대 부정 입학 및 학점 특혜 보도와 최순실이 이화여대 교수에게 폭언을 한 내용이 실리면서, 총장이 부정 입학을 주도했다는 의혹이 떠올랐다.

대학입시 부정이라는 화제는 폭발력이 컸다. JTBC 등 언론사들도 이 문제에 본격적으로 뛰어들었다. JTBC는 미르재단과 K스포츠재단의 문제를 파고들면서 최순실이 이 문제에 깊이 개입했다는 점을 밝혀냈다. 더불어민주당은 10월 19일 최고위원회 회의에서 지금까지 최순실 관련 사건을 '권력형 비리 게이트'라고 불렀던 것을 '최순실 게이트'로 새롭게 규정했다. 문제가 이렇게 확산되자 청와대도 침묵만 지킬 수는 없었다. 10월 20일에 수석비서관 회의 모두 발언에서 박근혜 대통령은 두 재단의 문제를 언급했다. "만약 어느 누구라도 재단과 관련해서 자금유용 등 불법행위를 저질렀다면 엄정히 처벌받을 것입니다. 앞으로 더 이상의 불필요한 논란이 중단되기를 바라는 마음에서 제가 말씀드려야 할 것 같습니다."

하지만 논란은 쉽게 사그라지지 않았다. JTBC는 최순실과 두 재단의 관계에 대한 심층보도를 이어갔으며 정유라에 대한 의혹 역시 심층 보도로 계속 추적했다. 박근혜 대통령은 국면 전환을 꾀할 의도로 10월 24일에 개헌을 추진하겠다는 발표를 했다. 개헌이라는 커다란 이슈를 내놓아서 모든 화제를 빨아들이겠다는 속셈이었다. 그러나 그 의도는 실패했다. 같은 날 저녁 JTBC의 최순실 태블릿PC 발견 뉴스로 아무 소용이 없는 일이 되었다.

이 태블릿PC에는 박근혜 대통령의 새누리당 대선 후보 시절부터 대통령 때까지의 연설문 44개가 담겨 있었다. 최순실이 직접 연설문을 가필한 것까지 밝혀졌다. 지금까지 최순실이 비선실세라는 주장은 말로만 오가던 것이라 사람들은 실감하지 못했었다. 그러나 태블릿PC 안에서 들어난 증거들로 사람들은 확신하기에 이르렀다. 그 파급력은 엄청났다. 이른바 스모킹 건이 등장한 것이다.

박근혜 대통령도 더 이상 발뺌할 수가 없었다. 다음 날 오후 대국민사과문을 발표했다. 사과문은 녹화된 것에다 짧았고(95초 분량에 불과했다) 진솔하지도 않았다. 범죄 행위에 대한 자백에 불과했다. "최순실 씨는 과거 제가 어려움을 겪을 때 도와준 인연으로 지난 대선 때 주로 연설이나 홍보 등의 분야에서 저의 선거운동이 국민들에게 어떻게 전달되는지에 대해 개인적인 의견이나 소감을 전달해주는 역할을 하였습니다. 일부 연설문이나 홍보물도 같은 맥락에서 표현 등에서 도움을 받은 적이 있습니다."

앞으로 어떻게 하겠다는 반성은 전혀 보이지 않았다. 그저 변명과 합리화였다. 잘하려 하다가 그렇게 된 것이라고 했다. 게다가 청와대 보좌 체계가 완비된 후에는 최순실의 도움을 받지 않았다는 거짓말도 했다. 끓어오르는 국민 분노에 기름을 부은 꼴이었다.

사태가 이 지경에 이르자 문재인 전 대표는 26일에 거국중립내각을 구성하자고 요구했다. 박근혜정부는 바로 거부했다. 하지만 여론이 극히 나빠지기 시작하자 30일에 새누리당은 거국중립내각 요구를 받아들이겠다고 했다. 그러나 눈 가리고 아웅 하는 격이었다. 국무총리 후보를 자신들이 지명하겠다는 것이었다. 여야 합의는 불가능했고, 거국중립내각 요구도 물거품이 되었다.

10월 27일에 특검 도입을 위한 여야 협의가 시작되었다. 특검은 이미 국감 기간 중이었던 10월 7일 우상호 원내대표가 처음 제기했다. 당시에 새누리당은 일언지하에 거부했었다. 새누리당은 박근혜 대통령을 수사 대상에 넣을 수 없다고 주장하며, 정부여당의 입장을 반영할 수 있는 상설특검으로 가야 한다고 맞섰다. 이에 추미애 대표는 28일에 새누리당과 협상하기 위해서는 세 가지 선결 과제가 해결되어야 한다고 말하며 최순실 특검 협상 중단을 선언했다. 첫째로 새누리당의 석고대죄, 둘째는 우병우 민정수석의 사퇴, 마지막으로 최순실 부역자의 전원 사퇴를 요구했다.

10월 29일에 청계광장에서 처음으로 박근혜 퇴진을 요구하는 촛불집회가 열렸다. 민중총궐기투쟁본부 주최로 열린 이날 집회에는 오후 6시부터 수십만 명의 시민이 밀집했다. 평화 집회를 통해 촛불혁명을 이룬 역사가 시작된 집회였다. 유모차를 타고 나온 갓난아기부터 80대 노인까지 모여들었고 대규모 집회임에도 불구하고 경찰과 충돌하지 않는 평화 집회로 마무리되었다. 11월 5일 제2차 대회 때는 집회 참여 인원이 30만 명으로 순식간에 불어났다.

청와대는 국정농단에 연루된 비서관을 해임하고 거국중립내각을 위한 행보를 시작하는 등 사태 수습을 하려는 듯한 움직임을 보였다. 하지만 그런 미봉책으로 돌파할 수 있는 문제가 아니었다. 최순실이 늦게나마 검찰에 체포되면서 사태는 더욱 급진전하게 되었다.

더불어민주당도 '최순실 게이트'를 '박근혜-최순실 게이트'로 다시 규정했다. 더불어민주당 의원들의 맹활약이 박근혜-최순실 게이트를 밝히는 데 큰 역할을 했다. 언론보도의 1/3은 더불어민주당에서 나온 제보와 공보였다. 11월 1일 국회의원회관 대회의실에서 당원 1천 200여 명이 참석한 가운데 '박근혜-최순실 게이트 진상 규명 국민보고대회'를 개최했고 박근혜-최순실 게이트 국민조사위원회를 가동했다. 같은 날 더불어민주당과 국민의당, 정의당 등 야3당이 최순실 국정농단 파문과 관련해 진실 규명을 위해 국정조사를 실시하고 특별법에 의한 별도특검을 추진하기로 합의했다. 다음 날에는 여의도역 5번 출구에서 진상 규명 홍보 캠페인을 가졌다.

박근혜-최순실 게이트 규탄 당원결의대회 (2016.11.12.)

　야당이 이렇게 총공세에 나서자 박근혜정부는 우왕좌왕했다. 박근혜 대통령은 다음 날 난데없이 새 총리 후보자로 김병준 국민대 교수를 지명했다. 국정 혼란을 바로잡기 위한 인선이라고 했지만, 문제가 많았다. 여야가 합의하지도 않았고, 더불어민주당에서 줄기차게 요구한 진실 규명에 대한 의견 표명도 없는 독단적인 행위였다. 이런 정부의 행태에 국민은 더욱 화가 났다. 11월 4일에 박근혜 대통령은 다시 대국민담화를 발표했다. 박근혜는 자신이 고독하고 외로워 최순실로부터 돌봄을 받았다고 했다. 드러난 사실에 자신도 실망했다며 이러려고 대통령을 했나 하는 자괴감이 든다는 어처구니없는 말로 사태를 무마하려고 했다. 구체적인 조처에 대한 이야기는 없었다.

열심히 일했는데 안타깝다며 모든 것은 검찰에 맡기고 정부는 본연의 기능을 해야 한다고 했다. 그나마 이번 담화로 청와대가 검찰 조사와 특검을 수용하게는 되었다. 청와대는 영수회담도 추진하겠다는 의사를 흘렸다. 철저한 반성과 개혁 조치에 아무 기대를 할 수 없는 상황에서 영수회담은 의미가 없는 일이었다. 더불어민주당은 총리 지명 철회와 대통령의 국정 2선 후퇴를 요구했다. 안민석 의원 등 6명의 의원이 박근혜 대통령 퇴진을 촉구하는 성명을 내놓기도 했다.

이런 와중에 검찰 조사를 받으러 간 우병우 수석이 공손히 서 있는 검사들 앞에서 팔짱을 끼고 빙그레 웃는 모습의 사진이 조선일보에 보도되었다. 그 사진이 다시 한번 국민 분노를 일으켰다. 11월 8일 박근혜 대통령은 국회를 방문하여 정세균 국회의장을 만났다. 총리를 여야 합의로 추천해달라는 요청을 했다. 더불어민주당과 국민의당은 박근혜 대통령이 국정운영에서 물러나지 않는 한 의미 없는 일이라고 일축했다.

11월 12일에 더불어민주당은 광화문 청계광장에서 박근혜-최순실 게이트 규탄 대회를 열었다. 추미애 대표, 우상호 원내대표와 문재인 전 대표, 이재명 성남시장, 박원순 서울특별시장도 모두 참여했다. 당원 3만여 명이 지역위원회별로 깃발을 들고 모여들었는데, 제주도 서귀포 지역위원회까지 상경하여 참여했다. 이날은 민중총궐기 제3차 대회로 백만 명의 시민이 모여 박근혜 퇴진을 외쳤다. 지방에서 전세버스를 대절해 서울로 향하여 오는 민족 대이동 같은 풍경이 연출되기도 했다. 거당적 차원의 전면적 대통령 퇴진 운동의 당내 프로세스가 진행되었다. 최고위·중진 연석회의와 긴급최고위원회, 긴급의원총회가 열렸다.

11월 14일에 추미애 대표는 영수회담을 제안했다가 당내 반발을 불러왔고 결국 철회하는 해프닝이 있었다. 당일 밤 열린 긴급의총에서 다수의원들은 현 시점에서 박 대통령과의 양자회담은 퇴진을 촉구하는 민심을 거스르는 것이며, 야권공조를 깨트리는 만큼 청와대가 수용했더라도 참석하지 않는 것이 바람직하다는 의견을 모았다. 영수회담을 하지 않는 대신, 더불어민주당은 공세를 더욱 강화했다. 최순실 국정농단 의혹 특검 법안에 여야 합의를 이끌어내는 데 성공했다. 특별검사는 더불어민주당과 국민의당이 합의해 추천하고 대통령이 그중 한 명을 임명하는 형식이었다. 15일에 국회에 법안이 제출되었고, 17일에 본회의에서 통과되었다. 특별검사는 12월 1일에 박영수 전 서울고검장이 임명되었다. 박영수 특검은 수사팀장으로 대전고검의 윤석열 검사를 발탁했다. 윤석열은 국가정보원의 대선 개입 수사를 강행하다가 좌천당한 상태였다.

11월 17일에는 박근혜-최순실 게이트 조사를 위한 국정조사 계획서도 본회의에서 통과되었다. 이듬해 1월 15일까지 60일간 활동하고 본회의에서 30일 연장할 수 있었다. 하지만 새누리당이 연장에 결사반대하면서 1월 15일까지만 활동할 수 있었다. 18일에 추미애 대표는 박근혜정부가 계엄령을 준비 중이라는 발언을 했다. 청와대와 새누리당은 즉각 반발하고 제1야당 대표가 무책임한 발언을 했다는 비난을 퍼부었다. 하지만 추미애 대표의 발언이 사실이었음은 2017년 이철희 의원이 계엄령 문건을 찾아내 공개하면서 밝혀졌다.

국회 바깥에서도 더불어민주당은 국민과 함께 활발한 활동을 전개했다. 11월 16일에는 박근혜 대통령 은정 수사 촉구 번개 촛불집회를 서울중앙지검 앞에서 가졌고, 18일에는 박근혜 대통령 퇴진 국민주권운동본부 출정식을 세종문화회관 계단에서 가졌다. 19일에는 민중총궐기 제4차 대회와 함께 박근혜 대통령 퇴진 결의대회를 청계광장에서 열었다. 집회 참여 인원은 이번에도 백만 명에 가까웠다. 26일에도 민중총궐기 제5차 대회와 함께 박근혜 대통령 퇴진 결의대회를 가졌다. 더불어민주당도 청계광장에서 대통령 퇴진 결의대회를 열었다. 150만 명의 시민들이 박근혜 퇴진을 외쳤다. 12월 3일에 열린 제6차 대회에는 200만 명이 넘는 시민이 모였다. 민심을 거부한 박근혜 정권의 몰락이 코앞에 닥쳐오는 듯했다. 12월 2일에 발표된 갤럽 여론조사에 따르면 박근혜 대통령의 지지율은 4%밖에 되지 않았다.

박근혜 퇴진을 위한 국민주권운동본부 출정식(2016.11.18.)

국민의 분노는 하늘을 찌를 듯이 높았지만, 집회는 평화롭게 진행되었다. 모두 촛불을 들고 문화행사와 행진으로 진행되는 평화 집회였기 때문에 많은 사람이 참여할 수 있었다. 백만 명의 사람이 한마음으로 구호를 외칠 때 대한민국의 미래가 새롭게 만들어진다는 것을 모두 느낄 수 있었다. 위대한 촛불혁명이 진행 중이었다.

한편 2016년 9월 28일부터는 부정 청탁 및 금품 등 수수의 금지에 관한 법률(일명 김영란법)이 시행되었다. 김영란법은 2012년에 당시 김영란 국민권익위원장이 제안하여, 공직사회 전반의 투명성과 청렴성을 높이는 것을 목표로 2015년 3월에 제정되었다. 공직자, 언론인, 사립학교 교직원 등에게 부정 청탁을 금지하고, 일정 금액을 초과하는 금품 수수를 금지하는 것을 핵심으로 한다.

식사 접대는 3만 원 이하, 선물은 5만 원 이하(농수산물 및 가공품은 15만 원 이하), 경조사비는 5만 원 이하(화환·조의금·축의금을 함께 받는 경우 10만 원 이하)로 조정하고 100만 원 이하의 금품 수수는 직무 관련성이 있을 경우에 과태료 부과 대상, 100만 원을 초과하면 직무 관련성 여부와 상관없이 형사 처벌 대상이 되는 강력한 뇌물방지법이었다.

이 법이 시행되면 내수 경제가 위축될 것이라는 우려도 컸지만, 더불어민주당은 공직사회의 부정부패를 막아야 한다며 통과에 앞장섰다. 시행 무렵에 부작용을 우려해서 법 개정이 필요하다는 주장도 있었지만, 더불어민주당은 선 시행, 후 보완을 하면 된다고 시행을 늦추지 않기로 했다.

그러나 최순실의 수십억에 달하는 상상 초월의 부정부패를 보면서 시민사회는 김영란법 따위가 무슨 의미가 있느냐, 서민들은 3만 원, 5만 원에 묶어두고 고위 공직자들은 어마어마한 비리를 저지르는 거 아니냐는 등의 허탈한 반응을 보였다. 사회적 관심도 큰 이슈에 밀려서 시행 첫 달 300건에 육박했던 신고도 다음 달에는 40여 건으로 줄어들었다. 그뿐만 아니라 검찰에 넘어간 사건도 11월 말까지 1건밖에 되지 않아 실망이 더욱 커졌다. 하지만 김영란법의 시행으로 우리 사회의 부패 방지에 큰 틀이 만들어진 것은 사실이었다. 이 법은 민주정부가 들어서야 빛날 수 있는 것이었다.

대통령을 파면하다

11월 21일 더불어민주당은 의원총회에서 박근혜 대통령 탄핵을 당론으로 채택했다. 이를 위해 당 체제를 박근혜 대통령 퇴진 국민주권운동본부로 바꾸었다. 본부장은 추미애 대표가 직접 맡았다. 부본부장에는 원혜영, 강창일, 양승조 의원이 임명되었다. 17개 시·도당도 국민주권운동본부로 전환했다. 국민의당, 정의당은 물론 새누리당도 탄핵에 끌려오기 시작했다. 28일과 29일에 걸쳐 박근혜 대통령 탄핵소추안이 작성되었다. 이렇게 되자 박근혜 대통령은 29일에 제3차 대국민담화를 내놓았다. "저는 제 대통령직 임기 단축을 포함한 진퇴 문제를 국회의 결정에 맡기겠습니다."

모든 것을 내려놓았다고 말했지만, 대통령직에서는 물러나지 않겠다는 뜻을 피력한 셈이었다. 임기 단축이라는 말 자체는 탄핵도 받아들이지 않겠다는 뜻이었다. 박근혜 대통령이 이렇게 나오자 새누리당은 탄핵 전선에서 이탈했다. 추미애 대표는 즉각 강력한 비판 발언을 내놓았다. 아무런 반성과 참회가 없는 대통령이며 즉각 퇴진하지 않고 국회에 책임을 떠넘기는 꼼수를 부렸다는 점을 지적했다.

더불어민주당은 이날 송영길 의원을 단장으로 하는 촛불홍보단을 조직했고 탄핵 발의 서명에 돌입했다. 원래 30일에 탄핵 발의, 12월 2일까지는 본회의에서 탄핵안 표결을 하기로 합의가 되었다. 그러나 국민의당이 갑자기 2일 탄핵안 표결은 불가능하다고 발을 뺐다. 탄핵안 표결은 9일로 미뤄졌다. 국민의당은 이 결정으로 국민의 큰 비난에 직면했다.

11월 30일은 국정조사의 기관보고가 있던 날이었다. 문화체육관광부, 법무부, 대검찰청, 국민연금관리공단의 보고가 있었다. 국민연금관리공단의 경우는 삼성물산과 제일모직의 합병에 찬성 결정을 내리며 국민에게 큰 손해를 입힌 사건과 연루되어 있었다.

삼성 이재용 부회장의 경영권 승계라는 목적 달성을 위해 진행되었고, 이 과정에서 최대 주주인 국민연금의 찬성을 얻어내기 위해 청와대와 최순실을 중심으로 한 권력층에 뇌물성 지원이 제공되었던 것이다. 국정조사를 통해 투자위원이 압수수색을 피해 휴대폰을 유기한 사실이 드러나는 한편, 검찰총장이 출석을 거부하면서 여야 충돌을 빚기도 했다.

12월 1일 추미애 대표는 새누리당 김무성 전 대표와 단독 회담을 가졌다. 추미애 대표는 박 대통령이 늦어도 1월 중에는 퇴진해야 하며 탄핵해야 한다고 했으나 김 전 대표는 박 대통령이 4월 말 퇴진한다면 탄핵할 필요가 없다고 탄핵에 반대 입장을 표했다. 더불어민주당은 국회 로텐더 홀에서 탄핵 발의를 위한 농성을 시작했다.

드디어 12월 3일 새벽에 더불어민주당, 국민의당, 정의당과 무소속 국회의원 6명에 의해 탄핵안이 발의되었다. 탄핵안이 통과되려면 200석의 찬성이 필요하므로 새누리당의 협조가 절대적으로 필요한 상황이었다. 새누리당은 '질서 있는 퇴진'을 주장하며 대통령 탄핵에 비협조적이었으나 비박계 국회의원들이 이탈하기 시작했다. 비박계 의원 29명은 탄핵에 찬성하겠다는 입장을 밝혔다. 점차 새누리당 안에도 탄핵 찬성을 표하는 의원들이 늘어가기 시작했다. 이날 제6차 박근혜 퇴진 범국민행동의 집회가 열렸다. 집회 제목은 '박근혜 즉각 퇴진의 날'이었다. 주최 측 추산 232만 명의 무시무시할 정도의 국민이 참여했다.

탄핵 발의가 초읽기에 들어간 만큼 더불어민주당은 총력을 기울였다. 국회에서 12월 9일까지 무한 릴레이 탄핵버스터에 들어갔다. 긴급의총도 매일 열었다. 국회와 17개 시·도당에서 탄핵 촛불집회를 매일 열었다. 매일 시민들과 함께 시민 탄핵버스터도 진행했다.

12월 6일에는 국정조사 첫 청문회가 열렸다. 삼성 이재용 부회장은 최순실과 정유라에 불법적인 지원이 있었음을 시인했다. 재벌 총수들이 청와대의 압력으로 강제 기부금을 미르재단과 K스포츠재단에 바쳐야 했다는 것을 증언했다.

7일 두 번째 청문회에서 박영선 의원은 시민 제보를 통해서 김기춘 전 비서실장이 최순실을 모른다고 한 말이 거짓말임을 밝혀냈다. 한나라당 대선후보 검증회 때 최순실에 대한 이야기가 나왔는데, 그 자리에 김 전 비서실장도 배석하고 있었다는 사실이 영상으로 드러난 것이다.

이외에도 박영선 의원은 김 전 비서실장의 김종 전 문체부 2차관 관련 위증과 정윤회 위증까지 폭로했다. 이날 청문회를 통해 박근혜 대통령이 미용 목적의 태반 주사 등을 맞았다는 것, 세월호 참사 때 머리 손질을 받았다는 것 등이 밝혀져 국민의 분노를 일으키게 되었다.

탄핵 표결이 무산된다면 그 후폭풍은 누구도 감당할 수 없을 정도로 국민 분노는 최고조였다. 국민은 대통령 탄핵을 열망하고 있었다. 우상호 원내대표는 탄핵이 부결될 경우, 민주당 의원들은 의원직을 총사퇴하겠다는 배수의 진을 쳤다. 국민의당과 정의당도 같은 의견으로 뒤를 따랐다. 절박한 마음으로 총력을 다한 더불어민주당의 노력은 결실을 맺었다. 마침내 12월 9일 국회에서 탄핵소추안의 표결이 이루어졌다. 재석 299석에 가 234석, 부 56석, 기권 2석, 무효 7석으로 가결되었다.

박근혜 대통령 탄핵소추안 가결(2016.12.9.)

　대통령 탄핵소추안이 가결된 직후인 당일 오후 7시 3분에 대통령 직무는 정지되었다. 국정은 황교안 국무총리가 권한대행으로 수행하게 되었다. 다음 날에는 제7차 박근혜 퇴진 범국민행동의 집회에 백만의 국민이 모여 탄핵안 가결을 축하했다. 박근혜 대통령을 탄핵 심판으로 몰아넣은 것은 위대한 국민의 결단과 실천이었다. 국민들이 직접 자신의 의사를 광장에 모여 보여주지 않았다면 국회의 힘만으로 탄핵을 이뤄낼 수 없었을 것이다. 더구나 이 촛불집회는 비폭력 집회의 정수를 보여주었다. 시위가 과격해지려고 하면 진정시키려는 사람들이 늘 있었고, 흥겨운 잔치와도 같이 진행되면서 남녀노소를 가리지 않고 광장으로 사람들을 이끌어낼 수 있었다.

촛불집회란 시민참여의 형식은 2002년 2월 미군 장갑차에 희생된 심효순, 심미선 두 여중생에 대한 추모와 항의에서 시작했다. 이후 2004년 3월 노무현 대통령 탄핵소추에 대한 항의로 다시 등장했고, 2008년 5월 광우병 쇠고기 협상 반대 시위 때 본격적으로 광화문 광장에 나타났다. 이 촛불집회는 100일 이상 지속되었는데 많은 국민들이 이때 평화를 기반으로 하는 촛불집회를 경험했다. 이렇게 축적된 평화 촛불집회는 2016~17년에 걸쳐 대폭발을 일으켰다고 할 수 있다. 집회가 끝나고 깨끗이 광장을 청소하는 모습에 전 세계는 감동하지 않을 수 없었다.

12월 13일에 야3당은 탄핵심판의 신속한 진행과 박근혜정부 적폐청산, 개혁입법 추진을 적극 공조한다는 합의를 했다. 한편, 국정조사 청문회는 14일, 15일, 19일로 이어지면서 총 6차에 걸쳐 진행되었다. 청문회는 최순실의 국정농단과 박근혜정부의 부정부패, 무능을 여실히 드러냈다. 12월 21일 드디어 박영수 특검이 구성을 마치고 수사를 시작했다.

12월 27일에 새누리당 의원 29명이 탈당하여 개혁보수신당을 만들겠다는 선언을 했다. 2017년 1월 1일 신년 첫날부터 희한한 일이 벌어졌다. 직무가 정지된 대통령이 청와대 출입기자 간담회를 연 것이다. 이 자리에서 박근혜 대통령은 최순실은 단지 지인일 뿐이며 국정에 개입하지 않았다는 취지의 발언을 했다. 그 발언에 대해 추미애 대표는 "참 이상한 대통령"이라며, 규범 인식이 초중등학교 정도 수준도 못 된다는 평가를 내놓았다. 박근혜 대통령은 이에 그치지 않고 25일에는 보수 언론인 정규재와 단독 인터뷰를 가졌다.

자신은 최순실의 비리는 알지 못했고 국정농단은 말이 안 된다는 자기변명으로 일관한 인터뷰였다. 대통령이 그러고 있을 때, 새누리당은 자유한국당으로 당명을 바꾸었다. 앞서 개혁보수신당을 만들겠다며 탈당한 의원들이

제10차 박근혜 대통령 퇴진 촉구 촛불집회(2016.12.31.)

'바른정당'이란 당명으로 본격적인 활동을 개시하면서 침체된 당내 분위기를 바꿔보려는 시도였다. 하지만 여전히 직무가 정지된 박근혜 대통령이 당원으로 있는 등 실질적인 변화는 없는 상태였다.

국정감사 때 도종환 의원이 제기한 문화계 블랙리스트가 실재했다는 것이 박영수 특검팀에 의해 밝혀졌다. 김기춘 전 비서실장이나 조윤선 문화체육

부 장관은 모두 부인했지만, 사실로 밝혀지면서 조윤선 장관은 현직 장관 신분으로는 처음 구속되었다. 김 전 비서실장도 이때 함께 구속되었다. 문화는 우리가 걸어가야 할 미래를 보증하는 소중한 자산이고 가치이다. 정권의 입맛에 맞게 문화를 길들이려 한 박근혜정부의 만행에 모든 문화인들이 치를 떨게 되었다. 문화계 블랙리스트에 올랐던 사람들은 이후 우리 문화를 빛내는 수많은 업적을 이뤄냈다.

박영수 특검의 활동 기간은 2월 28일까지였다. 더불어민주당을 비롯한 야당들은 특검 연장을 바랐지만, 황교안 권한대행이 끝까지 반대하여 결국 특검을 연장하는 데는 실패했다. 70일 동안의 수사를 통해 13명을 구속하는 성과를 거뒀다. 문형표 전 보건복지부 장관 구속, 최경희 이화여대 총장 구속, 덴마크에서 정유라 체포 등 성과도 컸지만, 청와대 압수수색 실패와 박근혜 대통령 대면 조사 실패 등의 아쉬움도 있었다. 이제 헌법재판소의 시간이었다. 온 국민의 귀와 눈이 헌법재판소에 몰린 가운데 3월 10일 드디어 탄핵 심판의 결과가 나왔다. 8명 전원의 만장일치 인용이었다. 탄핵 심판 판결문에서 최순실의 국정농단이 중대한 헌법 위배라고 인정했다.

"**피청구인은 최서원에게 공무상 비밀을 누설하고 최서원과 그의 친척이나 그와 친분 있는 주변인 등이 국가 정책과 고위 공직 인사에 관여하게 하였다. 또 대통령의 권력을 남용하여 사기업들로 하여금 수백억 원을 각출하도록 하고 최서원 등에게 특혜를 주도록 강요하는 등 국가권력을 사익 추구의 도구로 전락하게 하였다. 이는 국민주권주의 및 대의민주주의의 본질을 훼손하고, 국정을 비선 조직에 따른 인치주의로 운영하여 법치 국가 원칙을 파괴한 것이며, 국무회의에 관한 헌법규정을 위반하고 대통령의 헌법수호 및 헌법준수 의무를 위반한 것이다.**"

주심인 이정미 재판관이 "피청구인 대통령 박근혜를 파면한다."라고 말하는 순간 헌법재판소 주변에 모인 수많은 시민과 전국 곳곳에서 TV를 보고 있던 국민이 일제히 환호성을 터뜨렸다. 헌정사상 처음으로 대통령의 파면이 이루어진 순간이었다. 절대 권력자와 길고 긴 싸움을 하면서도 지치지 않고 달려온 국민과 더불어민주당을 비롯한 야당이 이뤄낸 승리였다. 평화롭게 헌법질서에 따른 절차를 거쳐 최고 권력자를 파면한 것을 본 세계도 함께 놀랐다. 대통령의 파면으로 60일 이내에 대통령선거가 치러져야 했다.

의원총회에서 헌법재판소 탄핵 인용 관련 모두 발언하는 추미애 당대표(2017.3.10.)

제2장

제3기 민주정부와 포용국가
(2017-2019)

| 제 2 장 |

1. 되찾은 민주정부

제19대 대선 후보 당내 경선

2017년 1월 8일, 추미애 대표는 신년 기자회견을 했다. 조기 대선을 대비해 곧바로 본격적인 당내 경선 준비에 돌입하겠다고 했다. 우선 경선규칙부터 마련하겠다고 밝혔다. 선거까지 시간이 촉박했기 때문에 예비 후보자 등록도 탄핵 심판의 결과가 나오기 전에 시작해야 했다. 1월 10일부터 경선규칙 논의에 들어갔다. 경선규칙 마련을 위해 추미애 대표는 후보들과 면담을 했다. 당헌당규강령정책위원회는 24일 기자회견을 열어 경선규칙을 공식 발표했다. 전반적으로는 2012년 대선 경선규칙과 동일하게 당원과 국민을 가리지 않고, 참여 선거인단은 모두 1인 1표를 행사할 수 있는 완전국민경선제를 채택했다. 다만 탄핵 인용을 전제하면, 경선 기간이 이전에 비해 짧아질 수밖에 없어 권역별 순회경선을 실시하기로 했다.

선거인단은 국민들이 편리하게 신청할 수 있도록 전화, 인터넷, 현장신청을 받고 선거인단 모집은 탄핵 전에 1차, 탄핵 인용 후 2차로 모집하기로 했다. 또한 투표참여방식은 최대한의 편의성을 제공하기 위해 순회투표, 투표소투표, ARS투표, 인터넷투표(재외국민투표 포함) 등 4가지 방식 중 하나를 선택할 수 있게 했다. 1월 26일부터 2월 15일까지 예비 후보 등록을 받았다.

후보 등록은 최성 고양시장, 이재명 성남시장, 안희정 충남도지사, 문재인 전 대표 순으로 이루어졌다. 예비 후보자 토론회도 탄핵 심판 전에 시작되었다. 예비 후보 등록이 끝나는 2월 15일부터 선거인단을 모집하기 시작했다. 3월 9일 1차 선거인단 모집을 끝내고, 탄핵 결정 후인 12일부터 21일까지 2차 선거인단 모집을 마쳤다. 1, 2차 선거인단 모집에 총 2,144,840명이 응했다. 정당 사상 유례가 없는 대규모 선거인단이었다. 제18대의 1,085,004명은 물론 제17대의 1,919,565명도 뛰어넘었다. 이번에도 재외국민이 경선 선거인단에 참여할 수 있게 되었다.

제19대 대선 후보 공명경선 선언식(2017.3.14.)

인터넷 신청의 경우 원래 유료인 범용공인인증서가 있어야만 가능했으나, 미래부와 공인인증업체와 협의를 통해 2월 20일부터 은행용 공인인증서도 가능하게 변경했다. 선거인단 지원이 간편해지면서 국민의 참여가 쉬워졌고, 그 결과 역대 최고의 선거인단 등록이 이루어질 수 있었다. 하지만 급하게 준비하면서 국민의 참여 열망을 다 받아내기에는 역부족이었던 것도 사실이었다. 이 때문에 1차 선거인단 모집 첫날에 신청자 폭주로 콜센터 서버가 정상적으로 작동하지 못하는 불상사가 발생했다. 3월 14일에 대통령선거 후보자 공명 경선 선언식을 가졌다. 15일에 대통령선거일이 5월 9일로 확정되었다.

후보 선출 투표는 3월 22일부터 진행된 제주 대의원 투표를 시작으로 호남, 충청, 영남, 수도권 및 강원·제주 순으로 이루어졌다. 4월 3일, 총 투표율 76.6%, 득표율 57%로 문재인 후보가 더불어민주당의 대선 후보로 최종 확정되었다. 76.6%라는 투표율은 역대 정당 사상 최고로 높은 투표율이었다. 정권교체에 대한 국민의 열망이 확인된 셈이었다. 문재인 후보는 전 지역에서 모두 1위를 기록했다. 특히 호남에서 득표율 60.2%로 압승한 것은 뜻이 깊었다. 제20대 총선에서 호남에서 전패에 가까운 성적을 거두었던 이유에 문재인 후보에 대한 반감이 있었으나, 이제 그런 우려는 거둬도 되었다. 실제로 대선에서도 지난 총선 때 호남의 강력한 지지를 받았던 국민의당 안철수 후보는 단 한 곳에서도 문재인 후보를 이기지 못했다. 전북에서는 64.8%로 전국에서 가장 높은 득표율을 기록했다.

문재인 후보는 당선 소감으로 통합을 강조했다. "그동안 어느 캠프에 있었든, 누구를 지지했든, 이제부터 우리는 하나"라고 말하며 경선으로 나뉜 당심을 다시 하나로 모으기 시작했다. 문재인 후보는 "안희정의 통합 정신, 이재명의 정의로운 가치는 이제 나의 공약이자 우리의 가치"라고 강조했다. 안희정과 이재명 후보는 각각 21.5%, 21.2%라는 만만치 않은 득표율을 보여주었다. 안희정 후보는 중도적인 가치를 내세우며 현실적인 대안들을 내세워 주목을 받았고, 이재명 후보는 촛불집회 당시 가장 먼저 대통령 퇴진과 탄핵을 주장하는 등 선명성을 선보이며 '사이다'라는 별명을 얻은 바 있었다. 두터운 소셜미디어 지지층도 이재명 후보의 든든한 배후였다.

문재인 전 당대표가 대선 후보로 최종 확정된 수도권·강원·제주 선출대회(2017.4.3.)

대선 경선 준비에서 가장 중요한 화두는 '당 중심의 선거'였다. 조기 대선의 불확실성에 대처하기 위한 준비, 역대 대선이 당보다 캠프와 후보 중심으로 이루어진 것에 대한 반성, 정당정치 발전 차원의 요구에 부응하기 위해서였다. 이번 대선은 대선 자체가 불확실한 상태에서 시작될 수밖에 없었다. 만에 하나 탄핵이 인용되지 않는다면 대선이 치러지지 않기 때문이었다. 이런 상황에서 특정 인물이 대선에 뛰어들어 선거운동을 하면 권력에 눈이 멀었다는 비난을 받을 수 있었다. 이를 방지하기 위해서는 당 중심으로 선거운동을 벌여야 했다. 또한 후보 캠프 중심으로 선거에 임하면 당내 경선 후유증이 크게 남을 수도 있었다. 기존에도 경선 후유증으로 선거운동에 나서지 않거나 탈당하는 경우까지 있었다. 2012년 제18대 대선의 경우 선대위원회의 난맥상으로 이길 수 있었던 선거를 놓치고 말았다는 자성도 있었다. 당이 철저히 준비하고 선대위 구성의 중심을 잡아야 했다. 추미애 당대표와 경선 후보들 역시 당 중심 선거에 동의했다.

3월 24일 추미애 대표를 위원장으로 하는 제19대 대통령선거준비위원회가 발족했다. 거당적 선대위를 구성하기 위한 준비 작업이었다. 대통령 후보가 결정되면 대통령 후보자가 당대표와 최고위원회와 협의하여 중앙선대위원장과 부위원장, 위원을 임명하도록 되어있었다. 이후 중앙선대본부장 이하 선대본부의 주요 직책은 당대표가 중앙선대위원장의 추천을 받아 최고위원회의 심의를 거쳐 임명해야 했다. 이렇게 선대위원회 구성에 후보자의 주도성을 보장하면서 당대표의 권한도 인정하는 방식으로 조화를 이뤘다. 선대위 구성의 원칙으로 당 중심, 국민통합, 가치조화가 제시되었고 실제로 진행되면서 선대위가 조속히 구성되고 안정적으로 선거를 수행할 수 있었다. 이 과정에서 안희정, 이재명 캠프의 인사들을 적극 포용하는 한편, 비문으로 분류되는 박영선, 이종걸 의원을 삼고초려로 공동선대위원장으로 영입함으로써 당내 화합을 이루는 데 성공했다.

대선 승리: 나라를 나라답게

제19대 대선을 위한 더불어민주당 선거대책위원회는 상임선대위원장에 당대표인 추미애, 공동선거대책위원장은 18명으로 권인숙, 김두관, 김부겸, 김상곤, 김주영, 김진표, 김효석, 박병석, 박영선, 염홍철, 우상호, 이다혜, 이미경, 이석현, 이종걸, 이해찬, 전윤철, 진영이 임명되었다.

정의당은 일찌감치 2월 16일에 심상정 대표를 대통령 후보로 선출했다. 3월 28일에 바른정당은 유승민을, 3월 31일에 자유한국당은 홍준표를, 마지막으로 4월 4일에 국민의당은 안철수를 각각 후보로 선출했다. 그 외에 4월 8일에 신생정당인 새누리당의 조원진 후보를 비롯하여 총 15명의 대통령 후보가 출마했다. 역대 최다 대통령 후보 등록이었다. 이 중 두 사람은 중도 사퇴하여 완주한 후보는 13명이었다.

제19대 대선 국민주권선거대책위원회 발족(2017.4.10.)

탄핵이 되지 않았다면 선거는 12월 20일에 치러질 예정이었다. 그러나 탄핵으로 인해 대통령 궐위에 의한 조기 대선이 치러졌다. 이 선거는 보궐선거의 성격이기 때문에 통상 오후 6시에 마치는 일반적인 선거와 달리 오후 8시까지로 투표 마감 시간이 연장되었다.

추미애 상임선대위원장은 선거 기간 동안 총 유세시간 2천분, 8,150킬로미터의 강행군을 해냈다. 기존의 대선 선대위는 네트워크 중심으로 의사결정 구조가 분산되어 신속한 결정이 어려웠지만, 이번 선거는 상임선대위원장을 중심으로 하는 원톱 의사 결정 시스템으로 일사불란하게 운영될 수 있었다. 우상호 원내대표는 봄봄유세단이라는 별도의 유세단을 조직하여 문재인 후보가 직접 갈 수 없는 산골, 농촌 마을, 더불어민주당 의원이 간 적이 없는 지역을 골라서 전국을 돌았다.

공동선거대책위원장은 지역별, 각자의 전문영역별로 다양하게 선거를 지원했다. 송영길 총괄본부장을 필두로 한 총괄본부는 모든 본부들의 업무 기획, 업무 조정, 선거 전략 수립에 힘을 기울였으며 선거 기간 벌어진 각종 이슈에 빠르게 대처해냈다. 선거 기간 동안 대선 후보 토론회가 6차례 있었다. 대선 후보 토론회는 짧은 선거운동 기간 동안 후보를 알릴 수 있는 좋은 기회가 되었다. TV토론은 매체의 특성상 주요 후보가 참여하기 때문에 문재인, 홍준표, 안철수, 유승민, 심상정의 5인 간 토론으로 이루어졌다.

TV토론은 그때그때 주제가 다르게 제시되기 때문에 철저한 대비가 중요했다. TV토론팀은 안정감과 신뢰 이미지 구축을 전략적 목표로 삼고 있었다. 여러 본부들과 협력 태스크포스를 구성하여 토론별, 주제별 특성과 돌발적인 상황에 유연하게 대처했다. 선대위-본부장단-실무팀장급 각종 회의가 유기적으로 결합하여 안정적으로 역할 분담과 실무 점검이 이루어질 수 있었다.

선대위 회의와 홍보팀의 제안을 조화시켜 '든든한 대통령', '나라를 나라답게'라는 슬로건을 채택했는데, 이를 통해 준비된 대통령으로서의 국정운영 능력을 강조함과 동시에 '이게 나라냐?'라는 국민적 분노에 공감을 줄 수 있었다.

TV토론 방식에 대해 사전협의하는 과정에서 스탠딩 토론 여부를 두고 문재인 후보에 대한 체력 문제를 거론하며 공격할 만큼 다른 정당들의 공격은 집요했다. 또한 TV토론 중에 문재인 후보가 토론에 약할 것이라는 세간의 인식과 달리 능숙하게 TV토론에 대처하여 좋은 평가를 이끌어냈다. 지지율이 제일 높은 후보였던 만큼 모든 후보의 견제 대상이었기 때문에 쉽지 않은 자리였으나 문재인 후보는 실수 없이 공격을 잘 막아냈다. 4월 13일에 있었던 첫 번째 TV토론은 시청률이 50.2%에 달할 정도로 큰 관심 하에 치러졌다.

 어대문(어차피 대통령은 문재인)이라는 말이 유행했으나 방심은 금물이었다. 민주당에서 김대중 대통령, 노무현 대통령을 배출했을 때도 표차는 100만 표 이하로 겨우 당선이 되었다고 할 수 있었다. 다행히 문재인 후보는 이번이 두 번째 대선 도전으로 이미 한번의 경험이 있었기 때문에 여유 있게 여러 상황에 유연하게 대처할 수 있었다. 또한 TV토론을 통해 안정감을 선보인 점이 큰 도움이 되었다.

서울 신촌 '차 없는 거리'를 방문해 젊은 층의 압도적 지지를 호소하는 문재인 후보 (2017.5.1.)

5월 4일에 사전투표가 실시되었다. 더불어민주당은 투표율을 올리기 위해 사전투표에 큰 공을 기울였다. 천만 사전투표 캠페인을 통해 독려한 결과 사전투표는 1,107만여 명이 참여했다. 26.06%의 경이로운 투표율을 달성했다. 부산광역시당은 '사무실에 표 없다'라는 표어를 붙이고 길거리를 누비며 사전투표에 열을 올렸다.

5월 9일 제19대 대통령선거가 실시되었다. 전체 투표율은 77.2%로 제18대 대선 투표율보다 1.4%가 올라갔다. 문재인 후보는 1,342만 3,800표(41.08%)의 득표로 대통령에 당선되었다. 2위는 자유한국당의 홍준표 후보로 785만 2,849표(24.03%), 3위는 국민의당 안철수 후보로 699만 8,342표(21.41%)를 득표했다. 바른정당의 유승민 후보는 220만 8,771표(6.76%), 정의당의 심상정 후보는 201만 7,458표(6.17%)를 득표했다.

문재인 후보는 전국적으로 고른 지지를 받았다. 보수의 텃밭인 대구, 경북, 경남을 제외하고는 모든 지역에서 1위를 기록했다. 영남에서도 부산, 울산에서는 1위를 했다. 경남의 경우도 아주 근소한 차이로 홍준표 후보에게 뒤졌을 뿐이었다. 물론 여기에는 국민의당 안철수 후보로 이동한 보수표가 있다는 점을 감안해야 한다. 하지만 그동안 맹목적이라 할 만큼 자유한국당 계열에 표를 주던 민심을 감안하면 지역 구도가 무척 옅어진 선거였다고 볼 수 있다. 세대 별로 보면 6~70대를 제외한 전 연령대에서 압도적인 승리를 거두었다. 6~70대에서는 홍준표 후보가 압도적인 지지를 받았고 70대에서는 문재인 후보가 3위에 그치는 등 세대 간 투표 격차는 민주당이 풀어야할 과제로 남았다.

더불어민주당 문재인 후보의 승리는 촛불혁명의 결실이었다. 지난 10년간 보수세력이 집권하면서 훼손시킨 민주주의와 그들이 만든 적폐를 청산

제19대 대선 출구조사 발표 직후 국회 의원회관 선거상황실(2017.5.9.)

하는 일, 그리고 사회구조적으로 누적된 모순들, 대립과 분열을 해결해야 할 막중한 임무가 주어졌다. 특히 국정농단 사태로 벌어진 양 진영 간의 증오와 갈등은 시급히 해결해야 하는 큰 문제였다. 문재인 당선자는 5월 9일 밤에 광화문광장에서 상식이 상식으로 통하는 나라다운 나라를 꼭 만들겠다고 다짐했다.

"국민 모두의 대통령이 되겠습니다. 저를 지지하지 않았던 분들도 섬기는 통합 대통령이 되겠습니다."

제3기 민주정부 출범: 선도국가, 포용국가를 향해

10년 만의 정권교체였다. 평상시 같으면 대통령직 인수위원회를 조직하고 전 정권으로부터 인수인계를 받는 시간이 있지만, 이번 선거는 대통령 궐위 상황에서 치러진 보궐선거였기 때문에 그런 과정이 없었다. 더구나 박근혜-최순실 게이트로 드러난 민주주의의 훼손은 너무나 심각해서 국민의 상처도 깊었다. 따라서 새롭게 정권을 잡은 더불어민주당과 문재인 대통령에 대한 기대 역시 크기만 했다.

5월 10일 오전 8시 9분, 중앙선거관리위원회에서 문재인 후보를 제19대 대통령선거 당선인으로 의결하면서 대통령 임기가 공식적으로 시작되었다. 바로 합참의장과 통화하며 국군통수권 이양 보고를 받았다. 문재인 대통령은 국립서울현충원의 참배를 올리며 대통령의 행보를 시작했다. 방명록에 '나라다운 나라, 든든한 대통령'이라는 구호를 남겼다. 정오에 국회 로텐더 홀에서 간략한 취임식을 가졌다. 이 자리에서 문재인 대통령은 국민께 드리는 말씀을 이렇게 시작했다.

"지금 제 가슴은 한 번도 경험하지 못한 나라를 만들겠다는 열정으로 뜨겁습니다."

무엇보다 국민통합의 열망이 컸다. "오늘부터 저는 국민 모두의 대통령이 되겠습니다. 저를 지지하지 않았던 국민 한 분 한 분도 저의 국민이고, 우리의 국민으로 섬기겠습니다. 저는 감히 약속드립니다. 2017년 5월 10일 이날은 진정한 국민통합이 시작된 날로 역사에 기록될 것입니다."

새로운 대한민국의 가치도 내세웠다. "문재인과 더불어민주당 정부에서 기회는 평등할 것입니다. 과정은 공정할 것입니다. 결과는 정의로울 것입니다." 문재인 대통령은 신명을 바쳐 일하겠다고 다짐하며 취임사를 마무리했다. "2017년 5월 10일 오늘 대한민국이 다시 시작합니다. 나라를 나라답게 만드는 대역사가 시작됩니다. 이 길에 함께해주십시오. 저의 신명을 바쳐 일하

제19대 대통령 취임식에서 선서하는 문재인 대통령(2017.5.10.) ⓒ대통령기록관

겠습니다. 감사합니다."
 임기가 시작되면서 정말 어려운 문제는 전임 내각과 함께 일을 해야 한다는 점이었다. 지향하는 가치가 다른 전 정권의 장관들이 그대로 국정을 수행

해야 했다. 황교안 국무총리는 바로 사표를 냈다. 국무총리의 중요성 때문에 사표를 수리하지 않으려 했으나 황교안 국무총리의 의지가 확고하여 결국 사표가 수리되었다.

국회 상황도 만만치 않았다. 더불어민주당은 과반수에 미치지 못하기 때문에 제1당이자 여당이기는 해도 야당들의 협조를 받지 않으면 국정수행에 큰 장벽을 만날 수밖에 없었다. 취임식 후 바로 가진 기자회견에서 문재인 대통령은 국무총리로 이낙연 전남도지사를 지명했다. 국정원장에는 서훈 전 국정원 3차장, 청와대 비서실장에는 임종석 전 서울시 정무부지사, 경호실장에는 주영훈 전 청와대 경호실 안전본부장이 임명되었다. 새 정부의 첫 번째 인사였다. 국무총리와 비서실장이 모두 호남 출신인 것은 대통령선거에서 호남이 다시 보내준 지지에 답하는 의미도 있었다.

오후 10시 30분에 미국 도널드 트럼프 대통령과 30여 분간 전화 통화를 가졌다. 트럼프 대통령은 빠른 시간 내에 한미 정상회담을 갖자고 말했다. 다음 날 청와대 주요 참모 인선이 발표되었다. 민정수석에 조국 서울대 교수, 국민소통수석에는 윤영찬 전 네이버부사장, 인사수석에는 조현옥 이화여대 초빙교수, 춘추관장에는 권혁기 선대위 수석대변인, 총무비서관에는 이정도 기획재정부 행정 안전 예산 심의관 등이 임명되었다. 조현옥은 첫 여성 인사수석이었다.

장관 내정자 발탁은 54일 만인 7월 4일에 완료되었다. 국무총리 이낙연, 경제부총리 겸 기획재정부 장관에 김동연, 사회부총리 겸 교육부 장관에 김상곤이 임명되었다. 각각 정치, 관료, 시민운동을 대표하는 인물이었다. 과학기술정보통신부 장관은 유영민, 외교부 장관은 강경화, 통일부 장관은 조명균, 법무부 장관은 박상기, 국방부 장관은 송영무, 행정안전부 장관은 김부겸, 문화체육관광부 장관은 도종환, 농림축산식품부 장관은 김영록, 산업통상자원부 장관은 백운규, 보건복지부 장관은 박능후, 환경부 장관은 김은경, 고용노동부 장관은 김영주, 여성가족부 장관은 정현백, 국토교통부 장관은 김현미, 해양수산부 장관은 김영춘을 임명했다. 문재인정부에서 중소기업 및 벤처기업 활성화를 위해서 중소벤처기업부가 신설되었다. 7월 26일 신설된 중소벤처기업부의 장관을 고르는 것도 난항이었다. 11월 21일에 이르러서야 홍종학이 지명되었다. 제19대 국회의원이자 가천대 교수였다.

새 정부의 1기 내각 인선의 특징은 지역 균형이었다. 영남 7명, 호남 5명, 충청과 수도권이 각각 3명으로 인재 기용이 각 지역에 골고루 미쳤다. 차관급 이상 인사로 보면 영남 27명(34%), 호남 22명(28%), 수도권 20명(25%), 충청권 8명(10%)이 된다. 두 번째 특징은 교수와 전현직 국회의원 출신이 많았다는 점이었다. 교수 출신은 6명, 전현직 의원 출신이 5명이고 전통 관료 출신은 3명뿐이었다. 시민단체 출신이 많이 기용된 것도 특징적인 일이었다. 차관급 이상에서 시민단체 출신이 12명이나 되었다. 아쉬운 점은 여성 장관의 수는 약속보다 적었다는 점이었다. 여성 장관을 30% 이상 기용하겠다고 하였으나 네 사람만 기용되어서 22%에 그쳤다.

새 정부에서는 5대 비리 연루자는 기용하지 않는다는 원칙을 세웠었다. 5대 비리란 위장전입, 논문 표절, 부동산 투기, 탈세, 병역 기피를 가리킨다. 하지만 우리나라 실정에서 이 기준을 완벽하게 지키는 것은 불행히도 거의 불가능한 일이었다. 임종석 비서실장이 "선거 캠페인과 국정운영이라는 현실의 무게가 기계적으로 같을 수 없다는 점을 솔직하게 고백하고 양해를 부탁드립니다."라고 사과를 해야 했다.

문재인정부는 김대중, 노무현정부의 뒤를 이어 제3기 민주정부였다. 제3

기 민주정부는 선도국가, 포용국가를 지향했다. 선도국가는 대한민국이 특정 분야에서 세계를 이끌어가는 위치에 서겠다는 비전을 의미한다. 이는 단순히 경제 규모의 문제를 넘어, 글로벌 스탠더드와 혁신을 주도하는 국가를 뜻했다. 디지털 전환(디지털 뉴딜), 친환경 에너지 전환(그린 뉴딜) 등 미래 첨단 산업과 기술 분야에서 세계적 경쟁력을 확보하고 새로운 성장 동력을 창출하는 혁신 주도 성장과 문화, 외교, 평화 분야에서 국제사회의 모범이 되고 영향력을 확대하여, '국격을 높이는' 역할을 수행하는 소프트 파워를 강화하고자 했다. 글로벌 공급망 재편, 기후 변화 등 국제적 이슈에 능동적으로 대응하고, 새로운 질서를 형성하는 데 앞장서는 국가가 되어 미래를 선점한다는 목표를 세웠다.

포용국가는 모든 국민이 차별 없이 함께 잘 살 수 있는 사회를 만들겠다는 목표를 담고 있다. 경제적 성장의 혜택을 특정 계층에 국한하지 않고, 사회 전체로 확산하고자 했다. 이를 위해서는 전 국민 고용보험 확대, 생계급여 부양의무자 기준 폐지 등 사회적 약자를 보호하고 기본적인 삶을 보장하는 제도를 강화하여 촘촘한 사회안전망을 구축해야 했다. 또한 우리 사회의 심각한 문제로 대두된 양극화 해소와 공정 사회를 만들기 위해 소득 불균형을 줄이고 공정한 기회를 제공하여, 개인의 노력과 역량에 따라 성공할 수 있는 환경을 조성해야 했다. 교육, 보건, 복지 등 인적 자원에 대한 투자를 확대하여, 혁신 성장의 기반을 다지고 국민의 삶의 질을 향상시키는 사람 중심의 투자도 핵심적인 과제로 제시했다.

이처럼 제3기 민주정부는 혁신을 통해 세계를 선도하는 동시에, 그 성과를 사회 전반에 걸쳐 포용하여 모든 국민이 함께 행복한 나라를 만들겠다는 국정철학을 지니고 출범했다.

2. 개혁과 반개혁

여소야대에서 공조와 공방

2017년 5월 16일에 원내 사령탑인 원내대표 선거가 있었다. 우원식 의원과 홍영표 의원의 대결로 이루어졌는데 우원식 의원이 61표를 받아 54표를 받은 홍영표 의원을 누르고 새 원내대표가 되었다. 여소야대의 상황을 헤쳐나갈 적임자로 문재인 대통령이 강조한 협치를 잘 실현할 수 있을 것이라는 평가가 뒤따랐다.

9월 11일에 김이수 헌법재판소 소장 인준 표결이 있었다. 찬성 145표, 반대 145표 기권 1표 무효 2표로 출석의원 과반수인 147표에 미달하여 부결되는 일이 생겼다. 국민의당이 캐스팅보트를 쥐고 있었는데 표를 다 받아내지 못했던 것이다. 15일에는 중소벤처기업부 장관 후보였던 박성진이 자진 사퇴하는 일이 일어났다. 장관직 지명 중 첫 낙마 사례였다. 헌법재판소 소장 임명 실패에 이어 연달아 타격을 입은 셈이었다. 더구나 곧 대법원장 임명동의안이 국회에 올라올 때였다.

문재인 대통령은 김명수 춘천지방법원장을 대법원장으로 지명했다. 여소야대의 상황인 만큼 인준을 통과하기 위해서는 야당의 협조가 꼭 필요했다.

9월 21일에 있었던 임명동의안 처리 때 우원식 원내대표는 밝은 연두색 넥타이를 매고 나와 눈길을 끌었다. 우원식 원내대표는 고 김근태 상임고문으로부터 받은 유품으로 중요한 결정이 있을 때마다 맨다고 말했으나, 국민의당 상징색이 초록색이라는 점과 연관이 있지 않냐는 추측이 나왔다.

이날 청와대 윤영찬 국민소통수석은 연한 초록색 넥타이를 맸고, 전병헌 정무수석은 옅은 초록색 셔츠를 입었다. 뿐만 아니라 미국에 있던 문재인 대통령도 행사장에 초록색 넥타이를 매고 나왔을 정도였다. 만일 이때도 임명동의안이 부결된다면 집권 초기의 동력을 잃을 수도 있는 상황이었다.

11월 8일에 국빈방문을 한 미국 도널드 트럼프 대통령의 국회 연설이 있었다. 미국 대통령으로 25년 만의 방한이었고 국회 연설도 마찬가지였다. 트럼프 대통령은 한미 동맹의 굳건함과 한국의 눈부신 발전을 찬양하고 북한의 현실을 강도 높게 비판했다. 한반도의 통일을 기원하며 한국인들에게 축복을 기원하는 말로 연설이 마무리되었다. 트럼프 대통령의 연설은 모든 정당에게 한미 동맹의 중요성과 대북 문제의 심각성을 재확인시키는 계기가 되었으며 여당인 민주당에게는 대북 공조와 실리 외교의 병행 필요성을, 야당인 자유한국당에게는 대여 공세와 안보 노선 강화의 명분을 제공했다.

11월 국회는 2018년도 예산 심의라는 중대한 문제를 놓고 협상 중이었다. 예산 심사는 원래 여당과 야당 사이에 심한 줄다리기가 있게 마련이지만, 이 해에는 이념적인 부분에서의 충돌도 있었다. 정부 예산 중 임시정부 수립 100주년 예산 50억 원이 문제가 되었다. 자유한국당은 2018년이 건국 70주년인데 그에 대한 예산은 없고 2년 후인 임시정부 관련 예산만 있다고 시비를 걸었다. 이미 지난 8월에 자유한국당과 바른정당은 1948년 건국을 주장하는 건국절 논란을 일으킨 바 있었다. 그 연장선상에 있는 트집이었다.

건국절 논란은 자신들의 이념을 역사에 투영해서 논란을 일으키고, 주도권을 잡기 위해 일부러 일으킨 것이다. 역사를 이념에 이용하기 위한 방침이기 때문에 전 국민적인 반발을 부를 수밖에 없었다. 예산 심의에서 자유한국당을 설득하기는 불가능하다고 본 더불어민주당은 국민의당과 협력하는 방향을 잡아서 예산안을 처리할 수 있었다. 정부 방침을 최대한 지켜낸 우원식 원내대표의 선방이었다.

　제20대 국회에는 개헌에 대한 열망이 부여되어 있었으나 정세균 국회의장이 큰 공을 들인 개헌특위도 자유한국당의 딴지로 결국 성과를 거두지 못했다. 우원식 원내대표 역시 개헌을 성공하지 못한 점을 천추의 한이라 부르며 제일 아쉬워했다.

지방선거 승리

　2018년 6월 13일에 제7회 전국동시지방선거가 있었다. 2018년 초부터 정국은 선거 정국으로 돌아가게 되었다. 이에 앞선 2월 13일에 국민의당과 바른정당이 바른미래당이란 이름으로 합당을 결의하여 총 30석의 의석을 가진 정당을 창당했다. 덩치를 키우는 데는 성공했지만, 지방선거에서 광역의원 5명만 당선되는 대참패를 기록했다. 본래 국민의당은 호남 기반을 가지고 더불어민주당을 위협하는 정당이었지만 보수세력인 바른정당과 합당하는 통에 호남 민심이 멀어지는 상황을 자초하였다. 결국 바른미래당은 사분오열하면서 자멸의 길로 접어들고 말았다. 오히려 합당에 반대해서 떨어져 나온 민주평화당은 호남지역에서 기초자치단체장 5석을 얻는 등의 성과를 거두었다.

　대선 1년여 만에 치러지는 선거이고 대통령의 높은 지지율을 가지고 선거에 임한 만큼 더불어민주당에 유리해 보였지만, 사실 불리한 요소도 많았던 선거였다. 첫 번째 사건은 안희정 충남도지사의 성폭력 사건이었다. 3월 5일 JTBC 뉴스룸에서 안희정 지사가 수행비서를 8개월에 걸쳐 지속적으로 성폭행과 성추행 했다는 보도를 내보냈다. 1월에 있었던 서지현 검사의 성폭력 폭로에 따라 미투 운동이 크게 일어난 상황이었다. 문재인 대통령도 미투 운동에 지지 의사를 표할 만큼 사회적 반응이 컸다. 수행비서 역시 이런 분위기에 힘을 입어 폭로에 나설 수 있었다. 더불어민주당은 즉각 긴급최고위원회를 소집하고 안희정을 제명하기로 의견을 도왔다. 다음 날 안희정 지사는 사과문을 올리고 도지사직에서 물러났다. 이날 당 윤리심판위원회는 안희정 제명을 만장일치로 처리했다.

대통령 후보 경선에까지 나와 인지도가 높았던 안희정 지사의 추문이었던 만큼 후폭풍도 거셌다. 하지만 신속한 더불어민주당의 대처로 당 지지도는 흔들림 없이 유지할 수 있었다. 문재인 대통령 지지도는 오히려 상승하기까지 했다. 그런 와중에 대형 사고가 터졌다. 4월 13일에 드루킹 사건이 터진 것이다. 네이버 등 인터넷 포털에서 문재인정부 비방 댓글을 쓰고 추천 수를 조작하는 사건이 있었다. 이 악플에 대한 조사 의뢰는 더불어민주당이 했던 것이었다. 그런데 체포된 사람 셋 중 두 사람이 더불어민주당원이라는 의외의 결과가 나왔다.

문제 제기는 SBS '김어준의 블랙하우스'에서 나왔다. 평창 동계 올림픽 남북 아이스하키 단일팀 구성과 관련한 기사에 달린 문재인정부 비난 댓글이 매크로 조작으로 이루어진 것이라는 의혹 제기가 있었다. 이에 더불어민주당이 1월 말에 경찰에 수사를 의뢰했다.

체포된 김씨 등은 경찰 조사에서 "보수세력이 여론 공작을 펴고 있다는 정황을 보여주고 싶어 댓글 조작을 했다"고 진술했다. 이에 더불어민주당 현역 의원이 배후에 있다는 등의 소문이 퍼지기 시작했다. 더불어민주당에서는 즉각 반박에 나섰으나 이런 일이 선거에 불리할 것은 자명했다. 추미애 대표는 당 차원의 진상조사단을 구성하고 엄중히 대응할 것이라는 입장을 발표했다. 사건의 핵심으로 떠오른 김경수 의원은 경상남도 지사에 출마한 상태였다. 자유한국당은 4월 17일에 사건을 조사할 특검법을 발의했다. 특검법은 5월 21일에 여야 합의로 통과되었다. 지방선거 이후인 6월 27일부터 특검이 60일간 활동했다. 허익범 변호사가 특검으로 임명되었다. 특검은 김경수 경상남도 지사를 드루킹의 공범으로 보고 선거법 위반으로 불구속 기소했다. 2021년 7월 21일 대법원은 김경수 지사에게 댓글 조작 프로그램 킹크랩을 이용해 2017년 대선에 유리하게 조작하는 일을 드루킹 일당에게 허락했다는 이유로 유죄 판결을 내렸다. 죄목은 컴퓨터 등 장애 업무방해죄였고 공직선거법에 대해서는 무죄 판결이 나왔다.

드루킹 사건이 터진 때는 지방선거가 두 달밖에 남지 않은 상황이었다. 선거와 관련된 조작 사건이라는 점에서 더불어민주당의 도덕성에 의심을 보이는 눈초리가 많았다. 하지만 호재들도 있었다. 4월 27일에 판문점 선언이 나왔다. 트럼프 미 대통령의 북미 정상회담에 대한 발표도 나왔다. 북한과 평화 무드를 조성하는 사건이 계속 나오자 '신북풍'이라는 말까지 나왔다. 그동안 북풍은 언제나 자유한국당 계열 쪽에 유리한 것이었는데, 이번에는 그 반대라는 의미였다.

선거를 한 달 앞두고 원내대표가 바뀌었다. 우원식 원내대표 때 도전자였던 홍영표 의원이 다시 원내대표에 도전했다. 이번 상대는 노웅래 의원이었다. 홍영표 의원은 116표 중 78표를 획득하며 5월 11일에 제20대 국회 더불어민주당 제3기 원내대표로 당선되었다.

홍영표 원내대표는 자유한국당과의 협치 문제를 우선적으로 해결해야 했다. 자유한국당 원내대표 김성태 의원은 드루킹 댓글 조작 사건 특별검사를 요구하는 단식 농성 중이었다. 홍영표 원내대표는 김성태 원내대표를 방문하여 대화의 물꼬를 텄다. 14일에 원내대표 비공개 회동을 가졌다. 본 회의 개최가 시급한 상황이었다. 지방선거에 출마하는 국회의원 4명의 사직서 처리가 꼭 필요했다.

법정 시한이 14일이었다. 이날 처리가 되지 않으면 선거가 무산될 판이었다. 여야 협의가 실패하자 정세균 국회의장은 의장 직권으로 본회의 개최를 통보했다. 홍영표 원내대표는 혼신의 힘을 다해 본회의 참석을 호소했고 결국 모든 정당이 본회의에 참석했다. 일단 급한 불을 끈 홍영표 원내대표에게 남은 과제는 추경안 처리였다. 자유한국당은 특검 수용을 하지 않는 한 추경안 처리에 협조할 수 없다는 입장이었다. 추경안은 청년실업과 지역위기를 극복하기 위해 꼭 필요했다. 김경수 의원은 특검에 대해서 자신이 있다는 자세를 보였고 이에 특검과 추경을 묶어서 의제로 올릴 수 있었다.

5월 16일에는 나라다운 나라 중앙선대위 출정식이 있었다. 추미애 대표는 지방선거에서 압승해야 한다고 소리를 높였다. 수석선대위원장을 이해찬 상임고문, 공동선대위원장을 이석현, 우상호, 박영선, 전해철, 이상민, 오제세, 장만채, 우원식, 김우남, 강기정이 맡았다. 추미애 대표와 홍영표 원내대표는 전국을 누비며 지원 유세를 펼쳤다. 선거 결과는 더불어민주당의 압승이었다.

엄청난 승리였다. 광역단체장을 대구광역시와 경상북도, 제주도를 제외하고는 민주당이 모두 차지했다. 서울특별시장에 박원순, 부산광역시장에 오거돈, 인천광역시장에 박남춘, 광주광역시장에 이용섭, 대전광역시장에 허태정, 울산광역시장에 송철호, 세종특별자치시에 이춘희, 경기도지사에 이재명, 강원도지사에 최문순, 충북도지사에 이시종, 충남도지사에 양승조, 전북도지사에 송하진, 전남도지사에 김영록, 경남도지사에 김경수가 선택받았다.

부산과 울산, 경남은 민주당이 처음 차지한 광역단체장이었다. 경남도지사는 드루킹 사건의 여파에도 불구하고 김경수 후보가 뽑혔다. 충남도지사도 안희정 사태의 후폭풍을 극복하고 다시 가져올 수 있었다.

제7회 동시지방선거 대전 유세(2018.6.5.)

기초단체장의 경우도 더불어민주당이 151곳을, 자유한국당은 53곳, 민주평화당이 5곳이었다. 그 외 무소속 당선이 17곳이 있었다. 광역의회의원의 경우는 민주당에서 632명, 자유한국당이 137명, 정의당이 11명, 바른미래당이 5명, 민주평화당이 3명, 무소속이 16명이었다. 기초의회의원도 더불어민주당

1,639명, 자유한국당 1,009명이었다. 함께 치른 교육감 선거에서도 진보 계열이 14명, 보수 계열이 3명이었다. 국회의원 보궐선거에서도 12석 중 경북 김천을 제외한 11석을 더불어민주당이 차지했다. 투표율도 60.2%로 역대 두 번째로 높았다. 사전투표율도 20.1%로 제6회 전국동시지방선거 대비 8.6%가 증가했다. 국민의 뜨거운 참여 열풍은 여전히 촛불혁명의 열기가 식지 않았다는 것을 보여주었다.

지방선거 결과는 보수세력의 처참한 몰락이었다. 텃밭으로 여겨왔던 경남에서의 참패는 큰 충격을 주었다. 입지가 애매했던 바른미래당은 궤멸될 위기에 처했다. 보수세력의 텃밭 중 핵심 지역이라고도 할 수 있는 박정희의 고향, 구미시장을 더불어민주당이 차지하는 이변도 일어났다. 서울의 경우도 서초구를 뺀 24개 구를 모두 더불어민주당에서 차지했다. 이로써 대선에 이어 지역 구도가 좀 더 엷어진 것이라는 분석이 나왔다. 더불어민주당은 확실하게 전국 정당의 면모를 내세울 수 있게 되었다.

이해찬 당대표 체제 출범

제3기 당대표를 뽑는 전당대회는 대통령선거, 지방선거를 모두 승리해 축제 분위기에서 치러졌다. 이번 지도부는 총선에서 공천권을 행사하게 되어 있었으므로 막중한 책임감도 가져야 했다. 이해찬, 김진표, 송영길, 이종걸, 이인영, 박범계, 최재성, 김두관 의원이 당대표 후보로 나섰다. 본선에는 이해찬, 김진표, 송영길 후보가 올라갈 수 있었다. 당대표 선출은 대의원 현장투표 45%, 권리당원 자동응답전화(ARS) 투표 40%, 일반여론조사 15%(국민 10%·일반당원 5%) 합산 방식으로 이뤄졌다. 권리당원의 숫자가 크게 늘어났기 때문에 권리당원의 당심을 잡는 것이 중요했다. 이런 의미에서 문재인 대통령과 누가 더 가까운지도 화제거리로 등장했다. 친문으로 분류되는 이해찬, 김진표 후보와 친문을 자처하는 송영길 후보가 승부를 겨루면서 계파 간 갈등은 보이지 않았다. 누가 더 당의 통합에 적합한지, 총선에서 이기는 데 유리할지가 당선의 관건이었다.

이해찬 후보는 '민주정부 20년 집권론'을 펼쳤다. 이 후보는 "우리처럼 냉전 체제에서 편향되고 보수화된 나라는 방향을 잡고 20년은 가야 기틀을 잡을 수 있다."라고 기염을 토했다. 또한 제일 나이가 많다는 점을 염두에 두고 노련한 경륜을 바탕으로 안정적인 당 관리를 해나갈 수 있다는 점을 부각시켰다. 김진표, 송영길 후보는 강자인 이해찬 후보를 '불통'이나 "야당과 싸우는 당대표"가 될 것이라고 공격했다. 김진표 후보는 참여정부 부총리를 두 차례(경제, 교육)나 지낸 관료출신 정치인으로 자신을 내세우며 안정적으로

제3기 전당대회(2018.8.25.)

당을 이끌 것이라는 이미지를 내보였다.

또한 문재인정부의 경제 정책에 우려가 있다는 점을 의식하여 경제 정책을 주도적으로 이끌고 민생문제를 해결할 적임자라고 자처했다. 송영길 후보는 호남 출신 정치인이라는 점을 부각시키고 젊은 후보로 통합형 리더십을 선보이겠다고 했다. 스스로 "30년 정치인생에서 가장 고민 많았던 정치적 선택"이라고 말할 만큼 고민 끝에 당대표로 나섰다며, 당과 문재인정부의 성공, 동북아 평화 체제 구축에 대한 책임감이 당대표 출마를 이끌었다고 말했다.

세 사람의 경쟁에서 7선의 이해찬 후보가 당대표로 선출되었다. 총 득표율 42.88%로 2위인 송영길 후보의 30.73%를 여유롭게 제쳤다. 이해찬 후보는 대의원 투표, 권리당원 ARS 조사, 일반당원 여론조사, 일반국민 여론조사 모두 40%대 전후를 득표하여 당심과 민심 모두를 얻는 데 성공했다. 이해찬 대표는 2012년 대선 전 민주통합당 대표에 오른 뒤 6년 만에 다시 당을 지휘하게 되었다. 그는 당선되자마자 '단결'을 외쳤다.

"우리 당은 하나가 될 때 승리하고 분열할 때 패배했습니다."

전임 추미애 대표는 2년 임기를 무사히 마쳤고, 임기 동안 모든 선거에서 크게 승리하는 성과를 거뒀다. 당대표의 임무를 이해찬 대표에게 넘김으로써 더불어민주당은 더 단단한 정당이 되었다.

여야 협치는 피할 수 없는 현실이었다. 6.13 지방선거 이후 여야 협의를 위해 더불어민주당은 혼신의 힘을 기울였다. 국회 원 구성 협상부터가 문제였다. 국회의장은 더불어민주당에서, 법사위원장은 자유한국당이 맡기로 결정되었다. 2019년도 예산안 협상이 마무리되면서 다 함께 잘 사는 포용국가의 목표에 한 걸음 더 다가갈 수 있었다.

이해찬 당대표 선출(2018.8.25.)

권력기관 개혁과 저항

기득권 권력 중 가장 큰 문제는 검찰이었다. 검찰개혁은 대한민국의 흥망을 좌지우지할 큰 문제였다. 하지만 가장 막강한 권력을 손에 쥔 집단인 만큼 개혁에 대한 저항도 거셌다.

사법개혁을 위한 사법개혁특별위원회(사개특위)가 2018년 7월 26일 구성되었다. 사개특위 10차 회의 때인 2019년 4월 26일 패스트트랙(Fast Track)

충돌 사건이 일어났다. 사개특위에서는 고위공직자범죄수사처(공수처) 설치와 검경수사권 조정 개혁을 논의해야 했는데, 자유한국당의 반대로 진전을 보지 못하고 있었다. 더불어민주당은 정의당과 민주평화당, 바른미래당과 협력하여 개혁입법을 완수하고자 했다.

공수처 설치는 검찰, 법원, 경찰 등 고위공직자의 비리를 독립적으로 수사하고 기소할 수 있는 별도의 수사기관을 신설하여, 검찰이 독점하던 고위공직자 수사 및 기소 권한을 분산하고 견제하고자 하는 목적을 가지고 있었다. 검찰이 고위공직자 수사를 담당할 경우 제 식구 감싸기나 정치적 중립성 논란이 발생할 수 있다는 문제의식에서 출발한 것으로 공수처가 생기면 검찰과 대등한 위치에서 권력기관을 상호 견제하는 역할을 할 것으로 기대되었다.

검경수사권 조정은 단지 수사권뿐 아니라 검찰과 경찰의 인사, 인력, 자치, 정보, 수사, 치안 등에 대한 권한을 어떻게 나눌 것인가 하는 문제였다. 핵심 부분은 경찰에게 독자적인 수사권을 갖게 하느냐에 있었다. 문재인정부에 와서야 문제가 된 것이 아니라, 그 이전 보수정부 시절부터 끊임없이 문제가 되었다. 국민 여론은 검찰의 수사권에 대해서 부정적인 반응이 훨씬 높았다. 특히 그중에서도 가장 중요한 문제는 검찰의 수사지휘권이다. 검찰은 수사지휘권을 통해서 경찰의 수사에 얼마든지 개입할 수 있고 그에 따라 수사를 비틀어버릴 수도 있기 때문이다.

경찰의 수사를 견제하기 위해 만들어진 것이지만 그 권한을 행사하는 검사는 누구도 견제할 수 없다는 점이 가장 큰 쟁점이었다. 검찰의 영장 청구권도 논란의 대상이었다. 검사만이 영장을 청구할 수 있기 때문에 이를 통해 경찰의 수사에 개입할 수 있다는 점이 문제였는데, 이는 헌법에 기재된 권리라서 개헌을 하지 않는 한 손을 댈 수 없었다.

이 때문에 검경수사권 조정에서 경찰에게 1차 수사종결권을 주어 수사에 독자적인 권한을 행사하게 하고 검찰의 직접 수사 범위를 고위공직자 범죄, 선거 범죄 등 일부 중대 범죄로 제한하고, 일반적인 수사는 경찰이 담당하도록 하는 내용이 논의되었다.

자유한국당의 방해 때문에 공수처 설치와 검경수사권 조정안을 패스트트랙에 지정하기로 했다. 패스트트랙은 다수당이나 특정 세력의 반대로 인해 법안 처리가 장기간 지연되거나 무산되는 것을 방지하기 위해 마련한 제도로 국회법 제85조에 명시된 '신속처리안건 지정' 제도를 가리킨다. 재적의원 5분의 3(180명) 이상이 찬성하거나, 소관 상임위원회 위원 5분의 3 이상이 찬성해야 한다. 즉 사개특위의 인적 구성이 중요한 문제였다. 이렇게 패스트트랙으로 지정되면 심사가 완료되지 않아도 180일이 지나면 법제사법위원회(법사위)로 안건이 넘어가고 법사위에서도 90일이 지나면 자동으로 본회의에 올라간다. 본회의에서는 60일 이내에 표결을 해야 한다. 최장 330일이나 걸리지만 특정 세력의 방해에도 불구하고 법안을 처리할 수 있는 유일한 길이기도 했다.

정의당과 민주평화당은 패스트트랙 지정에 동의했지만, 바른미래당은 지도부와 개별 의원들의 입장이 달랐다. 지도부는 패스트트랙 지정에 찬성입장을 밝혔지만, 사개특위에 참여한 바른미래당 오신환 의원과 권은희 의원은 반대 입장이었다. 사개특위는 자유한국당 외에 한 사람이라도 반대하면 패스트트랙 상정이 불가능한 상태였다. 이에 따라 바른미래당에서는 최대한 설득해 보되, 안 되면 사보임(위원이 사퇴하고 새 위원을 넣는 것) 시키겠다는 입장을 밝혔다. 이에 결국 오신환 의원이 채이배 의원으로 교체되었다.

자유한국당은 이 교체를 막기 위해 채이배 의원 사무실로 쳐들어가 채이배 의원을 감금 조치했다. 4월 25일 오전 9시부터 오후 3시까지 감금되어 있던 채이배 의원은 결국 경찰이 출동한 뒤에야 풀려날 수 있었다. 자유한국당은 교체를 막기 위해 문희상 국회의장과도 충돌했다.

혼란이 가중되자 오후 6시에 국회경호권까지 발동되었다. 바른미래당은 권은희 의원도 임재훈 의원으로 사보임했다. 자유한국당 의원들은 패스트트랙 상정을 막기 위해 국회 본관의 의안과를 점거했다. 봉쇄된 의안과 출입문을 열기 위해 국회 경위와 방호과 직원들이 쇠지렛대와 망치, 장도리까지 동원했으나 오히려 쇠지렛대를 빼앗기면서 진입에 실패했다. 새벽까지 벌어진 공방에도 불구하고 성과를 거둘 수 없었다. 다음 날 아침 기진맥진하게 된 문희상 국회의장이 서울대병원으로 긴급 이송되는 사태까지 벌어졌다.

의안과에 법안 접수에 실패한 더불어민주당은 헌정사상 최초로 전자입법발의시스템을 이용해서 의안과에 제출하는 데 성공했다. 바른미래당의 권은희 의원은 새로운 공수처법을 제안했고 두 안건을 모두 패스트트랙에 지정하기로 했다. 이렇게 하여 자정을 넘긴 4월 30일 새벽에서야 패스트트랙 지정에 성공했다. 2012년에 발효된 국회선진화법 이후에 국회에서 옛날 같은 폭력사태는 벌어지지 않았었다. 패스트트랙 충돌은 7년 만에 국회에서 물리적 폭력이 재발한 유감스러운 일이었다. 이 일로 자유한국당 황교안 대표, 나경원 원내대표를 비롯해 27명, 더불어민주당 의원 10명이 고발, 기소되었다.

재판은 이들의 잦은 불출석 등으로 매우 더디게 진행되어 6년이 훌쩍 지난 2025년 9월 15일에서야 황교안 대표에게 징역 1년 6개월, 나경원 원내대표에게 징역 2년 등이 구형되었다. 11월 20일에 열린 1심 선고에서 나경원 의원은 특수공무집행방해 등 혐의에 대해 2,000만 원, 국회법 위반 혐의에 대해 400만 원의 벌금형을 받았다.

황교안 전 대표는 1,900만 원의 벌금형이, 송언석 의원은 특수공무집행방해 등 혐의에 대해 1,000만 원과 국회법 위반 혐의에 대해 150만 원의 벌금형이 내려졌다. 다른 의원들도 비슷한 벌금형에 처해졌다. 민주당은 대변인 논평을 통해 "법원이 폭력사태 책임자들에게 유죄를 선고함으로써 국회선진화법을 위반한 불법 폭력이라는 점이 사법부에 의해 명확히 확인됐다"고 평가했다. 또한 나경원 의원이 벌금형 선고에 대해 법원이 정치적 항거를 인정한 것이라고 주장한 것은 '파렴치'와 '몰염치'라고 비판하면서, 자화자찬이 아니라 국민 앞에 머리 숙여 사과하고 재발방지를 약속하는 것이 최소한의 책임있는 정치인의 자세라고 강조했다.

더불어민주당 검찰개혁특별위원회(2019.10.20.)

공수처법은 2019년 12월 30일에 최종 가결되었다. 자유한국당은 법안 통과를 막기 위해 필리버스터를 실시하는 등 저지에 나섰지만 소용없었다. 자유한국당은 패스트트랙 지정 및 국회 본회의 통과 등에 대해서 헌법재판소에 권한쟁의심판도 걸었는데 2020년 5월 27일에 기각되었다. 또한 공수처법에 대한 헌법소원도 진행이 되었는데 이 역시 2021년 1월 28일에 모두 기각되었다.

2020년 2월 10일 고위공직자범죄수사처 설립준비단이 발족했다. 자유한국당의 비협조적 태도 때문에 공수처 발족까지는 시간이 꽤나 필요했다. 공수처법 개정안은 2020년 12월 10일 우여곡절 끝에 본회의를 통과했다.

이에 따라 문재인 대통령은 12월 30일에 김진욱 헌법재판소 선임헌법연구관을 초대 공수처장으로 지명했다. 2021년 1월 20일 김진욱 인사청문경과보고서가 채택되고 다음 날 임명식을 가졌다. 이렇게 해서 공수처가 공식 출범할 수 있었다. 공수처 설립은 검찰에 집중된 권한을 분산하고 견제한다는 점에서 큰 의의가 있다. 그동안 검찰은 고위공직자에 대한 수사권과 기소권을 독점해왔다. 이로 인해 '제 식구 감싸기', 정치적 중립성 논란, 권력 남용 문제가 끊이지 않았다.

공수처는 입법부, 행정부, 사법부 어디에도 속하지 않는 독립적인 지위에서 고위공직자(판사, 검사, 경무관 이상 경찰 등)와 그 가족의 범죄를 수사하고 기소할 수 있다. 이는 검찰 권력에 대한 유효한 견제 장치를 마련했다는 의미가 있다. 또한 검찰이 수사하기 부담스러워했던 현직 대통령의 친인척이나 최측근, 고위 검사 및 판사 등 권력 핵심부의 비리에 대해 성역 없는 수사가 가능하도록 독립된 수사 기구를 마련했다는 점이 중요하다.

또한 이를 통해 국가 전체의 투명성과 공직사회에 대한 국민의 신뢰를 회복하는 것을 목표로 했다. 또한 공수처 설치는 검찰의 기소독점권을 깨뜨리기 위해 민주당이 오래전부터 추진해 온 개혁과제였다. 1998년 김대중 대통령이 '공직비리수사처'의 도입을 적극 검토하겠다고 한 바 있으며, 노무현 대통령도 대선 공약으로 '공수처' 설치 공약을 제시했었다. 그러나 검찰의 저항으로 번번이 무산되어 왔던 것이다. 그렇게 해묵은 개혁과제를 문재인정부와 민주당이 마침내 해결한 것이다.

공수처법과 검경수사권 조정안이 패스트트랙에 올라탄 뒤 이 일을 잘 마무리할 필요가 있었다. 문재인정부 출범 후 임명되었던 문무일 검찰총장의 2년 임기가 마무리되는 시점이어서 검찰개혁을 완수할 인물을 찾아야 했다. 문무일 검찰총장은 검경수사권 조정안이 패스트트랙에 지정된 것에 대해서 "민주주의의 원리에 반한다.", "우려를 금할 수 없다." 등의 발언을 하여 반개혁 입장을 천명했다. 검찰개혁에 대한 검사들의 반발이 컸기 때문에 후임 검찰총장의 지명에 큰 관심이 쏠릴 수밖에 없었다.

문재인 대통령은 6월 17일에 후임 검찰총장으로 윤석열 서울지검장을 지명했다. 박근혜-최순실 게이트의 수사를 담당했고, 서울중앙지검장이 되어 이명박 전 대통령을 수사하고 구속시키는 데 성공했다. 사법농단 수사로 양승태 전 대법원장 역시 구속시키는 등 성과를 내기도 했다. 윤석열은 검찰총장에 지명되었을 때 검경수사권 조정에 대한 의견을 묻는 기자 질문에 "앞으로 차차 말씀드릴 기회가 있을 겁니다."라는 말로 답변을 회피했었다.

인사청문회에서는 이 문제에 대해서 전향적인 입장을 표명했다. 윤석열은 "수사권 조정은 입법 과정에 있고 그 최종 결정은 국민과 국회의 권한임을 잘 알고 있다. 검찰은 제도의 설계자가 아니라 정해진 제도의 충실한 집행자여야 한다고 생각한다."라고 말하며 검찰개혁에 찬성하는 듯한 입장을 보였다. 그 결과 자유한국당과 바른미래당은 검찰총장 임명에 반대하는 입장이어서 인사청문회 보고서는 채택되지 못했다. 사람에 충성하지 않는다는 과거의 발언을 믿고 강직한 인물로만 여긴 것이 사실이다.

7월 16일에 윤석열은 검찰총장에 임명되었다. 이어 8월 9일에 조국 민정수석이 법무부 장관에 지명되었다. 보수세력은 조국 지명에 대해 일제히 반발했다. 조국 후보가 과거 남한사회주의노동자동맹(사노맹) 출신이라는 케케

묶은 색깔론부터 시작해서 사모펀드 의혹, 민정수석 시 권한 남용 의혹 등을 제기했다.

임명을 막기 위해 자유한국당은 인사청문회를 열지 않는 방법을 택했다. 일단 인사청문회가 열리면 청문보고서 채택 여부와 관련 없이 대통령이 임명을 강행할 수 있기 때문에 인사청문회 자체를 봉쇄하는 방법을 쓴 것이다.

여기에 조국 후보의 딸 입시 부정 문제가 터져 나오면서 문제는 좀 더 심각해졌다. 대학가에서 입시 부정을 규탄하는 집회까지 열리기 시작했다. 이때 윤석열 검찰총장이 나섰다. 8월 27일에 조국 후보에 대한 전방위적인 압수수색을 지시했다. 사건을 서울중앙지검 특수부에 배당하고 직접 지휘에 나선 것이다.

조국 인사청문회를 9월 6일에 열기로 여야는 합의했다. 인사청문회가 끝나기 직전인 밤 10시 50분에 검찰은 조국 부인 정경심 교수를 동양대 총장 표창장 위조 혐의(사문서위조죄)로 불구속 기소했다. 피의자에 대한 소환 조사도 한 차례 가지지 않은 이례적인 기소였다. 검찰은 공소시효 만료가 7일이라 어쩔 수 없었다는 변명을 했다.

논란에도 불구하고 조국은 법무부 장관에 임명되었다. 문재인 대통령은 검찰개혁을 위한 불가피한 선택이라고 조국 임명을 강행했다. 조국 법무부 장관 임명에 대한 찬반 여론은 반반으로 극명하게 갈라졌다. 검찰은 집요하고 끈질기게 조국 일가를 수사 대상에 올려놓고 공격했다. 11시간에 걸친 압수수색을 비롯해 수없이 많은 압수수색을 진행했다. 검찰의 이와 같은 파상공세에 의해 조국 장관은 임명 36일 만인 10월 14일에 장관직에서 물러나야 했다. 하지만 이미 사회에 생긴 깊은 골은 봉합되지 않았다. 세간에서는 '조국의 강'을 건너야 한다는 말까지 나왔다.

조국 장관의 후임에는 추미애 의원이 지명되었다. 추미애 법무부 장관은 검찰 기득권을 지키기 위해 윤석열 검찰총장이 조국 수사에 착수했다고 판단하고 그를 징계하겠다고 나섰다. 추미애 장관과 극한 대립을 벌이던 윤석열 검찰총장은 2021년 3월 4일에 임기를 마치지 않고 검찰총장직에서 사퇴했다.

검경수사권 조정안은 2020년 1월 13일에 국회 본회의에서 의결되었다. 하지만 이 조정안을 피해가는 꼼수가 검찰 기득권에 의해서 시작되면서 검찰개혁의 불완전성이 드러나고 말았다. 검찰개혁은 이재명정부가 들어선 직후에야 일단락될 수 있었다.

민주당의 정당혁신

더불어민주당은 당명 개정 직전인 2015년 12월 16일에 정당으로는 최초로 디지털 당원 가입제도를 만들어내면서 폭발적인 당원 가입 시대를 맞이했다. 2018년 기준 권리당원이 이미 160만 명에 이르도록 성장했다. 바로 이와 같은 당원들의 참여가 더불어민주당을 당원주권 정당으로 이끌 수 있었다.

정당 민주주의가 강한 나라들에 비해 보아도 압도적인 당원 수를 자랑하는 당이 되었다. 시민들이 더불어민주당의 당원이 되고자 한 이유는 무엇인가? 정당의 문호를 개방하고 당원들에게 권리를 주겠다고 하였기 때문에 가능했던 것이다. 더불어민주당은 제20대 대선 승리에 안도하지 않고 지속적인 정당혁신을 통해 국민과 당원의 기대에 부응해야 했다. 이러한 취지를 담아 최재성 전 의원을 위원장으로 하는 정당발전위원회가 2017년 8월 24일 공식 출범했다. 정당발전위원회가 주로 다룰 문제는 당의 현대화와 구조개혁으로서, 세부적으로는 당원권 강화, 당의 체질과 문화개선, 그리고 100만 당원 확보와 인프라 구축 등이었다.

정당발전위원회 출범 기자 브리핑(2017.8.24.)

당원권의 강화 및 일상적인 참여를 보장하기 위해 당원투표(요청)권, 당원발안권, 당원토론권, 당원소환권의 이른바 직접민주주의 4권을 제도화했다.

첫째, 당원투표요청권은 당의 중요 정책이나 결정에 대해 전당원 투표를 일정한 조건에 부합하면 요청할 수 있는 권한이다. 이로써 중앙당 지도부나 의원총회 등 일부 그룹의 결정이 아닌, 당원들의 직접적인 의사가 당의 주요 노선과 결정에 반영될 수 있게 되었다.

둘째, 당원발안권은 당원들이 당헌·당규 개정 사항이나 당의 정책 입안에 대해 의안을 직접 작성하여 제출하고 논의를 요구할 수 있는 권한이다. 당원들이 수동적으로 투표만 하는 것이 아니라 스스로 당의 운영방식과 정책의 방향성을 설계하고 개선할 수 있도록 참여 통로를 확장하는 데 그 목적이 있다.

셋째, 당원토론권은 일정한 요건을 갖출 경우, 당의 중요 정책과 결정, 특정 사안에 대해 당내에서 공식적인 토론을 요청할 수 있는 권한이다. 당의 주요 사안을 공론화하고 다양한 당원들의 의견을 수렴하는 과정을 제도화하여 민주적인 의사 결정 과정을 보장한 것이다.

넷째, 당원소환권은 선출된 당대표 및 최고위원 등 주요당직자에 대해 당원들이 투표를 통해 소환을 요구할 수 있는 권한이다.

이와 함께 대한민국 정당 역사상 최초로 당원자치회를 도입해 자율적인 당원 활동을 도모하고자 했다. 또한 당원의 구분을 일반당원과 권리당원 이외에 권리당원 중 장기간 당적을 보유한 당원을 백년당원으로 우대하고, 청소년 예비당원제를 두어 청소년의 정치 권리를 확대하고 당의 미래자산으로 육성하는 방안을 도입했다.

권역 내 순환방식의 최고위원제를 전국 선출방식으로 전환한 것도 이때부터다. 정당발전위원회의 제안내용이 모두 반영된 것은 아니었지만, 실현 가능성과 지향점을 조화시킨 위와 같은 혁신안이 중앙위원회에서 만장일치로 가결되었다. 당원 중심 정당을 지향하고 정당 민주주의를 실현하기 위한 앞으로의 여정에서 당원주권시대의 토대가 만들어지는 순간이었다.

3. 나라다운 나라

적폐청산과 국정개혁 과제

촛불혁명의 힘으로 집권한 문재인정부에는 그동안의 적폐와 불법을 시정해야 하는 역사적 임무가 주어졌다. 하지만 당장 전임 정권의 장관과 국정을 살펴야 하는 어려움도 가지고 있었다. 그럼에도 할 수 있는 일들은 하루빨리 처리해야만 했다. 취임 한 달도 되지 않는 5월부터 적폐청산을 위한 발걸음이 빠르게 이루어졌다.

2017년 5월 12일에 국정 역사교과서 폐기 명령이 떨어졌다. 대통령이 된 지 단 이틀 만에 이루어진 일이었다. 역사교과서를 국정으로 만들겠다는 것만큼 시대를 역행하는 일도 없었다. 이미 박근혜정부 때 졸속으로 지명했다가 낙마한 김병준 총리 후보도 재검토를 하겠다고 말한 바 있었다. 15일에는 문재인 대통령은 세월호 참사 때 사망한 기간제 교사 김초원, 이지혜의 순직을 인정하는 절차를 신속히 진행할 것을 지시했다. 공정거래위원장에 대기업의 저승사자 김상조 교수를 내정했다.

5월 18일 문재인 대통령은 광주민주화운동 기념식장에 참석했다. 문 대통령은 기념사를 통해 "임을 위한 행진곡은 단순한 노래가 아닌 5.18의 정신이

깃든 노래이다."라고 말하며 "오늘의 제창을 통해 불필요한 논란이 없기를 바란다."고 밝혔고, 임을 위한 행진곡 제창 시 함께 부르는 모습을 보여주었다. 문 대통령이 선거 유세 기간 동안 광주에서 "대통령이 되어 5.18 기념식에서 임을 위한 행진곡을 직접 부르겠다."고 한 약속을 이렇게 지켰다.

문재인정부는 7월 19일에 100대 국정과제를 발표했는데, 첫 번째 과제가 적폐청산이었다. 대통령 주재 반부패 관계기관 협의회를 가동하고 방산비리 근절 관계 협의회를 운영하여 국민의 여망에 부응하며 최순실 국정농단 사

청와대 영빈관에서 열린 국정운영 5개년 계획 대국민 보고대회(2017.7.19.) ⓒ대통령기록관

태와 관련하여 각 부처별로 태스크포스를 구성해서 국정농단의 실태 분석과 진상 규명을 추진하기로 했다. 고위공직자비리수사처 신설과 검경수사권 조정을 완수할 것을 천명했다. 박범계 국정기획자문위 정치·행정분과위원장은 권력기관 간 견제와 균형, 철저한 내부 통제를 통하여 권력기관이 국민의 기관으로 거듭나게 할 것이라 밝혔다.

또한 이명박정부 들어서서 활동이 종료된 진실·화해를 위한 과거사정리위원회의 활동을 재개하기로 했다. 5.18 광주민주화운동진상규명위원회와 제주 4.3 사건 기념사업도 추진하기로 했다. 이후 2018년 3월 13일에 여야 합의로 5.18 진상규명특별법이 제정되고 2019년 12월 27일에 5.18 민주화운동진상규명위원회가 출범했다. 2022년 6월부터는 5.18 민주유공자, 특수임무 유공자, 고엽제 후유증 환자, 참전 유공자 중 생계 급여, 의료 급여 수급자 등 생활이 어려운 80세 이상의 고령자에게 월 10만 원의 생계지원금을 지급하도록 했다.

문재인정부의 100대 국정과제는 '국민의 나라, 정의로운 대한민국'이라는 국정 비전 아래, 적폐청산, 권력기관 개혁, 소득 주도 성장, 공정 경제, 포용적 복지 국가 등의 키워드가 이 100대 과제를 관통했다. 여기에 5대 목표가 상정되었다.

첫째, 국민이 주인인 정부. 촛불 민심을 받들어 권력기관의 민주적 통제를 확립하고, 국민과 소통하는 정부를 만드는 것이 목표였다. 적폐청산 및 반부패 시스템을 만들어 과거사 진상 규명, 국정농단 관련 적폐의 철저한 청산을 꾀하고자 했다. 이를 위해서는 권력기관 개혁과 민주적 소통 강화가 필수적이었다. 이를 위해 공수처 설치 및 검경수사권 조정을 통한 검찰 권력 분산, 국정원의 개혁 및 정치 개입 차단이 필요했다. 또한 장기 과제로 국민 주권 실현을 위한 개헌을 추진하고, 국민 참여·소통 시스템을 구축해야 했다.

둘째, 더불어 잘사는 경제. 경제 성장의 혜택을 국민 모두가 누리는 포용적 성장을 추구하며, 불공정 관행을 해소하는 것이 목표였다. 이를 위해서 일자리 중심 경제가 필요했다. 소득 주도 성장 기반을 마련하고 공공부문 일자리 창출, 비정규직의 정규직 전환 추진을 꾀했다. 또한 재벌 대기업의 지배구조 개선 및 불공정 거래 관행 근절을 통한 공정 경제 구축이 필요했다. 4차 산업혁명 시대 대비 혁신 성장 생태계 조성 및 과학기술 혁신을 통한 미래 산업 육성도 필수적이었다.

셋째, 내 삶을 책임지는 국가. 국민의 기본 생활을 국가가 책임지고, 안전하고 건강한 삶을 보장하는 것이 목표였다. 전 생애 주기 돌봄을 위해 아동수당 도입, 치매 국가 책임제, 보육·요양 등 공공 사회서비스를 확충해야 했다. 또한 탈원전 정책을 통한 안전하고 깨끗한 에너지 전환, 미세먼지 등 환경 문제 해결도 시급한 과제였다. 그리고 고교 무상교육의 단계적 실시와 공공임대주택 확충을 통한 주거 복지 실현을 내세웠다.

넷째, 고르게 발전하는 지역. 자치 분권을 확대하고, 수도권-비수도권 간의 격차를 해소하여 국가 균형 발전을 이루는 것이 목표였다. 자치 분권을 실현하기 위해서 지방 이양 일괄법을 제정하여 중앙 권한을 지방으로 이양하고 지방 재정의 자립과 강화를 꾀했다. 지역 맞춤형 일자리 창출, 지역 혁신 성장의 거점 조성을 통한 국가균형발전을 이뤄야 했다.

다섯째, 평화와 번영의 한반도. 튼튼한 국방력 위에 남북관계를 개선하고, 한반도의 평화와 번영의 기반을 마련하는 것이 목표였다. 한반도 비핵화 추진, 남북 교류 및 협력 확대를 목표로 삼고 동시에 전시작전통제권(전작권)

조기 환수 추진, 국방개혁을 통한 첨단 강군 육성 역시 목표로 잡았다. 또한 동북아 협력 체제를 구축하여 주변 4대국 및 국제 사회와의 협력을 강화하기로 했다.

평창 동계 올림픽의 성공적 개최

문재인정부에서 행해진 첫 대형 행사가 평창 동계 올림픽이었다. 1988년 서울 올림픽 개최 이후 30년 만에 개최한 올림픽이었고, 동계 올림픽으로는 처음 치르는 행사였다. 아시아에서 동계 올림픽은 일본에서만 두 차례 있었는데, 우리나라가 세 번째로 개최하게 되었다.

동계 올림픽 유치는 이명박정부 때 이루어졌다. 박근혜-최순실 국정농단 조사에서 최순실이 조카 장시호와 함께 평창 올림픽 이권에 많이 개입했다는 것이 밝혀졌다. 문화체육관광부 김종 전 차관도 연루되어 있다는 것이 드러나면서 평창 올림픽이 무사히 개최될 수 있는지 우려가 컸다.

대회 운영에 필요한 예산 확보에 어려움도 컸다. 특히 박근혜-최순실 국정농단의 여파로 대기업을 상대로 하는 후원금 모집이 중단되면서 재정 확보에 비상이 걸렸다. 결국 조직위원회와 정부가 공기업의 후원을 요청하는 방식으로 부족분을 충당하려 했고, 이는 공기업 압박 또는 국민 세금 투입 논란을 낳기도 했다. 경기장 건설과 올림픽 이후 활용 문제도 어려운 점이었다.

여기에 개폐회식 예산 부족도 심각한 문제였다. 올림픽 개폐회식은 주최국의 문화를 소개하고 나라의 역량을 자랑할 수 있는 중요한 행사인데, 책정된 예산이 상당히 적은데다가 연출을 맡은 사람들 사이의 불화도 큰 문제였다. 하지만 적은 예산에도 불구하고 개막식 연출은 세계의 찬사를 받았다. 특히 고구려 벽화에서 튀어나온 인면조는 전 세계인의 관심을 받기도 했다.

　평창 동계 올림픽은 올림픽이 언제나 그렇듯이 평화의 상징으로서 작동했다. 2017년 11월 13일에 UN에서는 '평창 동계 올림픽 UN 휴전결의안'을 채택했다. 개막일 7일 전부터 폐막일 후 7일까지 모든 적대행위를 하지 말자는 내용을 담았다. 평창 동계 올림픽은 한반도의 평화, 동북아의 평화, 세계 평화를 위한 희망과 염원이 담겨 있었다.

　추미애 당대표는 11월 17일 UN본부에서 북한 선수단이 평창 동계 올림픽에 꼭 참가해 주기를 강력히 요청했다. 추미애 대표는 미국 방문 기간 동안 평창 동계 올림픽의 홍보 대사처럼 올림픽의 성공을 위해 활발하게 활동했다. 평창 동계 올림픽은 남북 화해 모드를 위해서도 중요했다. 문재인정부는 출범 초부터 평창 동계 올림픽에 북한의 참여를 요청했다.

　이런 당정 간의 노력이 빛을 발했다. 2017년 10월 14일에 북한 장웅 국제올림픽위원이 평창 동계 올림픽에 북한이 참가한다고 말했다는 소식이 언론에 나왔다. 12월 20일에 문재인 대통령은 동계 올림픽 기간 동안 한미연합훈련을 연기하겠다는 의사를 밝혔다. 2018년 1월 1일에 김정은 북한 노동당 위원장의 신년사에서 "남조선에서 열리는 겨울철 올림픽은 민족의 위상을 과시하는 좋은 계기가 될 것이며, 우리는 대회가 성과적으로 개최되기를 진심으로 바란다."라고 말하며, "대표단 파견을 포함한 필요한 조치를 취할 용의가 있으며 이를 위해 북남 당국이 시급히 만날 수도 있다."라고 밝혔다.

　2017년 내내 문재인정부의 대화 제의에 냉담했던 북한이 대남 유화 제스처를 보인 것은 매우 파격적인 변화였다. 물론 북한으로서도 올림픽 참가를 계기로 대외적 고립에서 탈출하고픈 정치적 계산이 있었다.

국회 의원회관 대회의실에서 개최한 평창 동계 올림픽 성공개최를 위한 전진대회(2018.2.2.)

   남북한은 2000년 시드니 올림픽에 이어 올림픽에서는 18년 만에, 2007년 장춘 동계 아시안게임 이후로는 11년 만에 국제대회에서 한반도기를 들고 공동 입장했고, 이는 올림픽의 평화를 상징하는 장면으로 세계의 주목을 받았다. 또한 여자 아이스하키 팀은 단일팀을 구성하여 출전했다.

   북한은 선수단 외에도 약 230명 규모의 응원단, 태권도 시범단, 예술단을 파견했으며 김영남 최고인민회의 상임위원장, 김여정 노동당 중앙위 제1부부장 등 고위급 대표단을 파견하였다. 개막식 전에도 금강산에서 남북 합동 문화행사를 개최하고 북한 마식령 스키장에서 남북 스키 선수의 공동 훈련을 진행하는 등 다양한 형태의 교류가 이루어졌다.

   한편 남북 공동 아이스하키 대표팀을 구성하면서 원래 참여하기로 되어있던 선수가 탈락하는 등의 예기치 못한 공정성 문제도 제기되었다. 또 북한 선수단의 경비를 우리 정부의 남북협력기금으로 지원하는 것은 부적절하다는 비판도 일부 있었지만, 이후 이어질 남북 정상회담 및 북미협상 국면을 예고하는 한반도 평화축제로 손색이 없었다. 평창 동계 올림픽은 2월 9일부터 25일까지 전 세계 92개국이 참여한 가운데 성황리에 진행되었다. 우리나라는 금 5, 은 8, 동 4의 기록으로 종합 7위를 기록했다.

J노믹스

문재인정부의 경제 정책은 J노믹스라고 불렸다. 핵심 기조는 소득 주도 성장(Income-Led Growth), 혁신 성장(Innovation-Led Growth), 그리고 공정경제(Fair Economy)의 세 축이었다. 이 세 축은 '더불어 잘 사는 경제'라는 국정목표를 달성하기 위한 기본 틀이었다.

소득 주도 성장은 가계 소득을 늘려 소비를 활성화하고, 이를 통해 기업 투자와 생산이 증가하는 선순환 구조를 만들겠다는 정책이다. 이를 위해 최저임금 인상 정책을 폈다. 공공부문 비정규직을 중심으로 정규직 전환을 유도하여 고용 안정성과 소득을 높이고자 했다. 아동수당 도입과 기초연금 인상 등 사회수당 및 복지지출을 확대하여 저소득층의 소득을 보장했다.

혁신 성장은 미래 성장 동력을 확보하여 경제의 역동성을 늘리겠다는 정책이다. 4차 산업혁명에 대응하기 위해 데이터(Data), 네트워크(Network), 인공지능(AI)을 중심으로 한 DNA경제를 육성하고, 규제완화 등을 통해 신산업 분야 투자를 촉진했다. 또한 BIG3 산업(시스템반도체, 미래차, 바이오헬스 등)을 집중 육성하여 미래경쟁력을 확보하고자 했으며 스타트업 및 벤처 생태계 활성화를 위해 기술창업을 지원하고 벤처투자를 활성화하는 정책을 썼다.

공정경제는 대기업과 중소기업, 원청과 하청 기업 간의 불공정한 거래 관행을 개선하고, 경제 권력의 남용을 막아 시장의 공정성과 활력을 높이겠다는 정책이다. 공정거래위원회의 조사 및 처분 권한을 강화하고, 기술탈취, 불공정 하도급 등 불공정 거래 행위에 대한 규제를 강화했다.

2017년 7월 공공부문 비정규직의 정규직 전환 추진 가이드라인이 발표되었다. 비정규직 근로자의 고용 불안정을 해소하고 처우를 개선하여 '사람 중심'의 일자리를 만들겠다는 목표 아래 마련되었다. 상시·지속적 업무에 종사하는 비정규직 근로자를 정규직 전환의 대상으로 삼았다.

이를 위해 각 기관은 노사 및 전문가가 참여하는 '정규직 전환 심의위원회'를 구성하여 전환 대상과 방식 등을 협의하도록 의무화했다. 가이드라인은 3단계 로드맵을 통해 중앙정부, 지방자치단체, 공공기관, 지방공기업 등 공공부문 전반에 걸쳐 적용되었으며, 문재인정부 5년간 약 20만 명 이상의 비정규직 근로자가 정규직(대부분 무기계약직)으로 전환되는 성과를 냈다.

에너지 전환 로드맵

2017년 문재인정부는 제8차 전력수급 기본계획을 수립했다. 탈원전, 탈석탄, 신재생 에너지 확대를 목표로 했다. 이에 따라 신규 원전 건설 계획을 백지화하여 신고리 5·6호기 건설 일시 중단하였다. 원전 건설은 공론화를 거쳐 건설을 재개했지만 그 외 신규 원전 건설은 더 이상 추진하는 않는 것으로 결정했다. 노후 원전의 수명 연장을 금지하여 월성 1호기는 조기 폐쇄했다. 탈석탄을 통해서 미세먼지 감축과 온실가스 배출을 억제했다. 30년 이상 노후화한 석탄 발전소는 폐쇄하고 추가적인 석탄 발전소 건설은 지양했다. 봄철 미세먼지 감소를 위해 석탄 발전소 가동률 상한제도 시행했다.

산업통상자원부는 제2회 재생에너지 정책협의회를 개최하여 30년까지 재생에너지 발전량 비중 20% 달성을 위한 '재생에너지 3020 이행계획(안)'을 12월 20일에 발표했다. 2030년까지 발전량 중 신재생 에너지 비중을 20%로 확대하는 목표를 설정하고 대규모 투자 및 보급을 추진했다.

부산 기장군 고리원자력본부에서 열린 고리1호기 영구정지 선포식(2017.6.19.)
ⓒ대통령기록관

주택·건물 등에 태양광 설치를 지원하고 염해 피해 농지 등을 활용한 신재생 에너지 발전 사업을 장려했다. REC(공급인증서) 및 FIT(발전차액지원제도) 개편하여 신재생 에너지 발전 사업자에 대한 지원 제도를 개편하여 투자를 유치했다.

더불어민주당은 정부의 이와 같은 정책을 지원하기 위해 법률 제정 및 개정을 주도했다. 노후 원전 및 석탄 발전소의 폐쇄에 필요한 절차를 규정하고, 발전소 인근 지역 주민들에 대한 보상 및 지원을 위한 법적 근거를 마련했다.

신에너지 및 재생에너지 개발·이용·보급 촉진법(신재생에너지법) 등의 개정을 추진하여 투자를 유도했다. 대규모 발전소 중심의 기존 전력 체계를 벗어나 지역에서 전력을 생산하고 소비하는 분산 에너지 체계를 구축하기 위한 법률 제정 및 개정을 추진했다.

에너지 전환을 위해서 막대한 규모의 예산이 필요했고 이는 더불어민주당의 몫이었다. 더불어민주당은 태양광, 풍력, 수소 등 핵심 기술의 연구개발(R&D) 및 보급 사업 예산을 증액하고 통과시켰다.

또한 에너지 전환 과정에서 발생하는 전기요금 인상, 전력 수급 불안정 등의 논란에 대해 정부의 입장을 대변하고 정책의 불가피성을 국민 및 야당에 설득하는 정치적 노력을 전개했다. 이와 같이 더불어민주당은 문재인정부의 에너지 전환 정책이 정부의 임기 동안 차질 없이 추진될 수 있도록 정책 집행의 동력원이자 정치적 방패막 역할을 수행했다.

문재인 케어와 복지 확대

2017년 8월 건강보험 보장성 강화 대책이 나왔다. 이를 통상 문재인 케어라고 부른다. 국민들의 의료비 부담을 획기적으로 낮추기 위해 건강보험 적용 범위를 대폭 확대하는 것을 목표로 했다. 더불어민주당은 집권여당으로서 이 정책의 안정적인 추진을 위한 예산 확보와 법적 기반 마련에 핵심적인 역할을 담당했다.

문재인 케어는 문재인정부의 핵심 국정과제 중 하나로, 2022년까지 비급여 항목을 대거 흡수하여 건강보험 보장률을 70% 수준으로 높이는 것을 목표로 제시했다.

2017년 하반기부터는 상급병실료(2·3인실)의 건강보험 적용 확대를 시작했다. 이처럼 환자들의 비급여 병실료 부담을 크게 줄여주는 정책이 가장 먼저 실시되었다.

서울성모병원에서 열린 건강보험 보장성 강화 대책 발표(2017.8.9.) ⓒ대통령기록관

문재인 케어는 이후에도 특진료 폐지, 비급여 항목의 급여화를 지속적으로 실시하여 의료공공성 확대와 국민의 건강 복지에 큰 역할을 했다. 더불어민주당은 재정 및 입법 측면에서 문재인 케어를 전폭 지원했다. 건강보험 재정 안정화를 위해서 총 30조 원 이상의 재정이 필요했는데 예산 처리에 차질이

없도록 노력을 기울이고 국민건강보험법 개정을 주도하면서 저소득층의 부담을 줄이는 효과를 가져왔다. 의료 서비스의 공공성 강화 입법을 주도하고 재난적 의료비 지원을 확대하는 법적 장치를 만들어냈다.

2018년 2월 28일에는 주 52시간제를 도입한 근로기준법 개정이 국회 본회의를 통과했다. 이로써 기존 1주 최대 68시간(주 40시간, 연장 12시간, 휴일 16시간)이었던 근로시간은 52시간으로 단축되었다. 또한 휴일 근로에 대해서는 가산 수단 할증률을 법에 명시하여 사회적 논란을 해소하고자 했다. 이때까지 공휴일은 공무원의 휴일이라는 개념이었는데 민간사업장도 공휴일을 유급휴일로 의무 적용하게끔 바뀌었다. 18세 미만의 연소 근로자 1주 최대 근로시간도 46시간에서 40시간(기본 35시간, 연장 5시간)으로 단축했다.

장시간 노동 관행을 개선하고 휴식권을 보장하는 이 개정은 국민 복지의 차원에서 이루어진 것이었다. 문재인정부의 노동 존중 사회라는 이념이 관철된 경우이다. 더불어민주당은 근로기준법 개정안의 국회통과를 주도하며 주 52시간제의 법적 기반을 마련하는 데 결정적인 역할을 했다. 정부정책이 현장에 안착할 수 있도록 인건비 지원, 컨설팅, 인력 지원 등 정부의 각종 현장 안착 지원 대책 마련을 뒷받침했다. 또한, 제도의 유연화 요구(탄력근로제 확대 등)에 대해서는 장시간 노동의 고착화 우려를 제기하며 신중한 입장을 취하거나 반대하는 목소리를 내며 사회 안전책의 후퇴를 경계했다.

문재인정부는 보훈에 대한 문제도 선진적으로 대처했다. 2017년 6월 6일 현충일 기념식 연설에서 독립운동가와 그 후손을 계속 찾고 기억하고 기리는 것이 국가가 해야 할 일이라고 역설하고 6.25로 아직 가족을 찾지 못한 국군 용사의 유해를 찾는 일도 반드시 해내겠다고 선언했다. 2018년부터 그동안 보상금 지급이 되지 않았던 독립유공자 자녀 및 손자녀 중 생활이 어려운 분들 2만 256명을 찾아내 지급하기 시작했다. 국가보훈처를 장관급으로 격상하고 조직도 확대했다.

2019년 4월 카자흐스탄을 방문하면서 이역만리의 땅에 묻힌 독립전쟁의 영웅 홍범도 장군의 유해를 고국으로 모셔오기로 했다. 쉽지 않았던 일로 2년의 시간이 걸렸으나 결국 모셔오는 데 성공할 수 있었다.

홍범도 장군 유해 안장식(2021.8.18.) ⓒ문재인정부 국정백서

4. 한반도의 봄

한반도 평화 프로세스

분단국가로서 우리나라는 항구적인 평화가 절실한 상태에 있다. 북한은 핵을 개발함과 동시에 탄도 미사일 실험을 계속하여 남북 간의 긴장을 높여왔다. 문재인정부가 출범한 지 불과 나흘 만에 탄도 미사일을 발사하며 5월에만 세 차례의 탄도 미사일 발사 실험이 있었다. 7월 4일에는 대륙간탄도미사일(ICBM) '화성-14형' 1차 시험 발사, 28일에 2차 시험 발사에 이어 9월 3일에는 제6차 핵 실험도 강행했다. 이처럼 북한의 탄도 미사일과 핵 실험은 한반도에 계속 긴장감을 불어넣었다.

문재인 대통령은 이를 돌파하기 위한 '한반도 평화 프로세스' 구상을 발표했다. 첫 발표는 2017년 7월 6일 독일 베를린의 옛 시청 알테스 슈타트하우스였다. 독일 쾨르버 재단의 초청을 받아 간 연설 자리에서 북한에 대화 재개와 한반도의 항구적 평화 정착을 위한 노력을 제안하는 이른바 '베를린 구상'을 밝힌 것이다. 알테스 슈타트하우스는 독일 통일조약 협상이 이루어졌던 역사적 현장이었다. 또한 김대중 대통령이 남북 화해와 협력의 기틀을 마련한 베를린 선언을 발표한 곳이기도 했다. 북한에 대한 흡수통일 배제, 북한 체제의 안전을 보장하는 한반도 비핵화 추구, 한반도 평화협정 체결, 남북을 경제벨트로 새롭게 이어 남북이 함께 하는 경제공동체 건설, 민간교류의 확대를 내세웠다. 이를 위해 남북 이산가족 상봉, 평창 동계 올림픽 참가 권유, 군사분계선에서 적대 행위 상호 중단, 남북대화 재개를 요청했다.

독일 쾨르버 재단 초청 연설에서 밝힌 '베를린 구상'(2017.7.6.) ⓒ문재인정부 국정백서

문재인 대통령은 2019년 9월 24일 제74차 유엔총회 기조연설에서 한반도 평화를 위한 3대 원칙인 전쟁불용, 상호 안전보장, 공동번영의 원칙을 천명했다.

전쟁불용의 원칙은 한반도에서 다시는 전쟁의 비극이 없어야 하며, 이를 위해 정전(停戰) 상태를 종전(終戰)으로 이끌어야 한다는 것이다. 상호 안전 보장의 원칙은 서로의 안전이 보장될 때 한반도 비핵화와 평화 체제를 빠르게 구축할 수 있으며, 적어도 대화 중에는 모든 적대행위를 중단해야 한다는 것이다. 공동번영의 원칙은 평화는 단순한 분쟁의 부재가 아니라, 남북이 함께 번영하는 포용적인 공동체를 만들어 나가야 한다는 것이다.

남북 정상회담

노무현 대통령과 김정일 국방위원장의 남북 정상회담 이후, 10년 6개월 만에 문재인 대통령과 김정은 국무위원장 간의 남북 정상회담이 2018년 4월 27일에 다시 열렸다. 남북 정상회담은 보수세력의 집권 기간인 이명박, 박근혜 집권기에는 다시 열리지 못했고 남북관계는 냉각되어가기만 했었다. 북한의 핵 개발과 함께 박근혜정부의 개성공단 폐쇄로 인해 남북관계는 완전히 단절되고 말았었다.

문재인정부 집권 이래 평창 동계 올림픽 참가를 지속적으로 권했고, 결국 김정은 위원장이 2018년 1월 1일 신년사에서 참가를 공식화하면서 남북 화해 무드가 조성될 수 있었다. 우리 정부는 다음 날 곧바로 남북 고위급 회담을 제의했으며 3일에는 판문점 연락 채널이 2년 만에 재가동되었다. 이를 바탕으로 해서 9일에 남북 고위급 회담이 열려 북한의 평창 올림픽 및 패럴림픽 참가가 합의되었으며, 남북 공동 입장 및 여자 아이스하키 단일팀 구성 등으로 평화 분위기가 조성되었다.

평창 올림픽이 성공적으로 마무리된 후 정의용 국가안보실장을 대북 특사로 평양에 파견하여 김정은 위원장과 만나 제3차 남북 정상회담을 성사시켰다. 2018년 4월 27일, 김정은 국무위원장은 판문점 공동경비구역(JSA) 내의 군사분계선(MDL)을 걸어서 넘어와 남측 지역에 위치한 평화의 집에서 문재인 대통령과 만났다. 이 회담에서 두 정상은 '한반도의 평화와 번영, 통일을 위한 판문점 선언'을 발표했다.

제3차 남북 정상회담 성사를 TV로 지켜보며 축하하는 더불어민주당 지도부(2018.4.27.)

 남북관계 개선을 위해 노력하기로 하고 남북 고위급 회담, 이산가족 상봉, 남북 철도 연결, 국제 경기 공동 참가 등을 함께 하기로 하고, 군사적 긴장 상태를 완화하기 위해 상호 적대적 행위 중단, 군사적 충돌 방지, 장성급 군사 회담 개최를 갖기로 했다. 또한 항구적 평화를 위해 비핵화를 통해 핵 없는 한반도를 실현한다는 공동의 목표를 확인했다. 이를 위해 국제 사회의 지지와 협력을 얻어나가는 노력을 기울이기로 했다.

2018년 8월에 금강산에서 남북 이산가족 상봉이 2년 10개월 만에 다시 열릴 수 있었다. 2018년 12월 26일에는 북측 판문역에서 경의선·동해선 철도·도로 연결 및 현대화 착공식도 열렸다. 제4차 남북 정상회담이 2018년 5월 26일에 북측 판문점 통일각에서 열렸다. 북미 정상회담을 앞두고 사전 조율 및 북한의 비핵화 의지가 재확인된 회담이었다. 정상 간 수시 소통의 정례화가 이야기되었다.

제5차 남북 정상회담은 2018년 9월 18일에서 20일까지 북한 평양에서 열렸다. 군사 분야 이해 합의서가 채택되어 실질적인 무력 충돌 방지 조치가 이루어졌으며, 동창리 미사일 엔진 시험장 영구 폐기 등 북한의 비핵화 추가 조치가 약속되었다. 김정은 위원장의 서울 답방도 합의를 이루었다. 더불어민주당은 한반도 평화 프로세스 정착을 위해 국회 차원에서 판문점 선언 및 평양공동선언을 뒷받침하고 실질적으로 이행하기 위해 박차를 가했다. 2020년 12월 8일 남북교류협력에 관한 법률 일부개정법률을 통과시켜 남북교류협력의 안정성 및 자율성 강화를 위한 토대를 마련했다. 교류협력 범위를 기존 문화, 경제 등에서 환경, 과학기술, 정보통신, 방역, 교통, 농림축산, 해양수산 등 새롭게 부각되는 분야까지 대폭 확대했다. 이 법 개정은 2018년 남북 정상회담 이후 남북교류협력의 제도적 기반을 강화하려는 문재인정부와 더불어민주당의 의지를 담은 핵심적인 입법 성과였다.

북미 정상회담

2018년 6월 12일 싱가포르 센토사 섬 카펠라 호텔에서 역사상 최초 북미 정상회담이 이루어졌다. 정의용 국가안보실장이 방북했을 때 김정은 위원장이 트럼프 대통령과 만나기를 희망한다고 했기 때문에 이 사실을 미 백악관에 전달하여 북미 정상회담을 이끌어내게 되었다.

평양에서 열린 제5차 남북 정상회담 이후 백두산 천지 기념촬영(2018.9.20.)
ⓒ문재인정부 국정백서

북미 정상회담은 파국을 맞이할 뻔도 했다.

2018년 4월에 미국 국가안보 보좌관 존 볼턴이 북한의 핵 폐기 방식으로 '리비아식 모델'을 언급했다. 리비아 모델은 리비아의 카다피 정권이 핵 프로그램 일체를 포기하고 모든 핵 관련 장비를 미국에 넘기려 한 것을 가리킨다.

그런데 리비아는 이후 정권이 붕괴하고 카다피도 비참한 최후를 맞이했기 때문에 북한은 선 핵 포기 후 정권 붕괴를 의미한다고 보고 극도의 거부감을 보였다. 북한의 김계관 외무성 제1부상은 미국이 일방적으로 핵 포기를 강요한다며, 내달 12일로 예정된 북미 간 정상회담이 무산될 수 있다고 경고했다. 여기에 미국 펜스 부통령이 또 기름을 붓는 발언을 했다. "대통령이 분명히 밝힌 것처럼, 만약 김정은이 합의를 하지 않는다면, 리비아 모델이 끝났듯이, 끝나고 말 것이다."라고 북한을 자극한 것이다.

북한의 최선희 외무성 부상은 5월 24일에 "우리는 미국에 대화를 구걸하지 않으며 미국이 우리와 마주앉지 않겠다면 구태여 붙잡지도 않을 것이다."라고 다시 북미 정상회담의 무산을 경고하고 나섰다. 최선희 부상은 펜스 부통령을 향해 "아둔한 얼뜨기"로 비난했다. 이에 트럼프 대통령은 회담 취소를 선언했다. "슬프게도 최근 귀측의 성명에서 나타난 엄청난 분노와 공개적인 적대감에 근거해 보자면, 이 시점에서는 오랫동안 계획됐던 회담을 갖는 것이 부적절하다고 여겨진다."라고 취소 이유를 밝혔다.

양국의 신경전에 우리 정부는 중재에 나섰다. 긴급히 남북 정상회담이 열렸다. 이 자리에서 북한의 비핵화 의지를 재차 확인하고 트럼프 대통령에 전달했고, 김정은 위원장도 유화적인 태도로 대화를 계속할 의지를 표명해서 회담은 예정대로 열릴 수 있었다. 이를 통해 우리나라 정부는 '한반도 문제의 운전자'로서의 존재감을 드러냈다.

6월 12일 드디어 북미 정상회담이 열렸다. 양국 정상은 새로운 북미 관계 수립과 한반도의 완전한 비핵화를 향한 노력을 약속하는 공동성명에 서명했다. 우호의 표시로 북한은 그간 억류해왔던 미국인 3명을 석방했으며, 미국은 한미연합 군사 훈련을 취소했다.

북미 정상회담을 제대로 견인하기 위해서는 미국의 협조가 절실했기에 더불어민주당은 국회 차원의 지원을 꾸려냈다. 7월 18일부터 23일까지 원내 5당이 함께 국회 방미단을 조직하여 케빈 매카시 미 하원 공화당 원내대표를 필두로 에드 로이스 하원 외교위원장, 테드 요호 하원 외교위 아태소위원장, 에드워드 마키 상원 동아태소위 민주당 간사 등과 면담을 가졌다. 미국 정계의 처음 반응은 냉소적이었지만 여야가 함께 펼치는 초당적 협조에는 모두 놀람을 금치 못했고 조금씩 마음을 열게 할 수 있었다. 국회사에 남을 만한 초당 외교의 구현이었다.

북미 정상의 만남으로 1차 회담은 성공적이었지만 구체적인 이행 방안을 도출하지는 못했다. 이 때문에 2차 회담은 필연적으로 필요했다. 김정은 위원장은 2019년 신년사에서 "미국 대통령과 언제든 또다시 마주 앉을 용의가 있다."며 정상끼리 합의를 보는 톱다운 방식의 대화 의지를 재확인했다.

2019년 2월 10일에서 14일까지 제2차 북미 정상회담을 앞두고 의회 차원의 지원활동을 위해 문희상 국회의장과 여야대표단이 미국을 방문했다. 이해찬 대표는 북미 정상회담의 성공이 남북 정상회담으로 이어져 평화 체제로 가는 첫 디딤돌이 될 수 있도록 최선을 다하겠다며 대미 공공외교를 더 강화해야 한다는 점을 강조했다.

제2차 북미 정상회담은 2019년 2월 27일에 베트남 하노이 소피텔레전드메트로폴 호텔에서 개최되었다. 그러나 회담장에서 북한은 스몰딜 카드를, 미국은 빅딜 카드를 내밀며 남북은 물론 세계의 기대를 모았던 하노이 회담은 결렬되고 말았다. 북한은 영변 핵시설의 영구적이고 완전한 폐기를 제안했는데, 미국은 영변 핵시설 이외에 모든 대량살상무기의 신고와 폐기를 바랐다. 미국은 자신들의 주장이 관철되지 않는 한 북한의 제재를 풀어줄 수 없다고 했다.

회담은 결렬되었지만, 아직은 희망의 불씨가 남아있었다. 김정은 위원장은 4월 시정연설을 통해 미국이 연말까지 새로운 계산법을 가져올 것을 요구했다. 5월부터는 다시 미사일을 발사하는 등 무력 도발을 재개했다. 우리 정부의 중재 역할에 대해서도 냉소적인 태도를 보이기 시작했다.

결국 이런 냉각 상황에서 개성에 세운 남북공동연락소를 6월 16일에 폭파해버리기까지 했다. 남북공동연락사무소는 제1차 남북 정상회담의 판문점 선언에 따라 세워진 일종의 외교 공관이었다. 건설비용은 우리 정부가 모두 부담했는데, 일방적으로 폭파해버린 것이다.

6월 29일 G20 정상회의 참석으로 일본 오사카에 있던 트럼프 대통령은 서울 방문 전에 트위터에 김정은 위원장을 DMZ에서 만나고 싶다는 내용을 썼다. 문재인 대통령의 적극적 중재로 만남이 전격적으로 확정되었다.

김정은 위원장은 다시 군사분계선을 넘어서 남측 땅을 밟았고 세 사람은 자유의 집으로 이동했다. 그 후 트럼프와 김정은 사이에 55분간의 단독 회담이 진행되었다. 두 사람은 하노이 결렬로 중단되었던 북미 비핵화 실무 협상을 수주일 내에 재개하기로 합의했다. 이 결과 10월에 스웨덴 스톡홀름에서 북미 실무협상이 재개되었다. 하지만 북한은 미국이 빈손으로 나왔다고 협상 결렬을 선언한 뒤 미국을 비난했다. 북한은 우리 정부를 중재자가 아니라 미국에 종속된 미국의 동맹국으로 취급하며 더 이상의 대화를 거부했다.

더불어민주당은 이런 냉각 관계를 돌파하기 위해 북에 대한 인도적 지원 재개 촉구, 평화 경제 법안을 추진하는 한편 북한의 미사일 발사에 대한 자제 촉구와 한미 동맹의 균열이 생기지 않도록 강조하면서 한반도 비핵화에 대한 미국의 의지를 확보하는 데 노력을 기울였다.

남·북·미 정상 판문점 회동(2019.6.30.) ⓒ문재인정부 국정백서

신북방 정책과 신남방 정책

문재인정부의 신북방 정책과 신남방 정책은 대한민국의 외교 지평을 유라시아 대륙과 아세안·인도 지역으로 넓혀 4강(미국, 중국, 일본, 러시아) 중심 외교에서 벗어나 외교를 다변화하고 새로운 성장 동력을 창출하려는 전략이었으며, 두 정책 모두 사람, 평화, 번영의 3대 핵심 가치를 중심으로 추진되었다.

신북방 정책은 유라시아 대륙과의 협력을 증진하여 한반도의 평화·통일 기반을 구축하고, 한국의 미래 성장 동력을 창출하는 것을 목표로 했다. 한국을 해양과 대륙을 잇는 가교 국가로 발전시키고 새로운 경제 공간과 기회를 확장하여 동북아 및 한반도 평화 정착에 기여하는 것을 목표로 평화와 번영의 경제공동체를 조성하고자 했다.

2017년 8월 북방경제협력위원회를 출범시키고 9월에 문재인 대통령이 동방경제포럼에서 한-러 '9-브릿지' 협력 구상을 발표했다. 9-브릿지는 미래 성장 동력을 창출하기 위해 러시아 등 북방 국가들과 협력하기로 한 9가지 핵심 분야를 의미한다. 이는 주로 인프라와 자원 개발에 초점을 맞추고 있다. 이 9가지 협력 분야를 통해 경제적 시너지를 창출하고, 궁극적으로는 이들 인프라의 연결을 통해 한반도-극동-유라시아를 잇는 평화와 번영의 기반을 다지는 것이 9-브릿지 구상의 핵심 목표였다.

2018년에 북방경제협력위원회는 신북방 정책 로드맵 및 중앙아시아 경제협력 활성화 방안을 발표했다. 이에 따라 2019년 문재인 대통령은 중앙아시아 3개국(투르크메니스탄, 우즈베키스탄, 카자흐스탄)을 순방하며 신북방 정책의 외연을 확장했다. 2020년에는 8대 이니셔티브와 70개 중점 추진 과제를 선정하여 본격적인 추진에 들어갔다.

주요 북방국가들과 비자 면제 협정을 체결하고 복수 비자를 도입, 항공 노선 확대 등으로 인적 교류가 증진되었다. 상호 방문객 수가 크게 증가했다. 또한 해당 나라들에 한류 문화가 확산되고 우리나라에 대한 인식이 우호적으로 형성되었다.

그러나 북한과 평화 모드 정착에 실패하게 되면서 신북방 정책에도 큰 걸

림돌이 되고 말았다. 더불어민주당은 문재인정부의 신북방 정책에 적극 지지를 보내고 제도적 정착을 위해 힘을 기울였다. 또한 중앙아시아 국가 등 북방 지역의 의회 및 정당 지도자들과 정당 간 교류와 의회 외교를 적극적으로 전개했다. 신북방 정책의 핵심인 러시아의 동방경제포럼에 송영길 의원이 참석하는 등 분주한 활동으로 정부를 지원했다.

신남방 정책은 2017년 11월 문재인 대통령이 인도네시아 순방 중 한-아세안 미래공동체 구상 발표 및 신남방 정책 천명에서 비롯되었다. 2018년에는 인도를 방문하여 한-인도 비전을 발표했고 아세안 국가들과 국방차관급 협의체를 구성하여 안보 협력 체계를 구축했다. 2019년에는 한-아세안 특별 정상회의 및 제1차 한-메콩 정상회의를 부산에서 개최했다. 이런 결과 한-아세안 간 상호 방문객이 증가하고 교역도 증가하는 등의 효과를 가져왔다.

더불어민주당은 신남방정책특별위원회를 운영하면서 정부정책을 지원하고 민간 기업의 의견을 수렴하는 창구로 활용했다. 민주당 의원들은 아세안 의회 총회 등에 한국 대표단 자격으로 참석하는 등 협력의 메시지를 강화했으며 국제개발협력(ODA) 규모를 확대하고 효율성과 책임성을 제고하는 방향으로 정책을 지원했다. 이로써 아세안 국가의 개발 수요에 부응하고 상호 호혜적인 관계를 구축하는 데 중요한 역할을 수행했다. 또한 아세안 시장이 중국을 대체할 수 있는 주요 교역 및 투자 대상지임을 인식하고, 한국 기업의 시장 진출을 지원하고 무역·투자 협력을 강화하는 제도적 기반을 마련하는 데 집중했다.

국방개혁 2.0

남북관계 평화 모드 조성이 중요하다고 해도 국방은 소홀하게 할 수 없는 문제다. 민주정부는 늘 국방 강화에 힘을 기울여왔다. 문재인정부는 2018년에 종합적 국방개혁 계획인 국방개혁 2.0을 발표했다. 목표는 첫째, 싸워서 이기는 군대 육성, 둘째, 스스로를 책임지는 국방 태세 구축, 셋째, 국민이 신뢰하는 군으로 체질을 개선하는 것이었다.

이를 위해 병력 중심 구조를 첨단 과학기술 기반의 전투 효율적인 부대 구조로 개편하기로 하고, 61만 8천 명의 총 병력 규모를 50만 명 수준으로 단계적 감축하고 간부 비율을 늘리는 한편 민간 인력을 적극 활용하기로 했다. 장군 정원을 단계적으로 감축하고 국방부 문민화를 추진했다. 현실적으로 북한의 핵 위험이 상존하기 때문에 이에 대한 대응 역시 필요했다. 북한 미사일 발사 징후를 발견하면 선제 타격하는 킬 체인, 한국형 미사일 방어체계(KAMD) 설치, 북한 도발 시 핵심 시설을 응징하는 대량응징보복(KMPR)으로 철통같은 대비 태세를 구축하게 했다. 이를 위해서 2017년 약 40조 3천억 원이었던 국방 예산을 연평균 6.3%씩 증액했다.

강한 국방력은 강한 군인을 필요로 한다. 따라서 군을 구성하는 장병들의 복무 환경과 처우 개선이 필수적으로 필요했다. 병사 봉급을 대폭 인상하여 2020년 기준으로 최저임금의 50% 수준인 608,500원으로 병장 월급이 인상되었다. 박근혜정부 말기에는 약 22만 원 수준이었다. 군 복무기간도 육군의 경우 기존 21개월에서 18개월로 단계적으로 단축했다. 해군과 공군 역시 육군과 비슷한 정도의 단축이 이루어졌다.

장병복지 차원에서 군대 내 휴대폰 사용이 이루어졌다. 2019년 4월부터 시범운영한 뒤에 2020년 7월 1일에 모든 부대에서 일과 후 휴대폰 사용이 전면 허용되었다. 이를 통해 병사들의 심리적 안정과 사회와의 단절 해소라는 큰 소득을 얻을 수 있었다. 우울감과 불안감도 감소하고 군대 내 부조리 신고 및 고발이 활성화되어 병영 악폐습이 감소하는 효과도 가져왔다. 군 생활의 만족도 역시 크게 신장되었다. 이외에도 군 복무 경험의 학점 인정 제도, 군 의료 체계 개선 등 군대 내 복지가 크게 향상되었다.

더불어민주당은 국방개혁 2.0을 지지하면서 군대 내 복지 및 군 사법개혁에 앞장섰다. 군인권 보호관 제도 법안을 발의했고, 군 영창제도를 폐지시켰다. 1896년 고종에 의해서 내려진 육군 징벌령 이후 124년 만에 폐지되고 군기 교육으로 대치되었다. 2018년 11월 20일에 이해찬 대표는 연평도를 방문하여 격려하는 등의 활동을 선보였다.

'국방개혁 2.0, 유능한 안보 튼튼한 국방' 보고대회(2018.7.27.)

제3장

코로나19 위기와 국난 극복
(2019-2020)

| 제3장 |

1. 계속되는 위기와 민주당의 대응

소부장 위기 극복

2019년 5월 8일 이인영 의원이 원내대표에 당선되었다. 김태년, 노웅래 의원의 양자 대결 판에 뒤늦게 뛰어든 이인영 의원은 1차 투표에서 54표를 얻었으나 과반수를 획득하지는 못해 37표를 받은 김태년 의원과 결선투표를 치렀다. 결선투표에서 이인영 의원은 74표, 김태년 의원은 48표를 받았다. 김태년 의원은 이인영 뒤를 이어 2020년 5월 8일에 원내대표가 되었다. 이해찬 지도부는 강한 리더십을 통해 당의 통합을 강화하고 당을 책임 있게 이끌어서 위기를 극복해나갔다. 이해찬 대표는 날카롭고 냉정한 판단으로 국면을 주시했고 해결책을 빠르게 찾아 나갔다. 이해찬 대표와 이인영 원내대표가 처음 만난 위기가 소부장 위기였다.

2019년 7월 일본은 대한국 수출 규제 조치를 취했다. 규제 대상은 우리나라 반도체와 디스플레이 산업의 핵심 소재 3개 품목이었다. 반도체 세정 공정에 필요한 고순도 불화수소와 플렉시블 디스플레이 제작에 사용하는 불화폴리이미드, 첨단 반도체 공정에 필요한 EUV 레지스트가 그 품목들이다. 이 품목들은 일본에서 수입해 오는 비중이 컸기 때문에 일본의 수출 규제는 산업 안보적 위협이 되었다.

일본이 안보상 우호적이라고 판단하는 국가들의 경우 포괄적 허가를 통해 수출 절차가 대폭 간소화되는데, 이 국가 목록을 가리켜 화이트리스트라고 한다. 화이트리스트에서 우리나라를 제외하여 우대국 지위를 박탈했던 것이다.

일본이 갑자기 이렇게 나온 것은 대법원 전원합의체에서 일제강점기 강제동원 피해자들이 일본 기업을 상대로 제기한 손해배상 청구 소송에서 피해자들의 손을 들어준 2018년 10월 30일의 판결 때문이었다. 피고는 일본제철과 미쓰비시 중공업 등 일제 전범 기업이었다. 일본은 1965년 체결된 한일청구권 협정으로 개인의 손해배상 청구권도 소멸되었다고 주장해왔다. 대법원은 국가 대 국가 간의 외교적 보호권이나 청구권은 포기되었을지라도, 일제 식민 지배의 불법성과 직결된 일본 기업의 '반인도적 불법 행위'로 인한 피해자 개인의 위자료 청구권까지 소멸된 것은 아니라고 판단했다.

일본은 징용 배상 판결을 국제법 위반이라고 주장하며 강력히 반발했다. 한국정부가 배상을 위해 일본 기업 자산에 대한 강제 집행에 나설 수 있다고 하자 일본은 반도체 핵심 소재 수출 규제 조치를 단행했다. 우리나라도 다음 달에 일본을 전략물자수출입고시에서 제외하며 맞대응에 나섰다.

문재인정부는 이 위기를 기술 독립 및 산업 체질 개선의 기회로 삼아 범국가적인 대응을 추진했다. 대통령 직속 소재·부품·장비 경쟁력강화위원회를 설치하여 컨트롤 타워 역할을 수행하고, 소재·부품·장비 경쟁력 강화 특별조치법(소부장특별법)을 제정했다. 100대 핵심 관리품목을 선정하고 국산화 및 기술 자립을 목표로 연구개발(R&D), 실증, 양산 전 과정에 대한 지원을 강화했다. 또한 수입선을 일본 외의 다른 국가로 다변화하고, 해외 첨단 기업의 국내 투자 유치를 추진했다. 이런 노력의 결과, 일본의 규제 대상이었던 3대 품목(불화수소, 불화폴리이미드, EUV 레지스트)을 포함한 주요 소부장

품목들의 공급망 안정화에 성공하여 단 한 건의 생산 차질 없이 위기를 극복했다. 법안 제정과 예산 확보 등은 더불어민주당의 몫이었다.

더불어민주당은 소부장 위기를 국내 산업 생태계 강화와 자립화의 기회로 인식하고, 입법과 예산 지원을 통해 정부의 소부장 육성 정책을 가장 앞에서 이끌었다. 결국 일본의 소부장 수출 규제는 실효를 거두지 못하고, 2023년 한일 정상회담을 통해 예전 상태를 회복하게 되었다.

일본 경제보복대책 당청 연석회의(2019.7.16.)

연구개발(R&D) 지원 정책

소부장 위기는 대규모 연구개발(R&D) 지원 정책을 탄생시켰다. 본래 문재인정부는 출범하면서부터 R&D 지원에 총력을 기울였다. 사람 중심의 과학기술이라는 모토 아래 연구자 주도의 기초연구 예산 확대를 국정과제로 추진했다. 특히 4차 산업혁명 대응을 위한 13대 혁신 성장 동력 기술 육성을 강조했다. 이를 위해 약 19조 4천억 원의 예산을 투입했다.

2019년 7월 일본의 수출 규제로 소부장 위기가 닥쳐오자 산업 구조에 대한 반성과 함께 소재·부품·장비의 자립화를 국정 최우선 과제로 선정하고 소부장 특별회계를 신설하여 대규모 R&D 투자를 시작했다. 2020년에는 24조 2천억, 2022년에는 29조 7천억 원까지 R&D 예산을 증액해나갔다. 또한 연구자들의 연구 몰입도를 높이기 위해 R&D 행정의 간소화 및 R&D 예타 권한 이관 등 제도 개편을 꾸준히 추진했다.

더불어민주당은 과감한 예산 투자를 통해 전략적인 핵심 기술 육성을 꾀하며, 현장 연구자 중심으로 R&D 시스템을 개혁하여 국가 과학기술 경쟁력을 확보하는 것을 목표로 삼아 정부와 협력하여 미래 성장 동력을 발굴하는 데 앞장섰다.

코로나19 국난극복위원회 출범과 활동

2019년 12월경 중국 후베이성 우한시에서 코로나19 바이러스에 의한 환자가 처음으로 발생했다. 코로나19 팬데믹(세계적으로 감염병이 대유행하는 상태)의 시작이었다. 팬데믹을 일으킨 바이러스는 기존의 코로나바이러스 계열의 SARS-CoV-2였다.

이 바이러스는 주로 박쥐와 같은 야생동물에서 유래하여 인간에게 전염될 수 있도록 변형되었다. 코로나바이러스는 RNA 바이러스로 증식 과정에서 돌연변이와 유전자 재조합이 빈번하게 일어나기 때문에, 예측하기 어려운 신종 바이러스로 진화할 수 있다. 이 때문에 치료제가 없는 상황이었다.

중국 우한에서 시작된 코로나19 감염은 1월 초 중국의 춘절 연휴를 통해 중국 전역에 퍼져나갔다. 또한 중국 내 감염자들이 전 세계로 이동하면서 걷잡을 수 없이 전염을 일으키기 시작했다. 우리나라에서는 2020년 1월 20일에 첫 확진자가 발생했다.

세계보건기구(WHO)는 전 세계적 확산세가 멈추지 않자, 2020년 1월 30일에 국제적 공중보건 비상사태(PHEIC)를 선포한 뒤, 같은 해 3월 11일 코로나19에 대해 팬데믹을 공식 선포하였다. 공중보건비상사태는 2023년 5월 5일에서야 해제되었다.

대규모 질병 사태는 이전에도 발생한 적이 있었지만 코로나19만큼 위협적이지는 않았다. 2002년에는 사스(SARS), 2009년에는 신종플루, 2015년 메르스(중동호흡기증후군) 확산이 있었다. 사스는 노무현정부에서 검역전염병으로 신속하게 지정하고 의심 환자를 강제 격리 조치하며 증상 발현 여부를 10여 일 이상 추적하였다. 철저한 해외 유입 방지를 통해 사망자나 확진 환자가 발생하지 않은 성공적인 방역이 이루어졌다. 이를 통해 질병관리본부가 필요하다는 논의가 시작되었다.

신종플루는 2009년 4월 미국에서 첫 발병이 있었다. 보수 정권은 사스 때와 마찬가지의 봉쇄 전략을 펼쳤지만 실패하고 말았다. 6월 말부터 감염원을 알 수 없는 지역 사회 감염이 시작되었다. 76만여 명이 감염되고 270여 명의 사망자를 기록했다. 치료제인 타미플루를 확보하면서 추가적인 피해를 막는 데 간신히 성공했다. 신속한 항바이러스제 투여 확대와 백신 자체 생산 능력이 중요하다는 교훈을 남겼다.

메르스는 보수 정권이 초기 대응에 실패하면서 큰 사회 문제가 되었다. 정부는 감염 정보를 비공개 처리하면서 불신을 키웠고 병원 내에서 슈퍼감염자가 바이러스를 전파시키며 급속도로 상황을 악화시켰다. 안전해야 할 병원에서 감염 사태가 일어났다는 것은 국내 방역 시스템의 취약성을 그대로 드러냈다.

새정치민주연합의 문재인 대표는 정부의 무능한 대책을 질타하고 대통령의 사과와 책임자의 처벌을 요청했다. 당내에 메르스 태스크포스를 조직하고 전문가 간담회를 열어 현장 상황 파악과 대안을 마련하는 노력을 기울였다. 국회에서도 국회 메르스 대책 특별위원회를 결성하는 데 주도적인 역할을 했다. 이때 질병관리본부를 질병관리청으로 승격해야 한다고 주장했으나, 이는 그 후 더불어민주당의 집권 이후에서야 정춘숙 의원이 발의한 정부조직법 일부개정법률안(2017년 6월)에 의해서 가능해졌다.

또한 더불어민주당은 감염병 위기 발생 시 역학조사관의 권한 강화 및 증원, 감염병 정보 공개 등을 골자로 하는 '감염병의 예방 및 관리에 관한 법률 개정안(메르스법)' 통과에 적극적인 역할을 했다.

이러한 경험들을 통해 축적된 노하우는 코로나19 팬데믹 대처에 유용하게 작동했다. 코로나19 최초 확진자 발견 이후 문재인정부는 일주일 만인 1월 27일에 중앙사고수습본부를 설치하고 위기 경보 '주의'를 발했다. 2월 23일에는 위기 경보를 '심각 단계'로 올리고 중앙재난대책안전본부(중대본)를 가동했다. 29일부터는 사회적 거리두기를 시행했다. 신종 질병으로 백신도 마련되지 않은 상태에서 전 세계가 큰 어려움에 처하게 되었다.

정부는 신속하게 진단 키트를 개발하고 드라이브 스루 검사 등 혁신적인 검사 방식을 도입하여 안전성을 빠르게 확보해 나갔다. 신용카드, CCTV, 휴대전화 위치 정보 등을 활용한 첨단 기술 기반의 역학 조사 시스템을 사용하여 접촉자를 신속히 추적하고 격리하여 바이러스 확산을 차단했으며, 메르스 사태 때와는 달리 투명한 정보 공개로 국민의 경각심을 높이고 자발적인 방역 참여를 유도해냈다.

국경 폐쇄나 도시 봉쇄 없이 사회적 거리두기, 마스크 착용 등 비약물적인 조치를 통해 방역을 유지함으로써 경제 활동을 비교적 원활하게 이어 나갈 수 있었다. 이로써 OECD 국가 중에서는 경제적 피해를 최소화한 나라가 되었다. 2021년에 드디어 백신 도입이 이루어졌다. 2월 26일 아스트라제네카를 시작으로 백신 접종이 시작되었다.

10월까지 전 국민의 70%가 백신을 접종하였으며, 이를 바탕으로 하여 11월부터는 '위드코로나(단계적 일상 회복)'를 내세워 강력한 통제정책에서 벗어나 일상 경제 활동이 가능한 연착륙 정책을 시행했다.

더불어민주당은 3월 초에 국난극복위원회를 설치했다. 위원회를 통해서 긴급재난지원금을 도입하고 당정 협의를 주도하여 지원 입법 활동을 추진하기 시작했다. 7개 태스크포스(금융안정 TF, 외환·거시경제 TF, 재정 TF, 산업지원 TF, 자영업·소상공인 TF, 코로나뉴딜 TF, 의료기관지원 TF)를 조직해서 핵심 분야별 긴급과제를 상정하고 점검에 나섰다.

매주 1회 당과 정부, 청와대 간의 고위급 협의체를 가동하여 분야별 정책 추진 사항을 점검 보완했다. 이를 통해 3월 13일에는 '국민안심마스크' 특별 제작 협약식을 가져 코로나19 방역에 필수적인 마스크 보급의 안정성을 높였다. 마스크 생산량은 3월 1주차에 7,309만 장이었던 것이 4주차에는 8,351

만 장 생산에 2,709만 장 수입으로 51.3%를 증량시키는 데 성공했다.

이를 위해 마스크 생산 공장에 생산 장비 지원금을 지급하면서 생산을 독려했다. 코로나19 사태의 대비를 위해서는 예산이 필수적으로 증가해야 했다. 더불어민주당은 이를 위해 11조 7천억 원 규모의 추경 예산을 3월 17일에 통과시켰다.

미래통합당은 예산 삭감을 꾀했지만 더불어민주당은 예산 증액을 고수하여 민생과 고용안정, 방역체계 보강, 소상공인과 중소기업 경영자금 지원, 소규모 점포와 전통시장 회복, 대구·경북지역 특별 지원에 나설 수 있었다.

더불어민주당은 '코로나 3법'을 신속하게 통과시켜 코로나19 대응과 미래에 발생할 감염병 예방에 대처했다. 감염법을 개정하여 감염병 의심자 격리와 강제 처분이 가능해졌고, 치료에 필요한 의약품의 수출과 국외 반출을 금지했으며, 의료인(약사 포함)이 환자의 출입국 관리기록을 의무적으로 확인하도록 했다. 검역법도 개정하여 감염병 지역에서 오는 외국인의 입국을 금지할 수 있게 만들었다. 마지막으로 의료법을 개정하여 의료기관이 감염병 감시체계를 갖출 수 있도록 법적 근거를 제공했다.

더불어민주당 소속의 지자체들도 자체 예산을 통해 재난 긴급 생활비(서울), 재난기본소득(경기도) 등을 먼저 지급하기 시작했고, 곧 더불어민주당은 긴급재난지원금 지급안을 만들고 2차 추경 편성안을 통해 지급 예산을 확보해 나갔다.

감염 확산을 막기 위해서 더불어민주당도 솔선수범에 나섰다. 고강도 사회적 거리두기를 실행하였고 치료제 개발을 위한 치료제 태스크포스도 조직하여 정부지원 매뉴얼을 수립하는 한편, 치료제와 관련된 R&D의 방향성 등도 의료계 및 정부와 함께 논의해 나갔다.

4월 1일부터는 모든 국내 입국자에 대해서 의무적으로 2주간 격리 조치를 취하게 되었다. 여기에 들어가는 모든 검사비와 치료비를 정부에서 지원하게끔 당정 협의를 마쳤다. 더불어민주당 차원에서 국난 극복을 위한 자원봉사도 적극적으로 시행되었다. 국회의원들은 세비의 50%를 성금으로 기부하고 지차제장들과 지방의회 의원들도 자발적으로 성금 모금에 동참했다.

당원들은 자원봉사를 통해 국민에게 희망을 안겨주고자 노력했다. 방역이 성공적으로 진행되던 5월에는 위원회에서 포스트 코로나 대비 논의를 시작했다. 이에 따라 위원회 명칭도 '국난극복 K-뉴딜 위원회'로 변경했다.

국난극복 K-뉴딜 위원회에서는 디지털 뉴딜과 그린 뉴딜을 중심으로 한국판 뉴딜 사업의 정책 구상과 예산 반영, 입법 활동을 시작했다. 또한 고용 안전망을 강화하고 취약 계층 지원에 앞장서서 민생 안정 및 사회 안전망을 강화하는 데 주력했다. 코로나19의 사회적 격리 정책에 따라 어려움에 처한 소상공인 지원을 위한 추경 예산 편성도 4차례 이상 실시했다.

2020년 7월 문재인 대통령은 국가 발전 전략으로 한국판 뉴딜을 내세웠다. 한국판 뉴딜은 디지털 뉴딜, 그린 뉴딜, 안정망 강화의 세 가지 축으로 이루어졌다. 디지털 뉴딜은 D.N.A(Data, Network, AI) 생태계 강화, 사회간접자본(SOC) 디지털화, 비대면 산업 육성을 목표로 했다. 이를 위한 기반은 이미 2020년 1월 더불어민주당에서 만든 데이터 3법(개인정보·신용정보·정보통신망법 개정)에 의해서 뒷받침 되었다. 이 법안을 토대로 데이터 활용에 대한 규제를 철폐하여 실질적인 산업 성장과 혁신을 이룰 수 있었다. 그린 뉴딜은 친환경·저탄소 경제로 기후 위기에 대응하는 것을 목표로 했다. 신재생 에너지 산업 육성과 녹색 산업 혁신 생태계 조성을 이루어냈다.

또한 이 디지털화 과정에서 소외되는 국민이 없도록 안정망 강화에 힘을 기울였다. 이를 통해 불평등 사회에서 포용 사회로 도약할 기반을 만들고자 했다. 고용보험 가입 대상을 확대하고 예술인과 특수형태 노동자 등 고용보험 사각지대 계층을 위한 제도를 마련했다.

팬데믹 기간 동안 5차에 걸쳐서 국민에게 재난지원금이 지급되었다. 1차는 5월 4일에 전 국민에게 긴급재난지원금으로 지급되었고, 2차부터는 선별지원금으로 나갔다. 2차는 9월에, 3차는 2021년 1월, 4차는 3월, 5차는 9월에 있었다. 정부는 초기에 소득 하위 70% 지급을 검토했는데 더불어민주당에서는 전 국민 지급을 주장하며 여론을 이끌었다. 1차 긴급재난지원금이 전 국민 지급으로 결정된 것은 더불어민주당의 선전 때문이었다. 재난지원금의 예산 확보를 위해서 추경을 통과시키는 것도 더불어민주당의 몫이었다.

재난지원금 지급으로 신규 소비가 창출되고, 생계 안정에 기여할 수 있었다. 특히 저소득층의 생계를 돕는 데 큰 기여를 했다.

아프리카 돼지 열병 확산 저지

코로나19 팬데믹 기간 동안 더 힘들었던 일이 농가에 있었다. 아프리카 돼지 열병이 그것이다. 2018년에 중국에 아프리카 돼지 열병이 확산되었다. 바이러스형 출혈성 돼지 전염병으로, 사하라 이남 아프리카에서 발생하여 전 세계로 퍼졌다. 더불어민주당은 2019년 5월 7일 긴급 당정 점검회의에서 이 문제에 선제적으로 대응하기로 했다.

2019년 5월 30일 북한 평안북도 신의주에 아프리카 돼지 열병이 발발했다. 휴전선 인근 농가에 주의를 기울이며 아프리카 돼지 열병을 막아내려고 했으나 결국 9월 17일에 경기도 파주에서 아프리카 돼지 열병이 나타났다. 열병은 곧 연천, 강화도로 퍼져나갔다. 당정은 방역에 최선을 기울여 남으로 전파되는 것을 필사적으로 막았다. 감염된 농장의 돼지는 모두 살처분하여 전파를 막았다. 이런 노력 끝에 열병은 당분간 잠잠하게 되었다.

하지만 코로나19 기간 중에 멧돼지에서 아프리카 돼지 열병 바이러스가 검출되어서 비상이 걸렸다. 코로나19 팬데믹 대응 때문에 인력이 부족한 상황에서 확산을 막기 위해 온갖 노력을 기울여야만 했다. 특히 여름에 집중호우와 태풍의 발생으로 아프리카 돼지 열병을 옮기는 멧돼지의 폐사체나 오염된 부유물로 인한 확산이 생길 것이 우려됐기 때문에 이에 대한 철저한 방역조치가 필요했다.

심각한 인력 부족에도 불구하고, 방역당국의 헌신적인 노력으로 여름을 무사히 넘겼으나 결국 10월 9일에 강원도 화천의 한 농가에서 아프리카 돼지 열병이 발견되었고 경기와 강원 북부 농장으로 번졌다. 하지만 필사적인 노력으로 그 이상의 확산은 막아낼 수 있었다.

2. 제21대 총선 승리

선거제도 개혁

2020년 4월 15일 제21대 국회의원 선거에 처음으로 만 18세 이상의 유권자가 투표에 참여했다. 2019년 12월 27일 선거권 연령을 만 18세로 낮춘 '공직선거법 일부개정법률'이 본회의를 통과한 덕분이었다.

이때 준연동형 비례대표제도 도입되었다. 준연동형 비례대표제는 정당의 득표율과 실제 의석수 간의 비례성을 높여 소수 정당의 원내 진출을 용이하게 하기 위해 도입된 선거 제도다. 독일식 연동형 비례대표제의 취지를 일부 가져와 지역구 의석 배분에서 발생하는 사표(死票)를 줄이고 유권자의 정당 지지율을 국회 의석수에 더 잘 반영하는 것을 목표로 했다.

전체 의석수(300석) 중 정당 득표율에 따라 해당 정당이 확보해야 할 목표 의석수를 산출한 뒤, 목표 의석수에서 이미 확보한 지역구 당선자 수를 뺀 부족한 의석의 50%만 비례대표 의석으로 채워준다. 이 수식을 비례대표 47석 중 30석에 대해서 적용하고, 연동형 캡이라 하여 나머지 17석은 기존의 병립형 방식으로 배분한다. 모든 비례대표를 연동형으로 한 것이 아니라서 준연동형 비례대표제라 부르게 되었다.

자유한국당은 준연동형 비례대표제도에 반대했는데, 이는 지역구 의석수가 준연동형에 배분된 30석 이상이 되면 비례대표를 받을 수 없는 제도 때문에 당의 의석수가 줄어든다는 것을 의식했기 때문이었다. 자유한국당은 준연동형 비례대표제가 계산 방식이 지나치게 복잡하고 국회의원의 비례성과 대표성을 왜곡하는 위헌적 요소가 있다고 반발했다.

소수 야당은 완전형 연동제를 요청하며 더불어민주당과 협력체를 만들어 협상에 들어갔다. 더불어민주당은 공수처 설치 법안 등 개혁 법안을 통과시키기 위해 4+1협의체를 구성했다. 더불어민주당, 바른미래당, 정의당, 민주당의 4개 정당과 교섭단체인 대안신당을 포함해서 만들어진 협의체로 이를 통해 공수처 설치 법안과 선거제도 개혁안을 통과시켰다.

준연동형 비례대표제에 맞서서 자유한국당은 위성정당 건설을 공공연히 주장했다. 위성정당을 만들어서 지역구에는 후보를 내지 않고 비례대표만 내세운 뒤, 정당투표는 위성정당에 하게 만들면 위성정당은 받은 표의 100%를 비례대표 획득에 이용할 수 있게 된다. 여기에 모(母) 정당이 비례대표를 하나도 내지 않으면 완벽하게 모 정당 지지자들의 힘을 이용할 수 있게 된다. 자유한국당은 2020년 2월 5일에 위성정당인 미래한국당을 만들었다.

자유한국당의 위성정당 창당으로 47개 비례의석의 상당부분을 가져갈 것으로 예측되면서, 더불어민주당 내에서도 '현실론'의 입장이 제기되기 시작했다. 당안팎에서 위성정당에 대한 찬반논란이 일어나는 사이, 시민사회 진영에서 비례연합정당이 추진되었고, 3월 10일에 열린 긴급 비공개 의원총회에서 비례연합정당 참여문제를 놓고 격론이 오갔다. 결국 다음 날 개최된 최고위원회의에서 당원들에게 찬반의사를 묻기로 했다. 3월 12일과 13일 양일간 진행된 전 당원투표 결과, 찬성 74.1%, 반대 25.9%로 비례연합정당 참여를 결정했다.

뜨거운 투표 열기

2020년 4월 15일 총선은 코로나19가 기승을 부리고 있는 가운데 치러졌다. 시민들이 서로 접촉하는 것을 최대한 줄여야 하는 상황에서, 많은 인파가 모이는 투표장을 관리하는 것은 결코 쉬운 일이 아니었다. 투표장에서 충분한 거리를 유지할 수 있도록 해야 했다.

제21대 총선의 구도는 더불어민주당에 조금 유리한 상태였다. 지난 지방선거에서의 압승, 코로나19 팬데믹에 대한 성공적인 대처는 국민에게 민주당정부에 대한 신뢰를 주기에 충분했다. 본래 집권 3년 차에 이르게 되면 정부심판론과 야당심판론이 팽팽해지기 마련이나 코로나19의 성공적 대응으로 집권여당에 대한 지지가 우세해지기 시작했다. 한편으로 어려운 점은 미투 운동의 영향, 조국 사태 여파, 부동산 투기 대처 미흡의 문제가 있었다. 이 영향을 차단하기 위해 당 지도부는 공천 때 미투 의혹이 있는 사람을 철저히 가려내고 다주택자는 주택을 처분하도록 의무화시켰다.

공천 역시 정무적 고려나 계파 이해에 의한 것이 아니라 의정활동을 엄정히 평가하고 지역 활동의 진정성을 평가하는 시스템 공천의 도입으로 공정하게 진행되었다. 이런 결과 공천에 탈락했어도 불복하고 탈당 후 출마하는 등의 해당 행위를 한 의원이 한 명도 없다는 진기록을 세울 수 있었다.

더불어민주당은 총선을 대비하여 오랫동안 철저한 준비를 해왔다. 이미 2019년 3월에 2020총선공천제도 기획단이 출범하여 제21대 총선의 콘셉트 및 방향을 제시하고 공천 제도를 확정했다. 민주당 역사 최초로 총선 1년 전에 공천규칙이 확정되었다. 이처럼 공천규칙을 일찌감치 확보하여 선거 준비의 예측 가능성을 높이고 질서 있는 혁신을 통해 총선 승리를 견인하게 되었다.

11월 4일에는 총선기획단이 출범했고, 12월 16일에 인재영입위원회가, 18일에는 전략공천관리위원회가 설치되었다. 2020년 1월 6일부터 지역구 국회의원 후보 심사가 시작되어 3월 25일까지 전국 253개 지역구 공천을 마무리했다. 비례대표 후보 심사도 2020년 2월 7일부터 시작해서 총 25명의 후보자를 3월 14일에 선출했다. 2월 19일에 대한민국미래준비선대위가 출범했다. 이해찬 대표와 이낙연 전 국무총리가 상임선대위원장에 임명되었다.

공동선대위원장에는 이인영, 박주민, 박광은, 설훈, 김해영, 남인순, 이수진, 이형석, 김부겸, 김영춘, 김진표, 김두관, 정성호, 이광재, 송영길, 박병석, 이개호, 강창일, 최혜영, 황희두, 김주영, 조희경, 방기홍이 위치했다. 중앙선대위 선거대책 본부장에는 윤호중 의원이 임명되었다.

자유한국당은 보수세력을 결집하여 미래통합당을 만들어 총선을 대비했다. 상임선대위원장으로는 제20대 총선에서 더불어민주당을 제1당으로 끌어올린 김종인을 영입했다. 김종인은 선거 후 미래통합당의 비대위원장을 맡기도 했다. 보수세력의 결집을 일정 정도 끌어오기는 했지만, 안철수가 이끄는 국민의당은 합류시키지 못했다. 국민의당은 바른미래당에서 갈라져 나온 당으로 과거 사용한 적이 있는 국민의당 이름을 다시 차용했다. 바른미래당은 '새로운보수당'으로 갈라졌다가 미래통합당과 통합되었다. 미래통합당은 국민의당과도 통합하자고 강력한 요청을 보냈지만 안철수 대표는 박근혜 대통령 탄핵 사태에 책임이 있는 정당과 합당하는 것은 자신이 추구하는 새 정치와 중도 실용주의를 훼손한다고 보았다.

결과적으로 두 거대 정당의 충돌 사이에서 국민의당이 설 자리는 없었다. 오히려 보수세력 사이의 분열로 더불어민주당의 승리에 본의 아니게 기여하는 셈이 되었다. 이는 근본적으로 적폐 세력과 단절하지 못한 보수 정당의 한계가 노출된 것이고, 국민들은 이에 대해 엄정한 심판을 내리게 되었다.

 더불어민주당이 위성정당 더불어시민당을 만드는 과정에서 민주당 일부 세력이 반발하면서 열린민주당이라는 비례대표를 노리는 정당이 발생했다. 이렇게 민주당 계열도 분열이 있었지만 그 결과는 더불어민주당 163석, 더불어시민당 17석, 열린민주당 3석으로 범여권이 총 183석을 차지하게 되었다. 더불어시민당은 곧바로 더불어민주당과 합당하여 더불어민주당의 의석수는 총 180석이 되었다. 여기서 다른 정당으로 연합하여 들어온 기본소득당과 시대전환은 자기 당으로 돌아가서 최종적으로는 178석이 되었다. 더불어민주당은 최초로 지역구 의석만으로도 과반수인 150석 이상을 차지했다.

제21대 총선 승리를 기뻐하는 민주당 지도부(2020.4.15.)

선거 참여 독려가 매우 중요했다. 코로나19 확산, 잠잠한 선거운동, 비례정당 난립 등으로 투표율이 저조할 것이라는 전망도 높았다. 그러나 투표 열기는 대단했다. 사전투표는 역대 최고인 26.69%에 달했다. 코로나19로 본 투표일에 사람이 몰리면 코로나19에 감염될지 모른다고 우려한 측면도 있었다.

높은 사전투표율 덕에 본 투표까지 합해서 66.2%의 높은 투표율을 기록했다. 14대 총선 이후 28년 만에 달성한 최고 투표율이었다. 18세부터 29세까지의 젊은 세대 투표율이 24.5%로 30대보다 높은 투표율을 기록하기도 했다. 특히 더불어민주당은 청년층으로부터 집중적인 지지를 받아내는 데 성공했다.

이런 결과 민주당 역사 이래 최초로 1천만 표 이상을 받았으며 지역구 득표율도 49.91%로 최고였다. 국민들은 너나 할 것 없이 마스크를 착용하고 투표장으로 향했다. 코로나19의 확산 속에서 위생을 철저히 관리하면서 하나의 불상사가 없도록 정부는 투표 관리에 만전을 기했다. 이 때문에 팬데믹이라는 위기 상황에서도 평상시보다도 높은 투표율을 기록할 수 있었다.

특히 이번 선거는 실질적으로 민주 계열과 보수 계열의 1:1 대결이었다는 점에서도 큰 의미를 가졌다. 더불어민주당은 호남에서의 지지도 완전히 회복했다. 호남에서 의석을 배출했던 국민의당은 분열과 이합집산을 거듭하며 민생당이라는 이름으로 새롭게 출발했으나 지역구는 물론 비례대표에서도 한 석도 없지 못해 원외 정당이 되고 말았다. 호남 유권자의 심판이 매섭게 떨어진 것이다.

민주화 이후 우리나라의 유권자 지형이 민주당에 유리한 적은 한 번도 없었다. 이 지형이 팽팽해진 것은 2012년 대선 때였다. 비록 패배하긴 했지만

100만 표 정도의 근소한 차이였다. 이 힘을 바탕으로 2014년 지방선거에서 비등한 결과를 가져오고 2016년 총선에서는 근거지였던 호남을 잃었음에도 제1당이 될 수 있었다. 변화된 유권자 지형이 처음으로 힘을 발휘한 것은 2018년 지방선거였고 전국적 지지 기반을 점칠 수 있는 광역비례 득표율이 51.4%를 기록했다. 압승을 거둔 총선이지만 범여권 표를 다 합해도 미래한국당과 국민의당 표를 합해서 비교하면 50만 표 정도를 보수 정당이 더 얻었다는 점에 주목할 필요가 있었다.

미래통합당은 위성정당까지 합하여 총 103석으로 간신히 개헌선을 유지했다는 평을 받을 정도의 참패를 기록했다. 국민의당은 지역구 전패로 비례대표만 3석을 얻었다. 패스트트랙 지정 시 막을 수 없게 된 셈이었다. 미래통합당은 김종인 비대위 체제를 가져갔다가 9월에 국민의힘으로 당명을 변경했다.

제21대 총선에서 민주당이 승리한 중요한 요인 중에 하나는 시스템공천과 혁신공천을 통해 당의 혁신의지를 국민들에게 보여 주었다는 점이다. 시스템공천을 통해 지금까지 반복되어 온 공천불복, 무소속 출마 등이 현저하게 줄어들었다. 더 나아가 공천 결과에 불복해 무소속 출마하는 후보들은 영구제명하겠다는 입장을 밝히며 당의 민주적 절차와 시스템을 흔드는 행위에 대해서는 단호한 태도도 보였다. 또한 다양한 계층, 세대, 분야의 참신한 인재를 과감하게 영입해 국민에게 새로운 변화와 희망의 메시지를 준 것도 승리에 큰 기여를 했다.

총선에서 확인된 민심은 분명했다. 국민은 더불어민주당에 개혁을 완수할 수 있는 힘을 몰아주었다. 이는 검찰개혁과 사법개혁을 완수하라는 국민의 명령이기도 했다. 아쉬운 점도 있었다. 준연동형 비례대표제가 두 거대 정당의 꼼수라 할 수 있는 위성정당으로 그 의미가 퇴색했다. 이 때문에 선거제도에 대한 국민적 불신이 생겨난 점은 안타까운 부분이라 할 수 있다.

이해찬 지도부의 당 혁신

압도적 승리를 가져온 제21대 총선은 이해찬 당대표 지도하에 당이 혁신을 거듭해온 것에 기반이 있었다. 2018년 12월 12일에 당 현대화추진특별위원회가 구성되었다. 박주민 의원이 맡은 위원회는 뉴미디어 시대에 맞게 정당 시스템을 혁신했다.

당 현대화 사업의 일환으로 전 당원 투표 플랫폼을 구축했고, 해당 플랫폼으로 공천규칙 결정부터 연합정당인 더불어시민당 출범 여부, 공천신청과 비례대표 투표까지 모두 전 당원 투표로 결정할 수 있었다. 국가의 주인이 국민이듯, 정당의 주인은 당원이라는 것을 중심에 놓고, 당의 중요 의사 결정을 당원이 직접 할 수 있도록 시스템을 구축한 것이다.

'당원관리시스템'을 재구축해 온라인을 통한 입당, 탈당을 활성화했고, 당원 온라인투표, 온라인 교육, 모바일 중심 스마트앱 구축 등 '플랫폼 정당'으로의 위상을 확립했다. 더불어민주당은 권리당원 89만 명에 일반당원 350만 명이라는 거대한 집단이 되었는데, 관리할 프로그램이 없었다면 중구난방 엉망진창이 되었을 것이다.

스마트 플랫폼을 통해 당원들을 관리하고 소통할 수 있게 된 것은 당원 중심의 정당으로서 가장 중요한 문제를 해결한 셈이었다. 2019년 9월에는 정책 제안·토론게시판을 오픈했다. 또한 카카오플랫폼을 만들어서 카카오알림톡을 도입하여 문자 안내비용 절감과 투표율 상승에도 기여했다.

총선 기간 알림톡이 총 810만 건이나 발송되어서 문자 발송 대비 2억 원 가까운 비용을 절약할 수 있었다. 카카오채널의 친구 수도 10배 가까이 증가할 수 있었다. 총선에서 대표적인 홍보채널로 활용하여 앱 다운로드만 11만 회 증가하기도 했다.

2019년 6월 28일에 스마트플랫폼을 통해 전 당원 투표로 총선 공천규칙을 확정했다. 2019년 9월 20일에는 스마트플랫폼에서 정책페스티벌을 열어서 의견들을 접수했다. 선거 후 더불어시민당 합당 찬반 투표도 스마트플랫폼을 통해서 이루어졌다.

이해찬 지도부는 투명하고 객관적인 상향식 공천, 예측 가능한 시스템 공천으로 2020년 총선에서 압도적인 승리를 이끌어냈다. 시스템 공천은 독립적인 위원회를 통해 엄정한 평가를 했고 평가 결과는 개인 정보이므로 외부에 노출시키지 않았다.

시스템 공천에서 의정활동을 평가하는 이유는 낮은 평가를 받은 의원들에게 감점을 주어 보다 나은 의정활동을 하도록 압박을 주는 것이지 이들에게 모욕을 주거나 컷오프의 명분을 주기 위한 것이 아니었다. 이와 같이 철저한 준비를 해온 더불어민주당이 선거 준비가 미흡했던 미래통합당을 압도할 수 있었던 것이다.

멈추지 않는 개혁

2020년 5월 7일 더불어민주당 당선자 총회에서 82표를 받아 전해철 후보를 누르고 김태년 후보가 원내대표에 올랐다. 김태년 원내대표의 첫 임무는 원 구성 협상이었다. 막강한 의원 수를 가지고 있었지만 원 구성 협상은 쉽지 않았다. 제일 어려웠던 부분은 법사위 위원장을 어느 당이 맡느냐는 문제였다. 다수당인 더불어민주당이 맡아야 한다고 주장했으나 관례상 야당이 맡아야 한다고 미래통합당이 맞서서 협상은 결렬되고 말았다. 더불어민주당은 18개 상임위 중 17개를 독식하며 국회 개원까지 늦어지고 말았다. 이 때문에 7월 16일이 되어서야 국회가 개원할 수 있었다.

국회 개원에는 비극적인 사건이 매개되어 있었다. 박원순 서울특별시장이 성추행 의혹에 휩싸인 채 자살하는 비극이 있었다. 미래통합당은 이 사건을 계기로 장외 투쟁보다 원내 투쟁을 통해 성추행 의혹 진상 규명 등을 요구하는 것이 낫다고 판단하고 개원에 합의하게 되었다. 박원순 서울시장의 자살은 이보다 앞서 벌어졌던 오거돈 부산광역시장의 성추행 사건과 함께 국민에게 큰 실망을 안겨준 사건이었다.

8월 29일에는 열린 전당대회에서 제21대 총선 상임선대위원장을 맡았던 이낙연 후보가 김부겸, 박주민 후보를 물리치고 제4대 당대표에 선출되었다. 김부겸 후보는 총선 승리에도 불구하고 더불어민주당은 큰 위기에 직면해있다고 말했다. 부동산 정책 실패와 자치단체장의 잇단 성추행 의혹으로 정권 재창출에 빨간불이 켜졌다는 것이었다. 이런 위기를 대선에 나갈 당대표로는 극복할 수 없다며 이낙연 후보를 겨냥했다. 통합을 강조하고 당내의 여러 목소리를 수용할 수 있다고 말했다. 가장 젊은 박주민 후보는 새로운 사회로 나아갈 수 있게 시대교체를 해야 한다고 주장했다. 당원 참여를 확대하고 풀뿌리 민주주의를 강화하여 당의 체질을 바꾸겠다고 말했다.

또한 검찰개혁 등 권력기관 개혁 완수와 공정사회 실현을 위한 정책 추진에 박차를 가하겠다고 외쳤다. 이낙연 후보는 위기의 나라를 이끌 리더십의 주인을 자처했다. 민주당의 안정과 단결을 최우선 가치로 내세우며 동시에 대선 도전 역시 숨기지 않았다. '이기는 민주당'을 외치며 2022년 대선 승리를 가져오겠다고 주장했다.

더불어민주당 당대표 선거에 나선 이낙연·김부겸·박주민 후보(2020.7.25.)

당대표 선거의 최대 쟁점은 총선에서 받은 개혁 민심을 어떻게 동력으로 삼아서 국정운영을 뒷받침하고 다가올 대선을 승리로 이끌 수 있을까 하는 점이었다. 이낙연 후보가 안정적인 국정운영 지원에 방점을 찍었다면, 박주민 후보는 개혁과제 완수에 힘을 실었다. 선거 전부터 이미 이낙연 후보가 큰 지지를 받고 있었고 선거 결과도 그러했다. 1위 이낙연은 60.77%, 2위는 김부겸 21.37%, 3위 박주민 후보는 17.85%를 득표했다. 당선 발표 때 이낙연 후보는 코로나19로 자가격리 상태였다. 이낙연 후보는 당선 소감을 통해 "코로나19와 그것으로 파생된 경제적 사회적 고난, 즉 국난의 극복"을 강조했다.

제21대 국회에서 더불어민주당의 첫 번째 개혁입법은 문재인정부의 부동산 정책을 뒷받침할 임대차 3법이었다. 임차인(세입자)의 주거 안정성을 강화하고 임대차 시장의 투명성을 높이기 위해 도입된 계약갱신청구권 제도, 전월세 상한 제도, 전월세 신고 제도가 그 세 가지이다. 계약갱신청구권이란 임차인이 희망할 경우 기존 계약을 2년 추가로 연장할 수 있는 권리로 이로써 총 4년간의 거주를 보장하게 된다. 7월 31일에 즉시 시행되었고, 법 시행 당시 체결되어 있는 계약에도 적용되었다.

전월세 상한제는 계약갱신청구권 요청 때, 집주인은 임대료(보증금 또는 월세)의 인상을 5% 이내로 제한하는 것이다. 이로써 임차인은 주거 비용이 얼마나 상승할지 예측이 가능해졌다. 전월세 신고제는 보증금이 6천만 원을 초과하거나 월세를 30만 원 초과하는 경우 계약 체결 30일 이내에 지자체의 계약 내용을 의무적으로 신고하는 제도이다. 이로써 임대차 시장의 투명성을 확보하며 정책 결정에 필요한 데이터를 얻을 수 있게 했다. 이것은 2021년 6월 1일부터 시행되었다.

임대차 3법은 임차인의 주거 안정을 위해서 만들어졌지만, 전세 시장의 불안정을 가져오고 임대인과 임차인 사이의 갈등이 심화되는 부작용을 일으켰다. 임대인들은 실질적으로 4년간 전세가 허용되자 실거주라는 예외 조항을 들어서 전세 연장을 거부하거나 계약을 월세로 돌렸다.

이 때문에 부동산 시장에 전세 물건이 줄어드는 현상을 일으키고 말았다.

또한 전월세 상한제 때문에 최초 계약 시 4년간의 임대료 인상을 미리 반영하려고 해서 신규 전셋값이 크게 오르는 부작용을 낳았다. 이로써 기존 계약의 전셋집과 새로 계약하는 전셋집 사이의 가격 차이가 크게 벌어지는 전세 시장의 이중 가격 형성이 일어나고 말았다.

이런 가격의 격차로 임대차 시장의 투명성이 오히려 저해되고 가격 정보를 잘 파악할 수 없게 되었다. 또한 임대차 계약을 1년으로 하거나 월세 계약으로 바꾸는 경우가 늘어나 임차인의 부담이 증가하기도 했다. 임대차 3법은 좋은 정책 의도에서 시작하였으나, 시장에 부작용을 낳았기 때문에 이를 보완하기 위한 입법이 필요했다. 민주당에서도 이와 같은 부작용을 해소할 보완책을 모색하고 있는 중이다.

더불어민주당은 2020년 말에 공정경제 3법을 통과시켜 공정하고 투명한 경제 시스템 구축에 나섰다. 이 법안을 토대로 대기업 지배구조의 투명성 강화와 불공정 거래 행위 규제에 나설 수 있게 되었다. 공정경제 3법은 상법 개정, 공정거래법 개정, 금융그룹감독법 제정의 세 가지로 만들어졌다.

상법을 개정해서 다중대표소송제를 도입하였다. 주주가 경영진의 위법 행위에 대해 손해배상을 청구할 수 있게 되어 총수 일가의 사익 편취를 견제하고 자회사 경영을 감시할 수 있게 만들었다. 또한 감사위원 분리 선출을 의무화해 감사위원회의 독립성을 확보했다.

공정거래법 개정을 통해 총수 일가의 사익 편취 규제 대상을 확보하고 지주회사를 통합 편법적인 지배력 확대를 억제하고 불공정거래행위가 발견되면 공정거래위원회 고발 없이도 검찰이 기소할 수 있도록 하여 대기업을 견제할 수 있게 만들었다.

금융그룹감독법 제정으로 자산 5조 원 이상의 금융 복합기업 집단을 지정하고 그룹 차원의 위험관리를 의무화하고 그룹 내 계열사 간의 위험 전이 가능성을 관리하고 내부 거래 시 건전성을 해칠 위험이 없는지 감독할 수 있는 근거를 마련하게 되었다.

한편 유력한 대선 후보로 거론되던 이낙연 대표는 2021년 새해 기자회견에서 이명박·박근혜 전 대통령의 사면을 건의하겠다고 말해 큰 파문을 일으켰다. 당 내외에서 큰 반발이 일자 추진을 보류하였지만, 국민의 실망은 이루 말할 수 없을 지경이었다. 이낙연 대표는 3월 9일 대통령선거 출마를 위해서 당대표직에서 사퇴했다. 이후 당은 당대표 권한대행 체제로 들어가 김태년 원내대표가 임시로 당을 지휘하게 되었다.

제4장

제20대 대선 패배와 정치보복
(2021-2022)

| 제 4 장 |

1. 민주당의 체제정비

더불어민주당은 문재인정부 집권 5년 차를 보내며, 코로나19 팬데믹 장기화와 정권 말기 레임덕 현상으로 어려움을 겪었다. 2020년 총선 압승으로 거대 여당이 되었지만, 부동산 가격 폭등과 LH 투기 사건 등으로 민심이 급속히 이탈했다.

4월 서울·부산시장 보궐선거의 참패는 그 변화된 민심을 드러냈고, 민주당은 정권 재창출을 위해 당 쇄신과 대선 준비에 착수했다. 2021년 민주당의 행보는 코로나 위기 대응과 민생 입법 추진, 그리고 다가오는 대선을 향한 정치전략 수립에 집중되었다.

민심 이반과 재보궐선거 참패

민주당정부는 2월 말부터 의료진과 고령층을 대상으로 백신 접종을 시작했으며, 당정 협의를 통해 추경을 편성하기로 하고 민생 지원책을 마련했다. 윤호중 원내대표를 중심으로 한 원내지도부는 소상공인 손실보상법을 제정하고 다중이용시설 영업 제한에 따른 보상 근거를 마련하는 등 방역 조치로 피해를 본 국민 지원에 힘썼다. 이러한 노력으로 7월에는 코로나 상생 국민지원금 지급을 위한 추경안이 국회를 통과했고, 12월에는 2022년도 예산안에 소상공인 피해 지원 예산이 대폭 반영되었다.

앞서 언급한 바와 같이 민주당은 백신 수급 불안을 해소하고자 당내에 백신·치료제 특별위원회와 위드코로나 태스크포스를 구성하여 백신 인센티브, 방역 완화 전략 등을 정부에 제안하고, 단계적 일상회복(위드코로나) 계획을 제시해 방역과 경제의 균형을 모색했다.

그러나 코로나 대응 성과에도 불구하고, 부동산 문제와 권력기관 개혁 이슈가 겹치며 민심은 흔들렸다. 문재인정부 임기 동안 서울 아파트 중위가격이 2017년에 비해 약 60% 폭등하는 등 주택 가격 급등이 이어졌다. 3월 초에는 한국토지주택공사(LH) 직원들의 신도시 투기 의혹이 폭로되어 국민적 공분을 샀다. LH 직원 20여 명이 내부 정보를 이용해 개발 예정 토지를 사들인 것이다. 이 사건은 정부·여당의 부동산 정책 신뢰를 무너뜨렸고, 민주당 지지율에도 타격을 주었다.

민주당은 급히 재발 방지 대책을 마련하고 3월 말 공직자 투기 방지와 이해충돌 방지를 위한 법안을 당론으로 추진했다. 그 결과 4월 말 '공직자 이해충돌방지법'이 여야 합의로 국회를 통과하여 공직자의 부동산 투기 행위를 처벌할 법적 근거가 마련되었다. 민주당은 또한 부동산 시장 안정을 위해 6월에 1주택자 양도세 비과세 기준을 상향 조정하고 주택 공급 확대 대책을 논의하는 등 정책 보완에 나섰다.

하지만 부동산 민심 이반은 이미 진행 중이었다. 2021년 4월 7일에 실시된 서울시장과 부산시장 보궐선거를 앞두고, 민주당은 박원순·오거돈 전 시장의 성비위로 촉발된 선거에 후보를 공천하기로 해 성난 민심에 기름을 부었다. 민주당 당헌 제96조 제2항은 "당 소속 선출직 공직자가 부정부패 등 중

대한 잘못으로 그 직위를 상실해 재보궐선거를 실시하게 된 경우 해당 선거구에 후보자를 추천"하지 않도록 하고 있었다. 이 당규는 2015년에 새정치민주연합 문재인 대표 체제에서 김상곤 혁신위원회가 정당개혁 차원에서 만들었다. 이낙연 대표는 대선에 영향이 갈 것을 우려해 당헌에 '전 당원 투표로 달리 정할 수 있다'는 조항을 넣으려고 했다. 당헌 개정은 권리당원들에게 찬반 여부를 묻는 온라인 투표로 진행되었는데, 이런 방식도 논란이 되었다.

지도부가 져야 할 정치적 책임을 당원들에게 전가하는 꼼수라는 것이다. 후보를 낸 것 자체로 도덕적 부담을 안고 있었다. 여기에 LH 사태로 분노한 여론까지 겹치며 민주당 후보들은 극심한 열세를 보였다. 선거 결과 서울에서는 오세훈 국민의힘 후보가 57.5%로 39.2%에 불과한 민주당 박영선 후보를 큰 격차로 누르고 당선되었고, 부산에서도 국민의힘 박형준 후보가 60%의 득표율로 압승했다. 전국 21곳에서 실시된 재보선에서 민주당은 참패를 면치 못했고, 이는 1년 앞으로 다가온 대통령선거의 경고등으로 인식되었다.

송영길 당대표 체제 출범

4.7 재보궐선거 참패 직후 민주당은 큰 충격에 휩싸였다. 민주당 지도부는 즉각 총사퇴하여 책임을 지겠다고 발표했고, 곧바로 비상대책위원회 체제가 가동되었다. 김태년 당대표 직무대행 겸 원내대표를 비롯한 지도부는 선거 패배에 대한 대국민 사과와 함께 "내로남불(내가 하면 로맨스, 남이 하면 불륜)"이라는 비판을 극복하고 당을 쇄신하겠다고 다짐했다. 비대위는 소장파 의원인 박용진, 장경태 등의 공개적인 조국 전 장관 사태 등에 대한 성찰을 요구하는 쓴소리를 수용하며 자성 분위기를 조성했다. 이러한 자기반성 기조는 민주당 지지층의 이탈을 막고 중도층 신뢰를 회복하기 위한 몸부림이었다.

민주당은 이날 오후 2시까지 국회 본청에서 차기 원내대표 선거 후보자 등록과 기호 추첨을 한다. 4월 16일 윤호중, 안규백, 박완주 의원의 3파전으로 치러진 원내대표 경선에서 민주당은 새 원내대표로 윤호중 의원을 선출했다. 곧바로 당대표 선출을 위한 전당대회가 열렸다. 5월 2일 열린 전당대회에서 대의원 45% + 권리당원 40% + 일반당원 10% + 국민여론조사 5%의 투표 비중으로 당대표를 선출했고, 송영길 의원이 새 당대표로 뽑혔다.

송영길 당대표 선출(2021.5.2.)

당대표 경선에는 송영길, 홍영표, 우원식 의원이 후보로 나섰다. 경선에서 송영길 후보는 코로나19 백신 확보를 통해 "11월 집단면역을 완성해 마스크 벗고 대선을 치르자"고 제안하고, 부동산 공약으로 "생애 최초 주택 구입자에게 LTV·DTI를 90%까지 풀자"는 파격적인 공약을 제시했다. 홍영표 후보는 "단결"을 슬로건으로 삼고, 내년 대선을 앞두고 당내 분열을 막아야 한다는 점을 강조했다. 당 중심의 책임정치 강화로 "정당이 만든 정책을 정부가 받아 집행하고, 당-정부 인사도 당과 긴밀히 협의하는 시스템을 만들겠다"고 공약했다.

우원식 후보는 "민생으로 정면돌파"를 내세우며, 소상공인·자영업자 지원 및 손실보상 소급 적용 등 강한 민생 메시지 제시하고. 부동산 대책으로 "공급·대출·세금 전반을 당이 주도하는 부동산 종합대책기구"를 만들어 점검하겠다고 약속했다. 이날 선거에서 송영길 의원이 35.60%로 1위, 홍영표 의원이 35.01%로 2위, 우원식 의원이 29.38%로 3위였다. 1·2위의 차이는 약 0.59%p에 불과했다. 최고위원 경선에서는 김용민, 강병원, 백혜련, 김영배 의원이 선출됐다.

송영길 지도부 하에서 민주당은 재보선 패배의 원인을 진단하고 대선 전략을 새로 짰다. 먼저 조국 전 법무부 장관 사태, 박원순·오거돈 사건 등 누적된 실책에 대해 공식 사과하며, 당의 도덕성을 회복하려는 모습을 보였다. 5월 말 송영길 대표와 윤호중 원내대표는 국민 앞에서 고개 숙여 사죄까지 했다. 그러면서 "페미니즘 이슈 등에서 국민 정서와 어긋난 언행을 성찰하겠다"는 입장을 밝혔다. 또한 청년들과 호남 민심의 이탈을 막기 위해 6월에 '청년 특별당규'를 제정해 청년 후보 공천을 확대하고, 호남권 예산 및 현안 해결에 당력을 기울이는 등 적극적인 조치를 취했다.

이처럼 민주당은 쇄신과 사과를 거듭 표방했지만, 민심은 쉽게 돌아오지 않았다. 문재인 대통령의 국정 지지율도 4월 초 주간 집계에서 30% 초반까지 떨어져 집권 후 최저를 기록하며 고전을 면치 못했다.

2. 검찰개혁과 저항

검찰개혁을 향해 뗀 첫걸음

문재인정부와 민주당은 2020년 1월 7일에 '고위공직자범죄수사처(공수처) 설치 및 운영에 관한 법률'을 제정했다. 이어 2021년에는 검찰 수사권을 단계적으로 축소하는 이른바 '검찰개혁 2.0' 입법을 추진했다. 3월 초 민주당은 검찰의 1차 수사권을 아예 폐지하는 중대범죄수사청(중수청) 설치 법안, 일명 '검수완박(검찰 수사권 완전 박탈)' 법안을 당론으로 발의했다. 이에 윤석열 검찰총장을 중심으로 검찰은 거세게 저항했다. 그런 와중에 채널A 사건이라 불리는 검언유착이 불거졌다.

채널A 법조팀 이동재 기자는 금융사기로 복역 중인 이철 전 밸류인베스트코리아 대표에게 접근했다. 자신이 윤석열 검찰총장의 최측근인 한동훈 검사장과 특수 관계라고 주장하며, 유시민 노무현재단 이사장 등 여권 인사의 비리 정보를 진술하도록 요구한 것이다. 이 사건은 검찰과 언론이 유착하여 총선을 앞둔 시기에 사건 관계자를 협박, 유명 여권 인사의 비리 의혹을 가공해 민주당을 궁지에 몰려 했다는 의심을 샀다.

채널A 기자가 한동훈 검사장과 공모해 협박성 취재를 했다는 언론의 보도가 있자, 서울중앙지검이 이를 수사했으나 감찰팀의 핸드폰 압수수색에 거세게 저항했던 윤석열의 수하 한동훈은 압수도 거부했을 뿐만 아니라 십수 자리의 비밀번호 제출 또한 거부했다. 법의 엄정성은 법을 집행하는 자들에겐 통하지 않는 것이었다. 윤석열 대검이 개입해 수사를 막은 정황도 드러났다.

계속되는 윤석열의 비위행위가 잇따르자 법무부 장관 추미애가 나섰다. 추미애의 법무부는 윤 총장에 대해 재판부 불법 사찰 문건 작성, 언론사 사주와의 부적절한 만남, 가족 사건 관련 직무회피 미조치, 정치적 중립 위반, 감찰 방해, 채널A 사건 관련 부적절 대응 등 총 6가지 비위 혐의로 감찰에 착수했다. 이에 대해 윤석열 총장은 "정치적 탄압"이라고 항의하며 직무배제 조치에 대해 행정소송을 제기했다. 일단 법원은 가처분 신청에 대해 윤 총장의 손을 들어주었고, 윤 총장은 직무에 복귀하였다. 2020년 12월, 법무부 징계위원회는 윤 총장에게 정직 2개월 처분을 내렸다. 문재인 대통령도 이를 재가하였다. 윤 총장은 이를 곧바로 법원에 제소했고, 법원은 다시 윤 총장의 손을 들어주며 집행정지 인용을 결정했다.

하지만 이는 징계가 부당하다는 의미는 아니었다. 정직 처분은 유효했지만, 실질적으로 징계는 정지되었다. 정식 재판 1심인 서울지방법원의 판단이었다. 2심은 윤석열이 정권을 잡은 상황에서 법무부 장관이 소송 당사자라 일부러 패배하는 희극 같은 장면이 연출되기도 했다.

윤석열은 그러나 추미애 법무부 장관에게 "검찰총장은 법무부 장관의 부하가 아니다"라고 쏘아붙이며 권력에 굴하지 않는다는 이미지를 남겼다. '헌법정신과 법치주의를 지키기 위한 행동'이라는 입장을 고수하면서 법무부의 조치를 비판했다. 12.3 내란을 일으키며 헌법 체제를 무시했던 그의 훗

날 행태를 보면 이런 비판이 얼마나 억지스러운 것이었는지 개탄하지 않을 수 없다.

한편 윤석열이 3월 4일 총장직에서 전격 사퇴하는 사태가 벌어졌다. 윤석열의 총장직 사퇴는 훗날 그가 야권 유력 대선주자로 떠오르는 계기가 되었다. 이 사퇴는 그 후 정황을 보면 윤석열이 대선에 출마하기 위한 고도의 정치적 선택이었다는 것을 알 수 있다.

윤석열의 저항에 아랑곳하지 않은 민주당은 검찰의 권한을 줄이고 경찰과 공수처로 수사를 이관하는 법 개정을 서둘렀다. 문재인정부 임기 내에 마무리하겠다는 의지를 드러냈다. 4월 국회에서 민주당은 국민의힘의 강한 반대 속에 검찰청법 및 형사소송법 개정안을 단독 상정했고, 4월 30일 마침내 국회 본회의에서 해당 법안을 통과시켰다. 문재인 대통령은 임기 말에 이 법안들에 대해 거부권을 행사하지 않고 5월 초 공포함으로써, 검찰은 6대 중대범죄를 제외한 일반사건에 대한 직접수사권을 상실하게 되었다.

이 검경수사권 조정 입법은 민주당 지지층에는 검찰개혁 완수로 환영받았지만, 야권과 언론은 '졸속 입법'이라 비판하며 거센 후폭풍이 이어졌다. 실제로 법이 통과한 이후 검사들이 집단적으로 반발하고, 국민의힘이 헌법재판소에 권한쟁의심판을 청구하는 등 정국 갈등이 가중되었다. 이는 2022년 윤석열정부 및 검찰과 민주당이 정면충돌하게 되는 사태의 서막이나 다름없었다.

다른 한편으로 민주당이 주도해 통과시킨 공정경제 3법 등의 경제민주화 입법도 2021년 초부터 시행되었는데, 상법 개정으로 대주주 의결권 제한, 공정거래법 개정으로 기업총수 일가 사익편취 규제를 이룰 수 있게 되었다. 민주당은 8월 국회에서 '인앱 결제 강제방지법'(구글 등 거대 플랫폼의 횡포 방지)과 '수술실 CCTV 설치법' 등을 통과시키며 경제·사회 개혁입법에도 성과를 냈다.

특히 구글과 애플 등 앱마켓 사업자가 자체 개발한 내부 결제 시스템으로만 유료 앱과 콘텐츠를 결제할 수 있게 한 인앱 결제는 구글 갑질이라는 비판을 받고 있었고, 세계적으로도 빅테크 기업의 횡포에 제동을 거는 입법으로 주목을 받고 있었다. 민주당은 안건조정위원회까지 꾸려 신속한 입법을 추진했지만, 국민의힘은 TBS감사를 쟁점으로 만들어 의사일정을 거부하는 상황까지 만들었다. 민주당이 이렇게 개혁입법을 처리하자 국민의힘은 입법독주라는 프레임으로 반격하며 다음 대선에서 쟁점화하려고 했다.

윤석열의 변신과 저항

박근혜정부 시절 '국정농단' 사건을 수사하며 '권력에 굴하지 않는 검사'로 평가받은 윤석열은 2019년 7월, 문재인 대통령에 의해 서울중앙지검장과 검찰총장에 임명되었다. 발탁인사에 의한 고속 승진이었다. 하지만 문재인정부가 추진하던 검찰개혁은 곧 윤 총장과의 갈등으로 번졌다. '나는 사람에게 충성하지 않는다' 등의 발언으로 대중적 인지도를 얻은 윤석열이 임명 당시 대통령 앞에서는 '검찰개혁에 헌신하겠다'는 태도를 보였다.

최강욱 당시 공직기강비서관 등 청와대 관계자들도 그 태도를 믿었다. 검찰총장이 된 윤석열은 표변해 시대적 과제인 검찰개혁을 기득권자 입장에서 반대하기 시작했다. 그가 내세운 공정과 상식은 권력을 잡기 위한 구호에 불과했다. 그의 정치적 암수나 거짓말은 12.3 내란을 통해 적나라하게 드러나는 작태였다.

윤석열과 그의 처 김건희의 상습적인 거짓말은 후일 내란 재판과정과 언론의 취재를 통해 고스란히 드러났다. 관계자의 고발과 증언이 있었음은 물론이었다. 기자들의 취재는 끈질겼다. 다만 주요 언론에 보도되지는 않았다. 그의 장모 최은순 등의 행태는 국민적 공분을 샀다. 최은순은 2013년경 경기도 성남시 도촌동 부동산 매입 과정에서 금융기관으로부터 대출을 받기 위해 통장 잔고증명서를 위조한 혐의를 받았다. 보도에 따르면 2013년 4월 1일부터 10월 11일까지 4회에 걸쳐 저축은행에 347억 원을 예치한 것처럼 잔고증명서를 위조했다. 최은순이 2013년 도촌동 부동산 매입 과정에서 "수백억 원의 예금이 있는 것처럼 가짜 잔고증명서 4건을 위조"하고, 이를 소송 자료로 법원에 제출한 사실이 인정됐다.

2023년 7월 21일 2심 재판부는 "사문서 위조 행위는 사회적 신뢰를 훼손하는 중대한 범죄로, 금전 규모와 반복성, 범행 목적의 불순성 등을 고려할 때 실형이 불가피하다"며 판결 즉시 구속했다. 단, 고령(70대 후반)인 점, 실제 대출금이 실행되지 않은 점, 피해가 직접 발생하지 않은 점 등을 참작하여 징역 1년으로 감형했다. 그나마도 이듬해인 2024년 5월 14일에 가석방됐다. 같은 해 5월 8일 법무부 가석방심사위원회가 만장일치로 '적격' 판단을 내리면서다. 헌법상 대통령의 권리로 단행하는 사면·감형·복권과는 다른 내·외부 전문가들의 결정이지만, 현직 대통령 재임 기간 중 실형을 선고받은 친인척이 가석방되는 건 처음이다. 취임 2년을 조금 넘어선 시점에서 대통령의 특권을 맘껏 행사한 것이다.

반면 2019년 조국 당시 법무부 장관 후보자 가족을 대상으로는 이른바 '인디언기우제식' 수사를 했다. 죄가 나올 때까지 검사가 찍은 피의자를 마음껏 탈탈 털며, 수사를 멈추지 않는 것이다. 윤석열 검찰은 조국 자택과 학교 등 70여 곳을 압수수색했다. 보통 사람이면 한두 차례의 압수수색만 있어도 깜

짝 놀랄 압수수색을 70여 차례에 걸쳐 탈탈 터는 수사는 명백히 문재인정부의 검찰개혁 의지를 꺾기 위한 것이었다.

그러나 이른바 '강남좌파' 이미지를 가진 조국 부부의 강남학부모식 불법 입시 행태는 진보진영이 위선적이라는 비판을 불러일으켰다. 민심도 일정 부분 기울었다. 윤석열이 조국 민정수석, 법무부 장관 내정자에 집요한 수사를 하는 이유는 알 길 없었지만, 이를 통해 민주당정부의 지지율은 추락일로였다. 반면 윤석열은 인지도가 급상승하고 국민 인기를 얻어 후보 고갈에 시달리던 국민의힘 대통령 후보로 단번에 올라설 수 있었다.

3. 아쉬운 패배

대선 후보 이재명 선출

민주당은 2021년 하반기 들어 본격적인 대통령선거 체제로 전환했다. 9월 4일부터 대선 후보 경선을 시작했다. 경선에는 김두관, 이낙연, 이재명, 정세균, 추미애, 박용진이 나섰다. 당내에서는 모두 내로라하는 인물들이었다. 민주당은 '내 손으로 직접 뽑는 민주당 대통령 후보'라는 콘셉트로 선거인단을 모집했다. 3차 모집까지 했던 최종 선거인단 숫자는 216만 9,512명이었다.

더불어민주당 제21대 대선 후보 경선 대구·경북 합동연설회(2021.9.11.)

역대 최고치였다. 경선 과정에서는 경기도지사를 지낸 이재명이 독주했다. 이재명 후보는 성남시장·경기도지사로서의 행정 경험과 기본소득 공약 등 개혁적 의제로 대중적 인기를 끌었고, 권리당원과 일반 국민 여론조사 모두에서 선두를 지켰다. 추격 의지를 상실해가던 이낙연 측은 대장동 의혹까지 들고나와 이재명을 공격했지만 무위였다.

10월 10일 민주당 전국대의원대회에서 이재명 지사는 50.29%를 득표해 결선투표 없이 1차 투표에서 제20대 대통령선거 민주당 후보로 선출되었다. 이로써 민주당은 2017년 문재인 후보 이후 4년 만에 다시 한번 호남이 아닌 영남 출신 경기지사를 대선 후보로 내세우는 변화를 선택했다. 소년공 출신 대통령 후보 이재명은 후보 수락 연설에서 "이번 대선은 부패 기득권 세력과의 최후 대첩"이라는 강렬한 말을 남겨 당원들의 환호를 받았다.

제21대 대선 이재명 후보 선출(2021.10.10.)

경선 과정에서 2위였던 이낙연 전 대표 측은 결선투표 없이 이재명 후보가 확정된 것을 두고 이의 제기를 하기도 했다. 경선 도중 중도 하차한 정세균·김두관 후보의 득표를 무효처리해야 한다는 당규 해석에 문제를 제기했지만, 당 선관위와 최고위원회의 결정으로 결과가 유지되었다. 이에 이낙연 후보는 당 단합을 위해 승복을 선언했고, 경선 후유증은 비교적 빠르게 수습되었다.

이재명 후보는 '모든 당원의 대선 후보'임을 강조하며 이낙연, 추미애 등 경쟁 주자들의 핵심 공약도 포용하겠다고 약속했다. 민주당은 곧바로 선거대책위원회를 출범시켜 문재인정부 인사들과 당 내각을 총망라한 원팀 선대위를 구성했다. 송영길 대표가 상임선대위원장을, 이낙연 전 대표도 공동선대위원장을 맡아 정권 재창출을 위해 힘을 모았다.

제20대 대통령선거 선거대책위원회 출범(2021.11.2.)

선거대책본부를 꾸린 민주당은 "앞으로 제대로, 나를 위해 이재명"을 선거 슬로건으로 내세웠다. '앞으로'는 미래를 향해 나아가자는 비전을 함축하고 있었다. 정쟁에 시간을 쓰지 않고, 뒤로 가려는 국민의힘 윤석열 대선 후보와의 차별성을 부각하려는 것이었다. 경제, 취업, 부동산, 세금 등 정책현안을 이 후보가 앞장서서 해결하겠다는 취지도 담겼다.

'제대로'는 이재명답게 일하겠다는 뜻으로, 어떤 일도 빈틈없이 처리해 효능감을 보여주겠다는 약속의 의미가 담겼다. '나를 위한 이재명'은 이재명이 나에게, 내 삶에 힘을 주는 리더라는 점을 강조하면서 '다양한 생각과 바람을 갖고 오늘을 사는 대한민국 시민이 주인'이라는 의미였다.

이재명 후보는 11월부터 전국을 돌며 "매주 타는 민심 버스" 유세를 시작하고, 1호 공약으로 전 국민 방역지원금 지급 및 소상공인 손실보상 확대를

마포구 합정동에 미래당사를 연 다이너마이트 청년선대위 개관식(2022.1.2.)

제시하는 등 민생 행보에 집중했다. 부동산 민심을 잡기 위해서는 대출 규제 완화 및 주택 250만 호 공급 공약을 내놓았고, 2030 세대를 겨냥해 청년 기본소득·기본주택 등의 비전을 강조했다.

한편으로 그는 문재인정부와의 차별화도 시도하여 "부동산 문제는 할 말이 없다"며 정부의 부동산 정책 실패를 일정 부분 인정하는 모습을 보였다. 이는 중도층 표심을 끌기 위한 전략으로 해석되었다.

여기에 국민의힘은 같은 해 11월 5일 윤석열 전 검찰총장을 대선 후보로 선출하며 정권교체 여론에 불을 붙였다. 윤석열 후보는 문재인정부의 적폐청산 기조를 강하게 비판하면서 민주당의 실정을 부각시켰다. 그에 맞서 민주당 이재명 후보 측은 윤 후보 배우자의 허위 이력 의혹, 가족 비리 의혹 등을 집중 추궁하며 도덕성 검증에 열을 올렸다.

김건희의 학력 위조나 논문 표절 의혹 등의 비리를 이재명 후보 부인 김혜경의 이른바 10만 원 법인카드 불법 사용 의혹과 나란히 대비해 1:1 수준으로 물타기하는 국민의당과 더불어 일부 언론은 양비론 프레임을 만들었다. 상식적으로 보면 비교가 안 되는 대비였다.

이미 6월 윤석열이 본격적으로 등판하기 전에 '윤석열 엑스(X) 파일'을 보수진영에서 30년 당직자로 일했던 장성철이 폭로하기까지 했다. 윤석열 같은 자가 보수진영의 후보가 돼서는 안 된다는 것이 폭로 이유였다. 그는 윤석열 일가에 제기된 의혹이 20개가 넘는다며 조국과 윤미향의 비리 수준을 훨씬 뛰어넘는다고 주장했다.

2021년 말 대선 양강 구도가 형성되었으나, 각종 여론조사에서 민주당은 열세를 면치 못했다. 특히 20대 남성 등 일부 계층에서 민주당에 대한 반감이 높아진 것으로 나타났는데, 이는 정부여당에 대한 피로감과 함께 청년 남성에 대한 역차별 논란 등이 영향을 준 결과로 분석되었다.

12월 들어 민주당은 문재인정부의 남은 국정과제를 마무리하면서도 이재명 후보의 정책 공약을 뒷받침하는 이중 역할에 주력했다. 국회에서는 연말까지 각종 민생 입법을 처리했다. 예컨대 12월 초 2022년도 예산안을 여야 합의로 통과시키며 코로나 손실보상 예산 증액, 청년 및 소상공인 지원 예산 등을 반영했다. 또 12월 31일 본회의에서는 공직선거법 개정안을 가결해 피선거권 연령을 만 18세로 하향 조정하는 등 청년의 정치참여 확대 조치를 실행에 옮겼다.

한편 민주당은 이재명 후보의 요청에 따라 선대위 조직을 슬림화하고 실용적 정책 행보에 집중하고자 했다. 12월 중순 거대했던 선거대책위원회를 '메타버스 선대위'라는 이름으로 개편하여 기민한 의사결정을 도모했다. 이 과정에서 젊은 인재들이 전면에 배치되기도 했다.

연말에 이르러 코로나19 상황은 다시 심각해졌다. 오미크론 변이의 유입으로 확진자가 폭증하자, 민주당과 정부는 12월 중순 "특별방역대책"을 마련하고 사회적 거리두기 조치를 강화했다. 이재명 후보도 방역 지원을 위해 선거운동 일정을 조정하고 12월 21일 긴급 방역대응 본부 회의에 참석하는 등 책임 있는 여당 후보의 이미지를 보였다.

문재인 대통령과 이재명 후보 간 면담이 이루어져 정부와 후보 측의 긴밀한 공조도 확인되었다. 이러한 정권 말기의 협력은 '이재명정부'로의 안정적 이양을 호소하는 민주당 전략의 일환이었다.

오미크론이 처음 발생한 인천의료원 방문(2021.12.6.)

0.73%p의 석패

2022년 1월 18일 더불어민주당은 열린민주당과 공식 합당했다. 열린민주당은 2020년 3월 정봉주·손혜원 등이 주도해 창당했다. 제21대 총선에서 5.42%의 득표율로 비례대표 3석을 확보했다. 2021년 7월 이재명 지지를 선언한 후 범여권 연대를 위해 더불어민주당과 공식 합당하게 된 것이다. 열린민주당은 검찰개혁, 언론개혁에 민주당보다 더 적극적이고 강경했다. 유튜브 기반의 정치 홍보와 적극적인 온라인 여론전을 펼친 정당으로 당원 총투표를 통해 민주당과 합당을 결정함으로써 이재명 후보에게 적지 않은 힘이 되었다.

선거는 막판까지 초접전이었다. 정권연장이냐, 정권교체냐. 민주당과 국민의힘 지지자들은 각기 총결집해 한 치 앞을 알 수 없는 접전을 펼쳤다. 선거를 두 주 앞두고 대통령 지지도 조사에서 이재명 38%, 윤석열 37%가 나왔다. 선거 일주일 전에는 다시 뒤집어져서 윤석열 39%, 이재명 38%가 되는 식이었다. 그런 접전 양상은 사전투표율에서도 나타났다. 사전투표율이 36.9%로 역대 최고치를 기록했다. 제19대 대선 사전투표율은 26.06%였으니 10%p나 높아진 것이었다.

이재명 후보는 승리가 절박했다. 이유가 있었다. 그는 2022년 1월 22일 한 유세에서 윤석열이 당선되면 민주공화국이 검찰공화국이 될 것이라고 경고했다. "이번에 제가 (선거에서) 지면 없는 죄를 만들어서 감옥에 갈 것 같다. 검찰공화국의 공포는 그냥 지나가는 바람의 소리가 아니고 우리 눈앞에 닥

제20대 대선 이재명 후보 부산 집중유세(2022.2.27.)

친 일"이라고 강조했다. 그러면서 "제가 인생을 살면서 참으로 많은 기득권하고 부딪혔고 공격을 당했지만 두렵지 않았다. 그런데 지금은 두렵다. 검찰은 있는 죄도 덮고 없는 죄도 만들 수 있다고 믿는 조직이다. 제가 지면 없는 죄 만들어서 감옥 갈 것 같다. 여러분, 검찰공화국이 열린다."라고 경고했다. 마치 김대중 후보가 1971년 대선에서 박정희가 이기면 영구총통제를 할 것이라고 예언하고 경고했던 순간을 떠올리게 했다. 김대중의 경고가 현실이 되었듯, 이재명의 경고도 현실이 되었다. 그 경고가 현실이 되어 김대중이 갖은 수난을 당했듯, 이재명도 엄청난 정치보복을 당해야 했다.

2022년 3월 9일 실시된 대통령선거에서 더불어민주당 이재명 후보는 득표율 47.83%를 얻어 국민의힘 윤석열 후보(48.56%)에게 불과 0.73%p 차이로 석패했다. 불과 약 24만 표 차이의 초접전으로 역대 최소 격차 패배였다. 개표 종료 직후 이재명 후보는 "모든 결과는 제가 부족한 탓"이라며 패배를 깨끗이 인정하고 윤석열 당선인에게 축하 전화를 걸었다. 5년 만의 정권교체가 확정되던 순간, 민주당 지지자들은 큰 실망에 빠졌고 당사에는 침통한 분위기가 감돌았다. 2022년 대선은 2030 세대 남성의 표심 이탈, 부동산 정책 실패로 돌아선 중산층 등 복합적 요인으로 민주당이 어려움을 겪은 끝에 패배한 것으로 분석되었다.

특히 서울 등 수도권과 20대 남성 표심에서 국민의힘이 우위를 보이며 승부를 갈랐다. 이재명 후보 개인의 선전으로 예상보다 박빙 승부가 펼쳐진 것이다. 대선 초기 윤석열 후보에게 10%p 이상 뒤떨어진 민주당 후보 지지율은 선거 당일 1%p 차이까지 따라붙었다. 선거 직후 방송사 출구 조사에서 JTBC는 KBS, MBC 등 지상파 방송사와 달리 1%p 차로 이재명이 이긴다는 조사 결과를 내놓았다. 그러나 결과는 1%p 미만으로 이재명이 석패했다. 결국 정권심판론의 벽을 넘지는 못했다는 평가가 나왔다.

패인 중 하나는 안철수가 막판 후보 사퇴를 하며 윤석열과 단일화를 한 것이었다. 초접전의 상황에서는 10%대 지지율을 코이고 있던 안철수와 손잡는 것이 승리의 견인차가 될 수 있었다. 양당을 애태우던 안철수는 결국 선거일 닷새 전이자 사전투표 하루 전인 3월 3일에 윤석열과 단일화를 전격 선언하고 후보직에서 물러났다. 반면 민주개혁 진영의 정의당 심상정 후보는 완주를 고집해 2.37%의 지지를 받았다. 민주당 지지자들은 심상정의 완주에 많은 아쉬움과 안타까움을 드러냈다. 박빙의 승부여서 그 안타까움은 더 컸을 것이다.

대선 패배 이후 민주당의 시간은 대선 패배의 충격에서 벗어나기 위한 자기 혁신, 윤석열정부 초기의 국정 견제, 그리고 이재명 리더십의 등장과 그 시험대로 점철되었다. 2022년은 더불어민주당에게 시련과 변곡점의 해였다. 3월 9일 치러진 제20대 대통령선거에서 민주당은 간발의 차로 패배하며 정권 재창출에 실패했다. 대선 패배 직후 집권여당에서 제1야당 신세로 전환된 민주당은 혼돈 속에 당을 추슬러야 했다.

6월 지방선거까지 연이어 이어진 선거전에서 연퍼한 뒤, 민주당은 이재명 의원을 새로운 당대표로 선출하며 이재명 체제를 출범시켰다. 한편 윤석열정부와 국민의힘은 정권교체의 기세를 몰아 민주당에 공세를 취했고, 민주당은 의석 과반을 차지한 거대야당으로서 이에 맞서는 정치투쟁을 펼쳤다.

대선 패배 직후 3월 10일 민주당 지도부는 일괄 사퇴하였다. 당대표였던 송영길은 대선 패배의 책임을 지고 물러났고, 대통령선거 기간 상임선대위원장을 맡았던 윤호중 원내대표가 곧바로 비상대책위원장에 올라 당 수습을 지휘하게 되었다. 윤호중 비대위원장은 "참패의 원인을 깊이 성찰하겠다"며 당 내외 인사들로 비대위를 구성하고 후속 조치를 논의했다. 무엇보다 대선 패인이 된 민심 이반을 되돌리기 위해 쇄신과 변화를 약속했다. 그 일환으로 N번방 사건을 세상에 알렸던 20대 여성청년 박지현을 공동비상대책위원장으로 영입했다.

대선 기간 제기되었던 586세대 용퇴론이나 팬덤 정치의 폐해 등에 대해 당내 토론이 이루어졌고, 일부 중진들은 차기 총선 불출마를 선언하는 등 변화의 움직임을 보였다. 또한 민주당은 패배 직후부터 "질서 있는 정권 이양"을 강조하며 떠나가는 여당으로서 책임 있는 태도를 취하고자 했다. 문재인 대통령과 윤석열 당선인 간 회동이 지연되는 국면에서도, 민주당은 큰 갈등을 자제하고 새 정부 출범을 위한 협조를 약속했다. 다만 임기 말까지 문재인 정부의 국정과제를 마무리하는 것 또한 소홀히 하지 않겠다는 이중적 입장을 견지했다.

한편, 대통령직 인수위원회를 구성한 윤석열 당선인 측은 청와대와 민주당에 각종 정책 자료 인계와 협조를 요청했다. 청와대는 정권의 인수인계를 충실히 이행하였다. 2025년 이재명정부가 들어선 뒤 윤석열의 용산 대통령실이 볼펜 한 자루, 종이 한 장까지 치워버려 무덤 같은 상황을 만들었던 것과는 대조적이었다. 그러나 민주당은 인계를 하면서도, 몇 가지 쟁점을 둘러싸고는 견제구를 날렸다. 대표적으로 윤석열 인수위의 내각 인선에 대해 "약속했던 국민통합 인사가 보이지 않는다"고 비판했고, 특히 한동훈 법무부 장관 지명 등 검찰 편중 인선에 우려를 표명했다.

또한 윤석열이 당선인 신분이던 3월 말 청와대 이전을 추진하면서 안보 공백과 예산 낭비 요소가 드러나자, 민주당은 국방위·운영위를 통해 "졸속 이전"이라고 성토했다. 이처럼 정권교체 시기에도 여야 간 긴장은 상존했지만, 전면적 대치는 새 정부 출범 이후로 미뤄졌다. 민주당은 4월 국회에서 윤석열정부 출범을 앞두고 마지막으로 몇 가지 중점 입법을 처리했다. 그중 가장 큰 이슈는 이른바 "검수완박" 법안이었다.

민주당은 대선 패배 후에도 임기 종료 전까지 검찰개혁 완수를 서둘렀다. 4월 말 민주당 의원들은 국민의힘이 거세게 반발하는 가운데 검찰청법·형소법 개정안을 강행 처리하여 검찰의 수사권 축소를 입법화시켰다. 이는 문재인 대통령 재임 중 마지막 주요 입법으로 기록되었다.

대선 패배 후 민주당은 새로운 원내대표를 선출해야 했다. 172석이나 되는 야당의 원내 전략을 지휘하며 대여 협상과 투쟁을 이끌 막중한 자리였다. 막중한 만큼 경선 경쟁은 치열했다. 경선은 2022년 3월 24일 의원총회에서 치러졌다. 교황선출식으로 진행된 이날 투표는 1차 투표에서 3분의 2 이상 득표한 사람이 없어 10% 이상 득표한 후보 4명이 2차 투표를 치렀다. 박광온, 박홍근, 이원욱, 최강욱 의원 등 4명이었다. 2차 투표에서 과반 득표자가 안 나오자 1~2위 득표자인 박홍근 의원과 박광온 의원이 3차 결선투표를 했다. 박 의원은 결선투표에서 박광온 의원을 제치고 최다 득표를 해 당선됐다. 득표수는 공개하지 않았다.

치열한 원내대표 경선은 마치 계파 대리전 양상을 띠며, 민주당 내부 지형을 그대로 보여 주었다. 친이재명계와 친문재인계로 당은 갈라져 있었다. 박홍근 의원은 제20대 대선에서 이재명 후보 비서실장을 한 친이재명계였고, 박광온 의원은 친문 성향으로 이낙연 전 대표 캠프에 몸담아 '친낙계'로 분류되었다. 3선의 친이재명계인 박홍근 의원의 당선은 당내 권력구도의 변화를 예상케 했다.

'강한 야당'을 외치고 나선 박홍근 의원에게 가장 큰 과제는 대정부, 대여 관계를 어떻게 풀어갈 것인가 하는 문제였다. 박홍근 새 원내대표는 "개혁 입법을 늦출 수 없다"고 했고, 정견 발표에서도 "정부·여당의 실정과 무능은 확실히 바로잡겠다. 역사적 퇴행과 불통, 무능과 독선, 부정부패는 단호하게 맞서나가야 하지만 국민 눈높이 맞지 않는 정략적 반대 일삼지 않겠다"고 했다. "적대적 관계, 정치보복, 검찰 전횡이 현실화되면 모든 걸 걸고 싸우겠다. 반드시 문 대통령과 이 상임고문을 지켜내겠다"고 했다.

5월 9일 문재인 대통령이 임기를 마치고 퇴임하면서 민주당은 집권여당 지위를 공식적으로 상실했다. 5월 10일 보수 정권이 출범하자 민주당은 "국정운영 세력의 교체를 존중하되, 의회 다수당으로서 견제 견인을 확실히 하자"는 기조를 세웠다. 160여 석을 보유한 거대야당 민주당은 윤석열정부의 정책을 감시하고 잘못에는 강경 대응하겠다고 밝혔다.

이와 동시에 대선 후보였던 이재명은 선거 패배 책임을 지고 공식 직함 없이 백의종군하겠다고 했다. 이재명은 "모든 책임은 후보였던 제게 있다"며 선대위 해단식에서 눈물을 보였고, 한동안 성남 자택에 머물며 재충전과 숙고의 시간을 가졌다.

제5장

검찰공화국의 등장과
이재명 당대표 체제 출범
(2022-2023)

| 제 5 장 |

1. 지방선거 패배와 이재명 당대표 체제

검찰독재의 시작

집권한 대통령 윤석열은 2022년 대선 후보 시절부터 '청와대는 권위주의의 상징'이라며 청와대 개방과 대통령 집무실 이전을 강하게 공약했다. 이는 국민과 소통하는 대통령상을 표방하는 상징적 조치로 해석되었으며, 당선 직후부터 이전 작업이 급속도로 추진되었다. 그 결과, 대통령 집무실은 전통적으로 사용되어 오던 서울 종로구 청와대에서 서울 용산구 국방부 청사로 이전되었다.

하지만 이 과정에서 급박한 일정, 충분하지 않은 사전 검토, 안보 문제, 예산 투명성 문제 등 여러 비판과 우려가 제기되었지만, 윤석열 정권은 이에 아랑곳하지 않고 급속히 추진했다. 2022년 3월 20일, 윤 당선인은 용산 국방부 청사를 대통령 집무실로 확정했으며, 국방부는 합참(대한민국 합동참모본부)을 남태령 육군회관 인근으로 옮기고 본부 공간을 비우기 시작했다. 기존 청와대는 5월 10일부로 일반 시민에게 완전히 개방되었고, 새 대통령 집무실은 용산 대통령실이라는 이름으로 공식 운영되기 시작했다.

윤 정권의 청와대 용산 이전에 대한 가장 큰 비판 중 하나는 이전 결정과 실행이 지나치게 빠르고 즉흥적이었다는 점이다. 보통 국가의 중대 인프라 및 상징시설을 이전할 경우, 수년간의 타당성 조사와 공청회, 예산 계획 등이 필요하다. 그러나 윤석열정부는 불과 몇 주 만에 졸속으로 장소 선정과 구조 변경을 강행하였으며, 이는 공공의견 수렴 및 위험 요소 분석이 충분히 이루어지지 않았다는 평가를 받는다. 대한민국의 군사 전략상 핵심 기밀이 모여있는 장소로 군통수권자의 집무실을 옮기는 것이 적절하지 않다는 평가가 전문가들의 일반적인 견해였다. 또 최소 3,000억 원이 넘는 국가예산이 낭비되었다.

그러나 그 추진 과정에서의 졸속성, 불투명한 의사결정, 안전 및 비용 문제 등 구체적 행정 능력과 정책 실현 방식에 대한 우려를 증폭시켰다. 이런 의문점에도 강행된 대통령실의 이전은 여러 가지 점에서 국민의 의심을 받았으며 2025년 정권교체 후 특검을 통해 이런 비리 의혹이 사실로 드러났다.

제8회 지방선거 민주당 참패

정권교체의 여파 속에 더불어민주당은 두 달 후 또 다른 전국 단위 선거를 맞았다. 2022년 6월 1일 실시된 전국동시지방선거 및 국회의원 재보궐선거는 정권 초기의 국민심사를 겸하는 자리였다. 민주당으로서는 대선 패배의 상흔이 가시지 않은 상태에서 선거전에 돌입해야 했고, 결과는 참담했다. 17개 광역자치단체장 선거에서 민주당은 불과 5곳에서 승리하는 데 그쳤고, 국민의힘이 12곳을 휩쓰는 압승을 거두었다.

민주당은 호남 지역인 전라북도·전라남도와 광주시장, 제주도지사를 지켰지만, 수도권에서는 김동연 후보가 경기도지사 단 1곳을 겨우 이겼을 뿐 서울·인천·부산·대구·충청 등 대부분 지역을 국민의힘에 내주었다. 특히 최대

승부처였던 경기도에서 간신히 승리한 것을 제외하면, 사실상 민주당은 전국 선거 완패를 당한 형국이었다.

서울시장선거에서는 송영길 전 대표가 출마했으나 오세훈 시장에게 18%p 이상 큰 격차로 패했고, 인천에서도 박남춘 현직 시장이 패배하였다. 충청권 4개 시·도지사도 모두 국민의힘 후보가 차지하면서, 4년 전인 2018년 지방선거에서 민주당이 전국을 휩쓴 것과 정반대 결과가 나왔다.

지방선거의 참패 원인에 대해 당내외에서는 여러 분석이 쏟아졌다. 우선은 대선 뒤에 곧바로 치러지는 허니문 선거라는 점에서 애초에 민주당이 이기기 힘든 구도였던 것은 분명했다. 3월 대선 직후 불과 석 달 만에 다시 치르는 선거라 대선에서 정권교체를 택했던 민심이 크게 변하지 않았다. "0.73%p 석패가 독이 되었다. 연장전에 지친 민주당이 자책골을 넣었다"는 평가처럼, 대선 패배 후유증에서 벗어나지 못한 민주당이 결집하지 못한 사이에 보수 지지층이 새 정부에 힘을 실어주려 적극 투표에 나선 결과이기도 했다.

또한 송영길 전 대표의 서울시장 차출이나 이재명 전 후보의 인천 계양을 국회의원 보궐선거 출마 등 민주당의 "대선 불복 출마" 구도가 중도층의 반감을 샀다는 지적도 나왔다. 실제로 이재명 전 대선 후보는 6월 1일 함께 치러진 인천 계양을 보궐선거에 출마해 국회의원에 당선되긴 했으나, 접전 끝에 가까스로 승리하는 등 고전했다. 그가 수도권 유세 지원에 나서지 않고 자기 선거구에만 집중한 것도 당 전체 선거에는 도움이 크지 못했다고 평가하는 이들도 있었다.

무엇보다 민주당 지지층의 광범위한 이탈이 지방선거 패배의 직격탄이 되었다. 대선 이후 이어진 당의 행보에 실망한 전통 지지층 상당수가 투표를 포기하거나 당시 여당 국민의힘을 찍는 현상이 관측되었다. "민주당이라서 항상 찍어주던 유권자들이 등을 돌렸다"는 분석처럼, 586 중심 기득권 이미지, 내로남불 논란, 조국 사태 등에 대한 반성이 부족하다는 인식 등이 누적되어 있었다. 구체적으로는 부동산 민심 이반, 조국 사태 및 박원순·오거돈 사건에 대한 미온적 대응, 선거제 개편 등에서 오락가락한 태도, 대선 패배 후 계파 다툼 등 복합적 요인이 지목되었다.

실제로 지방선거를 앞두고 박지현 비대위원장은 민주당 쇄신안을 제안했으나, 당내에서는 '586 용퇴론'을 둘러싸고 갈등이 지속되기도 했다. 이러한 원인 진단은 이후 민주당의 노선과 전략에 중요한 숙제가 되었다.

6.1 지방선거 참패 직후 민주당 비상대책위원회는 또다시 총사퇴했다. 윤호중·박지현 공동비대위원장을 비롯한 비대위원 전원이 6월 2일 책임을 지고 물러나겠다고 발표했다. 선거 패배의 충격은 대선 때보다도 당에 큰 충격을 주었고, 당내에선 "이러다간 2024 총선도 망한다"는 위기감이 퍼졌다. 특히 6월 지방선거 패배는 대선-지선 연패로 이어지며 민주당으로서는 2016년 총선 이후 처음으로 연속 전국선거 패배를 기록한 것이었다. 이에 당 일각에서는 근본적 혁신 없이는 재집권은커녕 거대 야당 지위도 위태롭다는 반성이 제기되었다.

한편, 지방선거와 동시에 치러진 국회의원 보궐선거에서도 민주당은 서울, 충남 등지 7곳 중 4곳을 국민의힘에 내주고 2곳만 수성하는 데 그쳤다(나머지 1곳은 무소속 승리). 특히 민주당 텃밭인 전북 전주을에서 무소속 후보가 당선되어 파란을 일으켰는데, 이는 민주당 공천을 둘러싼 잡음과 지역 민심 이반이 맞물린 결과였다. 이러한 일련의 패배는 민주당에 뼈아픈 경고장이 되었고, 당이 일대 혁신을 이루어야 한다는 절박함과 필요성을 부각시켰다.

이재명 당대표 체제 출범

윤호중·박지현 공동비대위 체제가 물러나고, 우상호 비대위 체제가 출범했다. 우상호 비대위 체제는 지방선거 후 당대표 선출까지 80여 일간 당을 이끌었다. 그러면서 당의 새로운 비전과 미래를 모색하려는 목적으로 '새로고침 위원회'를 설치했다. 새로고침 위원회는 활동을 종료하면서 '미래비전 리포트: 이기는 민주당은 어떻게 가능한가'라는 보고서를 제출했는데, 이 보고서는 대선 패배의 이유를 '민주당이 핵심 지지층에 안주했던 것'으로 진단했다. 또한 그런 진단을 통해 '지금 상태로는 향후 2024년 총선에서도 승리하기 어렵다'는 평가를 내놓았다. 이기는 민주당을 위해서는 '진보나 중도로의 노선 변화가 문제가 아니라 세세한 정책 이슈를 해결하는 데 집중하는 전략이 필요하다'고 결론을 맺었다.

우상호 비대위 체제가 막을 내리고 새로운 당대표 선출에 나섰다. 8월 28일 전당대회에서 대선주자 출신인 이재명 의원이 압도적 지지로 당대표에 당선되었다. 이재명 후보는 전국 순회 경선에서 권리당원 표의 70% 이상, 일반국민 여론조사에서도 과반 득표를 얻어 77.77%의 최종 득표율로 승리했다. 2위 박용진 의원의 득표율(22.23%)과는 큰 격차였으며, 당원들의 절대적 지지가 확인된 결과였다. 민주당은 대선 패배 5개월 만에 다시 이재명을 전면에 내세우는 "이재명 체제"를 구축하게 되었다.

이는 패배한 대선 후보가 곧바로 당권을 잡는 이례적 결정이었으나, 절박한 위기 속 당원들이 이재명의 대중적 지지도와 돌파력에 기대를 걸었다는 평가가 나왔다. 함께 뽑힌 최고위원 5명 중 상당수가 이재명계 초·재선으로 채워지면서, 민주당 지도부는 사실상 친이재명 색채가 짙어졌다. 문재인정부 시기의 주류였던 이른바 친문(親文)계 일부는 당권 경쟁에 나서지 않거나 고배를 마셨고, 당내 세력 구도에 변화가 일어났다.

이재명 신임 대표는 전당대회 수락 연설에서 "당원의 명령은 죽기를 각오하고 싸우라는 것"이라며 강력한 야당을 천명했다. 그는 민생을 최우선으로 챙기는 "민생 제일당", 정부의 독주를 견제하는 강한 야당, 총선 승리를 위한 혁신과 통합 등을 핵심 기조로 제시했다. 아울러 당내 계파 갈등을 봉합하고 모두 하나 되는 통합 민주당을 만들겠다고 강조했다. 대선 패배 이후 당이 위축된 상태였지만, 이제는 거대 야당으로서 윤석열정부에 맞서 투쟁 모드로 전환할 것을 분명히 한 것이다.

한편 이 대표는 당 운영 면에서 쇄신 조치를 취했다. 당무위원회를 거쳐 당헌 당규를 일부 개정하여 개혁입법 추진 조직을 정비하고, 권리당원 권한을 강화하는 등 당원 참여 폭을 넓혔다. 또한 종전에 7명이던 최고위원 중 일부를 지명직으로 돌리는 방안을 추진했으나, 당내 반발로 보류하기도 했다. 이는 이재명 지도부의 당 장악력이 예상만큼 순탄치 않을 수 있음을 보여주는 대목이었다.

윤석열 정권의 폭주

9월 초 이재명 대표 체제가 출범한 이후 민주당은 빠르게 야당으로서의 역할에 나섰다. 우선 윤석열정부 초기 국정 난맥상을 부각하며 대대적인 공세를 펴기 시작했다. 마침 8월 말부터 불거진 윤석열 대통령의 이른바 "도어스테핑 설화"나 교육부 장관 인사 실패 등을 거론하며 수세에서 공세로 전환하기 시작했다

대통령 윤석열이 이른바 미국식 도어스테핑(대통령이 직접 기자들과 걸어

가며 대화를 나누며 직접 소통하는 백악관 방식)을 도입해 초기에는 직접 소통하는 이미지를 얻으며 긍정적 반응을 얻기 시작했다. 그러나 얼마 안 가 이준석 관련 발언(2022.07)으로 윤석열의 실력이 탄로났다. 국민의힘 내 갈등이 극에 달하던 시기에 윤 대통령은 이준석 전 대표 관련 질문에 대해 "대통령이 할 말이 아니다", 또는 "당무에 개입하지 않는다"고 반복적으로 말하며 회피성 답변을 이어갔다. 그러나 실제로는 비선 정치, 윤핵관(윤석열 핵심 관계자)의 영향력이 논란이 되며, 말과 행동의 불일치가 도마에 올랐다.

가장 큰 파장을 일으킨 사건으로, 바이든에 대한 발언 논란을 들 수 있다. 2022년 9월 미국 뉴욕에서 열린 글로벌펀드 회의에 참석한 후 바이든 미대통령과의 정상회담이라는 것이 고작 5분도 안 되는 짧은 스탠딩미팅으로 끝나자, 윤 대통령이 행사장을 나서며 비속어를 사용한 영상이 포착되었다. 영상 속에서 윤석열은 이렇게 분명히 말했다. "국회에서 이XX들이 승인 안 해주면 바이든은 쪽팔려서 어떡하나."

이 발언은 외신과 국내 언론을 통해 널리 확산되며, 미국 대통령 조 바이든을 모욕한 것이 아니냐는 논란이 일었다. 대통령실은 이를 해명하며 "바이든이 아닌 '날리면'이라 말했다"고 주장했다. 하지만 이 해명 역시 논리적 비약이라는 비판을 받으며 신뢰성에 타격을 입었다. 단순한 말실수에 그치는 것이 아니라 외교적 결례라는 우려 속에 한미관계에도 부정적 영향을 준다는 것이었다.

민주당은 해당 발언을 두고 단순한 비속어 논란을 넘어 외교적 결례이며, 동맹국인 미국과의 관계에 부정적 영향을 미칠 수 있다는 점에서 '외교참사'라고 강하게 비판했다. 민주당 박홍근 원내대표는 "대통령이 회담장을 나오면서 비속어로 미국 의회를 폄훼하는 장면이 담겼다"며 "대한민국의 품격만 깎아내렸다"고 말했다. 민주당은 이번 발언이 단순히 언어의 문제를 넘어, 한·미 동맹 및 국제사회에서의 대한민국 위상에 부정적이라는 점을 강조했다.

윤석열 대통령은 기자와의 감정적 충돌도 적지 않았다. 도어스테핑 과정에서 특정 기자의 질문에 대해 감정적으로 반응하거나, 반문하는 듯한 태도를 종종 보였다. "그건 좀 이상한 질문 아닌가요?" "자꾸 그런 식으로 몰고 가면 대화가 안 되지 않습니까?" 등의 발언은 기자에 대한 존중 부족으로 비쳤으며, 대통령으로서 품위와 중립성을 지켜야 한다는 지적을 받았다. 2022년 11월, MBC 기자가 MBC 취재진을 대통령 전용기 탑승 배제한 문제에 관련해 질문을 하던 중 대통령실 비서관과의 물리적 충돌이 발생했다. 대통령실은 이를 문제 삼아 도어스테핑을 전면 중단한다고 발표했다.

민주당은 이에 대해 당초 "국민과의 소통 강화"라는 명분으로 시작된 제도였지만, 결국 언론과의 충돌로 인해 중단되었다면서 정책의 일관성과 진정성에도 의문을 제기했다. 여론 역시 마찬가지 반응이었다. 교육부 장관도 김인철, 박순애 등 장관 후보자들이 연이은 비리성 의혹으로 지명이 철회되고 자진 사퇴하는 등 인사 실패가 불거졌다.

이 외에도 장관 등 인사 실패 논란 등의 문제가 터져나왔다. 민주당은 이를 놓치지 않고 국회 상임위와 대정부질문 등을 통해 맹공을 가했다. 특히 9월 윤석열 대통령의 미국 방문 중 불거진 발언 논란에 대해서는 "국격 훼손"이라 규정하며 박진 외교부 장관 해임건의안을 국회에서 단독으로 통과시켰다. 야당 단독으로 장관 해임건의안을 처리한 것은 이례적이었으며, 민주당은 "굴욕 외교에 대한 최소한의 견제"라고 정당성을 주장했다. 비록 윤석열 대통령이 해임건의를 수용하지 않았지만, 이는 민주당이 본격적으로 거대 야당으로서 행정부 견제에 나선 첫 사례가 되었다.

　윤석열정부는 출범 직후부터 외교관에서 심각한 이념적 편향성을 드러냈다. 출범 초기에 외교 기조를 '가치 외교', 이른바 민주주의·인권 중시 외교로 전환하였다. 이는 미국과의 전략적 동맹 강화, 나토(NATO) 협력 확대, 반중·반러 성향 강화로 구체화되었다. 특히 러시아의 우크라이나 침공 이후, 한국 정부는 러시아 제재에 동참하고 우크라이나에 비군수적 지원을 제공하는 등 서방 진영과 보조를 맞추었다. 러시아는 이를 자국에 대한 비우호적 정책으로 간주하며 한국에 대해 우호 국가 목록 제외, 무역 및 투자 제한 가능성, 한국 기업에 대한 비공식적 불이익과 같은 조치를 암시하거나 직접 취했다.

　이런 윤석열의 편향외교 때문에 현대자동차 등 러시아 시장에서 사업을 하던 많은 기업이 커다란 위기에 봉착했다. 과거 현대차는 러시아 시장에서 두 자릿수 점유율을 기록하며 성공적인 현지화를 이룬 기업이었다. 특히 상트페테르부르크 공장은 동유럽 수출 기지 역할까지 수행했다. 그러나 윤석열정부가 이른바 가치외교를 천명하면서 2022년 러시아-우크라이나 전쟁과 함께 현지 공장 가동 중단, 부품 공급망 마비 및 금융 결제망 차단, 러시아의 외국계 자산 국유화 압력이 이어졌다. 급기야 이듬해 2023년 현대차 러시아 철수를 발표(현지 공장 매각에 헐값 매각)했다. 현대차는 러시아 내 판매량 급감, 생산 중단으로 수천억 원대 손실을 입었고, 러시아 시장의 빠른 회복 가능성도 희박해졌다.

　윤석열정부의 이념 중심 외교는 국제 질서상 피하기 힘든 측면도 있으나, 경제 실익을 충분히 고려하지 못했다는 비판을 받았다. 특히 대러 수출 및 투자 의존도가 높았던 기업들에게는 돌이킬 수 없는 손실이 되었고, 현대자동차의 러시아 철수는 그 대표적인 사례였다. 중국을 배타시한 대중 외교는 더욱 심각했다. 경제 대국 제1위인 미국에 이어 제2위인 중국의 시장을 잃어버린 손실은 복구하기 위해 많은 시간과 노력이 필요했다. 현실을 파악하지 못한 이념 외교가 초래할 경제적 손실을 경시했다. 그러나 윤석열은 12.3 내란으로 자폭하기 전까지 이념 편향외교를 버리지 않았다. 오도된 정치·외교가 바로 경제를 침체시킨 요인이었다.

민주당은 윤 정부가 '자유민주주의 가치'를 내세워 미국·일본 중심의 대(對)서방 외교에 집중하면서, 중국·러시아 등과의 실리외교·대화채널 확보 노력이 부족하다고 비판했다. 예컨대 "미·중 경쟁 국면에서 한국은 미국 우선주의에 지나치게 매몰돼 중국과의 관계 확보에 실패했다"고 지적했다.

민주당은 특히 "국익 중심·실용 중심 외교로 전환해야 한다"는 주장을 내놓았다. 즉, 가치 외교도 중요하지만 그것이 외교의 전부가 돼선 안 되며, 대중·대러 관계의 전략적·경제적 측면을 놓쳐선 안 된다는 입장이었다. 가치 외교를 강조하더라도 경제·기술·산업·안보 측면에서 실질적 이익을 확보할 수 있도록 외교전략을 설계해야 한다고 주장했다. 예컨대 반도체·전기차 산업에서 대중국 수출이 급감했다고 문제를 제기했다.

한국의 지정학적 위치를 고려할 때, 단지 강대국 편가르기에 참여하기보다는 남북관계, 중국·러시아·북한 등 주변국과의 안보·경제 협력을 아우르는 전략이 필요하다는 것이 민주당의 입장이다.

민주당 내부 갈등과 반격

한편 민주당 내에서는 새로운 당대표 선출에도 불구하고 미묘한 파열음이 나타나기 시작했다. 이재명 대표를 중심으로 당이 단합해야 한다는 목소리가 컸지만, 이 대표 개인을 둘러싼 이른바 '사법 리스크'와 이에 대한 당내 시각 차이가 문제였다.

2022년 하반기 들어 윤석열 검찰은 이재명 대표가 연루됐다는 이른바 여러 의혹 사건에 대한 수사를 본격화했다. 성남시장 재임 시절의 대장동·백현동 개발 특혜 의혹, 성남FC 후원금 의혹, 쌍방울 대북 송금, 위증교사 등이 그것이다. 이른바 대통령과 집권여당이 조성한 '사법 리스크'를 같은 야권 정치 진영에서 거론하는 것은 사실 이치에 맞는 용어가 아니었다. 9월에는 친윤석열 검찰이 이재명 대표의 측근인 김용 전 민주연구원 부원장을 대장동 정치자금 수수 혐의로 구속하는 등 수사 강도를 높여갔다.

이어 10월에는 이재명 대표의 배우자 김혜경 씨의 법인카드 사적 유용 의혹에 대한 경찰 수사 결과가 불기소 의견(혐의 없음)으로 검찰에 송치되었음에도 검찰은 다시 수사했다. 20년도 전 김영삼 정권의 사정 정국에서 어느 검사의 자조적 발언 '우린 물라면 무는 개'를 연상시키는 권력자 입맛에 맞는, 양심적 검사라면 치욕스러워 할 강압수사였다. 이런 수사는 대부분 어느 정도는 독립성을 확보한 법원에서 무죄로 판명났다. 이러한 사실을 보수언론을 중심으로 계파 갈등이란 프레임으로 씌우는 것이었다.

이러한 상황에서 민주당 내부 비이재명계 의원들은 이른바 '사법 리스크'가 당 전체를 흔들까 우려하여 "당대표가 수사에 대비해 책임 있는 조치를 해야 한다"는 취지의 발언을 내놓았다. 대표적으로 9월 말 박용진·이상민 의원 등은 "만약 이 대표에 대한 사법처리가 현실화되면 리더십에 심각한 타격이 불가피하다"고 공개 우려했다. 반면 친이재명계는 이를 "결과도 나오지 않은 일을 갖고 대표를 흔드는 것"이라고 반발하며, 당내 신경전이 벌어졌다. 이재명 대표 본인은 "정치 탄압에는 당당히 맞서 싸우겠다"는 입장을 밝히며 사퇴 등의 가능성을 일축했다.

그러나 민주당의 수면 아래에서는 계파 간 불신의 씨앗이 뿌려지기 시작한 셈이었다. 이러한 민주당 내 의견 대립을 언론은 계파 갈등이라고 보도했다. 하지만 이는 윤석열에 맹종하는 일부 친윤 검찰이 이재명 대표를 표적 삼아 마구잡이로 수사하는 전형적인 사례였다.

더불어민주당은 당내에 검찰독재정치탄압대책위원회(공동위원장 박찬대 최고위원 박범계 의원)를 설치, 정권의 검찰독재에 대응하겠다고 나섰다. 그리고 2022년 12월 1일 당 검찰독재정치탄압대책위원회는 용산 대통령실 앞에서 '정치 탄압 중단 촉구 규탄 기자회견'을 열고 "민주공화국의 근간을 흔들고 있는 감사원과 검찰, 윤석열정부에 맞서 민주주의를 수호하는 투쟁은 우리 국민의 삶을 지키는 것"이라고 밝혔다.

대책위 공동위원장을 맡은 박범계 의원은 "윤석열 대통령은 경제민생위기는 외면하고 있다"면서 "검찰은 전임정부에 대해, 현 민주당에 대해서는 전광석화로 수사 중이면서 김건희 여사 도이치 수사는 않고 있다"고 검찰의 차별수사를 지적했다. 그리고는 "김여사에 대한 봐주기 수사로 무혐의 결론이 나온다면 국민이 어떻게 보겠는가"라며 "대화와 협치, 관용은 찾아볼 수 없다. 사정기관이 전 정부를 겨냥한 수사는 결국 윤석열정부에게 부메랑으로 돌아올 것임이 분명하다"고 경고했다.

공동위원장을 맡은 박찬대 최고위원은 "유검무죄, 무검유죄"라며 "법 앞에 만인이 평등하다는 말은 휴지 조각이 됐다. 정적은 무슨 수를 써서라도 탄압하고 자기편은 눈감아준다. 야당 수사만 235건, 윤석열 대통령 부인, 본인, 장모는 단 한 건도 없었다"고 말했다. 반대로 서울중앙지검 반부패 수사

1, 2, 3부가 전임 정부와 민주당 대표, 민주당 인사 수사에는 올인하면서 편파수사, 보복수사, 조작수사를 자행하고 있다며 분노를 감추지 못했다. 윤석열 정권은 헌법과 법치를 말할 자격이 단 1도 없다며 윤 정권을 강도 높게 비판했다. 그는 윤 정권이 야당을 궤멸시키려는 정치보복에 혈안이라면서 법치를 말살하는 윤 정권에 맞서서 헌법과 법치를 국민과 함께 지키겠다고 열변을 쏟아냈다. 그 만큼 민주당은 윤석열 정권의 폭주에 우려와 위기감을 갖고 있었다.

2. 이태원 참사 진상 규명을 위한 민주당의 분투

2022년 10월 29일(토) 밤 10시 15분경 서울 용산구 이태원동 해밀톤 호텔 인근 골목길에 경찰의 안전 통제도 없이 할로윈 축제로 많은 인파가 몰려 대형 참사가 일어났다. 무려 159명(여성 97명, 남성 62명)이 죽고 196명이 다쳤다. 대부분 10, 20대의 청년들로 그들의 부모와 가족에게 지울 수 없는 상처를 남겼다. 더욱이 한국인들 외에도 26개국 출신의 젊은이 26명 또한 사망했다.

예견된 참사

이태원은 매년 할로윈 시즌에 수만 명의 인파가 몰리는 유명한 장소다. 코로나19 사회적 거리두기가 해제된 이후 처음 맞는 2022년 할로윈 행사에는 약 10만 명 이상이 이태원 일대에 운집할 것으로 추정됐다.

참사는 해밀톤 호텔 옆 좁은 골목 (폭 약 3.2m)에서 양방향 인파가 서로 밀집하며 이동이 막히면서 발생했다. 갑작스러운 압력 증가로 사람들이 차례로 넘어지면서 대량 압사 사고가 발생했다. 좁은 공간, 경사진 골목, 인파 정체 등이 복합적으로 작용했던 결과였다. 당시 안전을 관리할 책임 있는 정부·지자체·경찰 모두 사전 안전관리 계획을 세우지 않았다. 경찰은 질서 유지에 필요한 인원을 거의 배치하지 않았다. 현장에 있었던 경찰은 137명뿐으로 대부분은 마약 단속 중심의 인력이었다. 경찰은 주말에 있을 윤석열 퇴진 집회를 통제하는 데 동원됐다.

주무부서인 행정안전부 장관 이상민은 참사가 충분히 예견된 행사임에도 행사 주최자가 없다는 이유로 관리 책임이 없다며 용산구청이나 용산경찰서에 책임을 묻지 않고 자신도 또한 사퇴하지 않았다. 엄청난 참사임에도 윤석열은 주무장관 이상민 사퇴를 반대했다. 어처구니없는 대응이었다.

사고가 있을 거라 경고 메시지는 차고 넘쳤다. 참사 전날부터 SNS, 커뮤니티 등에서 "이태원에 인파가 위험 수위"라는 경고가 이어졌다. 사고 발생 전 4시간 동안 112 신고가 11건 접수, "인파 통제 필요", "압사 위험"이라는 표현이 분명히 있었음에도 경찰 등의 현장 대응은 미비했다. 사고가 발생하고 신고가 이어졌다. 그러나 구조 체계는 혼란했다. 소방·경찰·용산구청 간의 공조가 느리고 분산됐다. 시민들과 상인들이 초기 구조를 자발적으로 진행해야 했다. 사망자 대부분은 골든타임 내에 구조받지 못했던 안타까운 현실이었다.

국정조사와 특별법 제정

대통령 윤석열은 10월 30일 새벽, "국가 애도 기간"을 선포했지만, 이후에도 정부 차원의 책임자 문책은 미흡하다는 지적이 지속됐다. 당시 행정안전부 장관 이상민은 참사 직후 "경찰이나 소방 인력을 미리 배치해서 해결될 문제는 아니었다"는 발언으로 거센 비판을 받기도 했다. 용산구청장, 용산경찰서장 등 실무 책임자들의 사퇴 또는 직위해제가 이루어졌지만, 정치적 책임자들인 장차관 등은 대부분 유임됐다.

이태원 참사는 단순한 사고가 아니라, 국가 시스템이 군중 재난에 대비하지 못한 결과로 비판받았다. 특히 "주최자가 없었다"는 이유로 책임을 회피한 정부 입장에 대해 "국가의 존재 이유가 무엇인가"라는 근본적인 질문이 제기됐다.

유가족들은 "사고가 아닌 국가에 책임 있는 재난"이라며 진상 규명과 책임자 처벌, 제도 개선을 요구했다. 참사가 발생한 지 엿새째인 11월 3일에 민주당 박홍근 원내대표는 정책조정회의에서 "국민의 불안과 분노가 날로 커지고 있는 상황에서 국정조사를 통해 국민과 함께 진상 규명에 나서겠다"며 "조사 대상인 정부에게 셀프 조사를 맡기기엔 공분의 임계점이 넘었다"고 주장했다. 2022년 11월 21일에는 정의당, 기본소득당과 함께 국정조사 계획서를 본회의에 제출했고, 24일 국회 본회의에서 국정조사 계획서가 통과되면서 국정조사특별위원회가 정식 출범하고 국정조사가 시작되었다. 55일간 진행된 국정조사 결과는 미흡했지만, 성과도 거뒀다.

이태원 참사가 인재임을 확인할 수 있었다. 서울시와 용산구청은 다중인파가 몰릴 것을 예견하고도 사고에 대한 사전 대비를 하지 않았다. 서울시는 대형 참사 발생 시에 실행해야 할 매뉴얼을 지키지 않은 사실도 새로 드러났다. 대통령실과 행정안전부, 경찰이 112 신고가 폭주하는 동안 구조의 골든타임을 놓쳤다는 점도 밝혀졌다. 이런 결과를 바탕으로 2023년 이후 '10.29 이태원 참사 유가족 협의회'가 공식 발족되어, 정부에 공식 사과, 특별법 제정, 독립적 진상조사 기구 설치 등을 촉구했다.

그러나 윤석열정부는 유가족의 호소에 귀 기울이지 않았다. 대한민국이 다시는 이와 같은 참사를 반복하지 않기 위해서는 진상 규명과 책임자 처벌, 제도 개선이 반드시 수반되어야 한다는 유가족의 외침이 정권이 무너질 때까지 이어졌다. 2022년 12월~2023년 1월까지 국정조사가 진행되는 동안에도 정부여당은 모르쇠로 일관했다.

민주당은 유족의 뜻을 받들어 이태원 특별법 제정을 추진했다. 특별법을 제정하라는 국민청원에도 5만 명이 서명했다. 2023년 4월 20일 민주당 남인순 의원 대표발의로 야당 의원 183명이 "10.29 이태원 참사 피해자 권리보장과 진상 규명 및 재발 방지를 위한 특별법"을 공동발의했다. 국민의힘 의원은 한 명도 발의에 참여하지 않은 채, 정쟁 목적의 법안, 과잉 입법이라는 비난만 쏟아냈다. 특별법은 2024년 1월에 국회를 통과했지만 윤석열 대통령이 거부권을 행사하면서 폐기되었다.

국회 앞에 설치된 10.29 이태원참사특별법제정 촉구 농성장 방문(2023.12.15.)

민주당은 특별법 제정에 많은 힘을 기울였고, 마침내 이재명 대표는 윤석열 대통령과 첫 영수회담에서 이태원 특별법 제정을 요구했고, 회담 이틀 후 여야가 합의 하에 이태원 특별법 일부 내용을 일부 수정해 재발의했다. 2024년 5월 14일 국무회의 의결을 거쳐 공포됨으로써 참사가 일어난 지 1년 7개월 만에 특별법 제정이 이루어졌다. 어쨌든 이태원 참사는 윤석열 정권의 붕괴를 예지하는 커다란 경고였다.

3. 민주당의 대정부 견제와 검찰의 공세

민주당의 민생 입법 추진

제21대 국회 후반기, 의석 169석의 민주당은 윤석열정부를 견제할 수 있는 가장 강력한 무기로 입법 권한을 활용했다. 2022년 하반기 정기국회에서 민주당은 다수당 지위를 이용해 여러 개혁입법 패키지를 발의·처리하고자 했다. 우선 민생경제 7법이라 불린 경제 분야 입법을 중점 추진했다. 여기에는 가계부채 부담 완화를 위한 금융소비자보호법, 기업의 초과이익 공유를 유도하는 사회연대기금법, 플랫폼 노동자 보호법 등이 포함되었다. 민주당 이재명 대표는 "국민 우선, 민생 제일"을 내세우며 22개 주요 민생 법안을 선정해 입법과제로 삼았고, 온라인 플랫폼 공정화법, 가상자산 투자자 보호법, 대중소기업 공정거래법 등도 그 목록에 담았다.

이는 그간 민주당이 추진해온 검찰·언론 개혁 드라이브로 인한 독선 이미지를 불식하고, 민생 의제를 전면에 내세우려는 전략적 전환이었다. 실제로 박홍근 원내대표는 "차별금지법처럼 오랫동안 사회를 갈라온 문제도 이제 공론화의 첫발을 떼겠다"며 사회적 약자 권리 신장에 초점을 맞춘 입법도 추진했다. 이에 대해 국민의힘은 "입법폭주"라 반발했지만, 민주당은 필요하면 단독으로라도 법안을 처리하겠다고 맞섰다.

야당의 입법 공세에 대해 윤석열은 대통령거부권(재의요구권)으로 응수하기 시작했다. 2022년 5월 출범 이후 윤석열은 재임 1년 차에는 대통령거부권을 행사하지 않다가, 2023년에 들어 민주당 주도의 법안들에 연이어 거부권을 행사한다. 그 시발점은 이듬해 이야기이지만, 씨앗은 2022년 말 이미 뿌려져 있었다. 민주당은 12월 국회에서 쌀값 안정을 위한 양곡관리법 개정안을 단독 의결했는데, 이는 정부가 쌀 초과 생산 시 의무적으로 매입하도록 하는 내용이었다. 국민의힘은 시장 논리에 어긋난다며 반대했으나 민주당이 처리를 강행했고, 이 법안은 결국 2023년 4월 윤석열의 첫 번째 대통령거부권 행사 대상이 되었다. 이처럼 거대 야당과 대통령실 간 입법-거부권의 충돌은 2022년 말부터 예상된 향후 정국의 뇌관이었다.

그런 가운데 2022년 가을 정국을 달군 또 하나의 이슈는 예산안 문제였다. 대통령이 거부권을 남발하는 상황에서 예산안은 야당이 대통령과 정부를 견제할 수 있는 거의 유일한 수단이었다. 윤석열정부 첫 예산안인 2023년 예산을 둘러싸고 민주당과 정부·여당은 첨예하게 맞섰다. 민주당은 정부 원안에 대해 "초부자 감세, 민생 홀대 예산"이라 비판하며 상당한 수정을 예고했다. 실제로 12월 예산소위 심사에서 민주당은 법인세율 인하분, 보훈처 이전 예산, 대통령실 특별활동비 등을 대폭 삭감하고, 지역화폐 예산, 서민 주거지원 예산 등을 증액하는 수정안을 단독 의결했다. 이른바 민주당 수정 예산은 총 6조 원 이상 순감액된 것이었고, 국민의힘은 강력 반발했다. 법정 시한을 넘긴 예산안 협상은 결국 여야 간 극적인 타협으로 12월 23일 본회의를 통과했다.

최종적으로 민주당이 요구한 지역사랑상품권 예산 5,000억 원 부활, 공공임대주택 예산 증액 등이 반영되었고, 정부여당이 고집하던 법인세율 인하는 폭을 줄이는 선에서 합의가 이뤄졌다. 민주당은 "잘못된 곳간 지키기를 막고 민생 예산을 살렸다"고 자평했고, 국민의힘은 "야당의 과도한 증액 요구를 조정했다"고 주장하며 양측 모두 체면을 세웠다. 이 과정에서 민주당은 다수당으로서 단독 수정안 강행도 불사하다가 막판에 절충점을 찾았는데, 향후 예산 협상에서도 이런 주도권을 이용해 압박 전략을 구사하려는 의도였다.

2022년 민주당은 대선과 지방선거의 연이은 패배 속에 뼈아픈 반성과 재정비를 경험했다. 윤석열정부 출범으로 야당이 된 민주당은 거대 의석을 기반으로 강경 투쟁과 민생 입법 병행 전략을 펼쳤다. 8월 이재명 대표 체제가 들어서며 당의 색깔은 한층 선명해졌지만, 동시에 내재된 계파 갈등도 드러나기 시작했다. 그럼에도 민주당은 2022년 말까지 국회 권력을 활용해 정책 주도권을 상당 부분 행사하며 존재감을 각인시켰다. 정권교체기라는 격동의 시기를 보내며, 민주당은 한편으로는 야당 본능을 깨우고 다른 한편으로는 쇄신의 과제를 떠안은 채 다가올 2023년을 맞이하게 되었다.

대통령의 거부권 남발과 민주당의 견제

2023년 새해부터 더불어민주당은 다수 의석을 바탕으로 윤석열정부에 대한 견제 입법을 추진했다. 2022년 말 통과시킨 검찰 수사권 축소 법안(이른바 검수완박)을 두고 윤석열정부가 시행령으로 무력화하려 하자 민주당은 이를 "입법권에 대한 도전"으로 규정하고 강력 반발했다. 1월 국회에서 민주당은 노란봉투법(노동조합법 개정안), 방송법 개정안, 간호법 등 이른바 개혁 입법 3종 세트를 추진하며 정권에 맞섰다. 그러나 윤석열은 이러한 야당 주도의 입법들을 연달아 거부권(재의요구권) 행사로 막아서기 시작했다.

2023년 4월 쌀값 안정을 위한 양곡관리법 개정안 거부를 시작으로 간호법 (5월), 노란봉투법(6월)을 거듭 재의요구하는 등 대통령 거부권이 반복되었다. 홍익표 민주당 원내대표는 "대통령의 잇단 거부권 행사는 국회의 입법권을 무시한 반민주적 폭거"라고 규탄하며, 특히 이태원 참사 진상 규명 특별법마저 거부할 경우 "국민적 심판과 저항에 직면할 것"이라고 경고했다. 실제로 이태원 할로윈 참사 희생자 지원 및 진상 규명 특별법이 국회를 통과하자 윤석열 2023년 8월 이를 끝내 거부하여 유가족들의 거센 반발을 샀다. 민주당은 거리 시위와 용산 대통령실 앞 기자회견 등을 통해 정부를 압박하며 입법 투쟁을 이어갔다.

6~7월 국회에서 민주당은 남은 개혁과제 입법을 속도감 있게 처리했다. 30년 만의 간호사 단독법 제정(간호법)안이 5월 국회를 통과했고, 이어 노동조합 손배소 제한을 위한 노동조합법 2·3조 개정안(속칭 노란봉투법)도 6월 본회의를 넘었다. 방송법 개정안도 공영방송 이사의 구성 비율을 여야 교차 추천으로 바꾸는 내용을 담아 처리되었다. 그러나 윤석열은 이러한 야당발 법안들에 대해 거부권을 연이어 행사하여, 2023년 한 해에만 총 6건의 법안을 재의요구하는 이례적 기록을 세웠다.

이는 과거 대통령들이 임기 전체에 한두 번 정도 거부권을 행사했던 것과 대비되어 논란이 컸다. 2022년 5월 취임 이후 2024년 12.3 내란 사태 이전까지 윤석열이 거부권을 행사한 법안은 20여 건을 넘었으며, 이는 1987년 민주화 이후 역대 대통령 중 최다 기록이다. 실제로 노태우 대통령이 임기 내 7번 거부권을 행사한 것이 종전 최고 기록이었는데, 윤석열은 불과 2년여 만에 그 6배에 달하는 40건의 법안을 거부하여 헌정사에 유례없는 사례를 남겼다.

거부권을 행사한 법안들은 모두 야당 주도로 국회를 통과한 것들로, 양곡관리법 개정안, 간호법 제정안, 방송법 개정안, 노란봉투법(노조법 개정안) 등 사회·경제 개혁 성격이 강한 입법이 다수 포함되었다. 윤석열은 이들 법안이 "국익에 반한다"거나 "포퓰리즘 법안"이라는 이유를 들어 거부권을 행사했지만, 야당은 이를 "입법부 무시이자 대통령의 입법권 남용"이라고 반발했다. 국회 재적 3분의 2 이상의 찬성이 없으면 거부권을 뒤집을 수 없는 점을 이용해, 여소야대 상황에서도 윤석열은 법률 폐기권을 남발했다.

민주당은 "윤석열 정권이 의회를 무시하고 있다"고 비판하며, 대통령 거부권 행사를 헌법재판소에 권한쟁의심판으로 다투는 방안까지 검토했다. 실제 7월에는 민주당 주도로 방송법 개정안 재의 표결이 시도되었으나 여당의 필리버스터와 표결 불참 속에 표결 정족수 미달로 무산되었다. 거대 야당과 대통령 간의 입법 충돌은 국정운영의 교착을 예고했고, 7~8월에도 민주당은 추가경정예산안 등 민생현안에서도 적극 투쟁을 했다. 이어갔다. 국민이 선택한 절대 다수 야당의 의견에 경청하지 않는 윤석열의 비타협적 태도는 결국 12월 군을 동원한 내란을 획책하는 데 이르렀다.

국회에서 진행한 '윤대통령의 거부권 남발 규탄 및 민생법안 처리 촉구 대회'(2023.12.1.)

2023년 2월 국회에서 민주당은 이태원 참사 책임을 물어 이상민 행정안전부 장관에 대한 탄핵소추안을 전격 발의했다. 2월 8일 본회의에서 이 안건은 재석 293명 중 찬성 179표로 가결되어, 박근혜 대통령 탄핵 이래 헌정사상 두 번째의 탄핵소추 사례이자 사상 최초의 국무위원(장관) 탄핵 가결이 이루어졌다. 탄핵소추안 가결로 이 장관 직무가 정지되고 헌법재판소 심리가 진행되었는데, 이는 다수 야당이 참사 책임을 묻기 위해 헌법기관까지 활용한 초강경 투쟁이었다.

그러나 7월 25일 헌법재판소는 재판관 전원일치 의견으로 "이태원 참사 대응 미흡이 탄핵 사유에 해당한다고 볼 수 없다"며 탄핵을 기각하였다. 헌재는 "참사는 어느 한 사람의 책임이라 보기 어렵고, 일부 부적절한 발언이 있었으나 법 위배 행위로 볼 수 없다"는 이유를 밝혔다. 이 결정에 유가족들은 법정에서 오열하며 "이상민에게 면죄부를 준 판결"이라 성토했고, 민주당은 "참담하지만 존중한다"면서도 정부여당을 향해 정치적 책임을 거듭 요구했다. 비록 탄핵은 무산되었지만, 윤석열 대통령이 끝내 이상민 장관을 경질하지 않음에 따라 행정부와 입법부, 나아가 사법부까지 삼권 충돌 양상이 빚어진 초반기였다.

이재명 당대표와 민주당을 향한 검찰의 공세

한편 민주당 이재명 대표를 겨냥한 검찰 수사가 본격화되어 정치권에 긴장감을 불러일으켰다. 검찰은 1월부터 이 대표의 성남FC 후원금 의혹, 대장동·백현동 개발사업 특혜 의혹 등을 집중 추궁했고, 2월에는 결국 이재명 대표에 대한 체포동의안이 국회에 보고되었다. 이는 대통령실과 여당이 야당 대표를 구속하려는 초유의 상황으로 비화되었다. 2월 27일 열린 국회 표결 결과 체포동의안은 찬성 139표, 반대 138표, 무효 11표, 기권 9표로 부결되었다. 간신히 부결되긴 했으나, 재석 의원 과반(149표 이상)의 찬성을 얻지 못해 부결된 것이지 반대표가 더 많아서가 아니었기에, 민주당 내부에서는 최대 30여 명 이상 이탈표가 발생한 것으로 추정돼며 큰 충격을 주었다.

당초 당론으로 부결을 결정하고도 이렇게 많은 이탈표가 나온 것은 이재명 대표에 비판적인 비이재명계(비명계) 의원들이 상당수 가결표를 던졌기 때문이라는 해석이 나왔다. 이는 곧바로 당내 파열음으로 이어져, 친명계 강경파는 "검찰과 야합한 배신행위"라며 이탈표 의원들 색출을 요구했고, 비명계는 "밀실 야합 없는 투표 결과를 존중해야 한다"고 맞섰다. 가까스로 체포동의안 부결을 얻어낸 이재명 대표는 "사법 리스크를 딛고 당을 혁신하겠다"고 밝혔으나, 검찰 수사의 칼날은 계속되었고 당내에는 보이지 않는 균열이 생겨났다.

4월 들어 민주당은 내부 악재에 직면했다. 4월 중순 언론 보도로 2021년 전당대회 당시 송영길 전 대표 경선캠프 관계자들이 대의원 등에 금품을 살포했다는 이른바 '돈 봉투 의혹'이 폭로되었다. 검찰은 2023년 4월 초부터 이 의혹에 대한 수사에 착수, 송영길계 의원들의 통화녹취 등 증거를 확보하면서 파문이 커졌다. 그해 4월 24일 프랑스에서 장기간 체류 중이던 송영길 전 대표는 급거 귀국하여 기자회견을 열고 "책임을 지겠다"며 민주당을 자진 탈당했다. 이어 송영길 캠프의 조직총괄이던 윤관석 의원과 송 전 대표 측근 이성만 의원도 5월에 탈당했으며, 검찰은 이들이 포함된 인사들이 총 94만 원 상당의 현금을 봉투에 나눠 담아 약 20명의 의원 및 당원에게 돌린 정황을 수사 중이라 밝혔다.

민주당은 지도부 차원에서 공식 사과하며 진상조사에 협조하겠다고 했지만, 여당과 보수 언론은 "거대 야당의 치부"라며 맹공격을 퍼부었다. 송영길 전 대표는 "검찰의 기획수사이자 정치보복"이라고 부인했으나, 결국 측근 윤관석·이성만 전 의원은 5월 말 정치자금법 위반 혐의로 구속기소되었다. 돈봉투 사건은 민주당의 도덕성에 큰 타격을 주며 당 지지율 하락 요인으로 작용했다. 이재명 대표는 "통렬한 자성"을 말하며 재발 방지 대책을 약속했고, 5월 말 당내에 윤리감찰단을 구성하여 관련자 징계와 돈거래 금지 가이드라인 등을 마련했다.

연이은 악재에 위기의식을 느낀 민주당은 6월 당내 쇄신 기구로 김은경 혁신위원회를 출범시켰다. 혁신위는 6월 14일 공식 출범해 100일간 당 개혁안을 마련하는 임무를 맡았다. 혁신위는 '당원 중심 당 혁신'을 기치로 걸고 공천 혁신(하위 20% 현역의원 공천 배제 등), 정치자금 투명성 강화, 청년정치 참여 확대, 계파 갈등 해소 방안 등을 11차례에 걸쳐 권고했다. 특히 7월 말 혁신위는 "민주당에 대한 국민 신뢰를 회복하려면 지도부의 희생이 필요하다"며 전현직 당대표들의 험지 출마 또는 불출마를 요구하는 파격안을 내놓기도 했다. 이는 이재명 대표는 물론 문재인·이해찬·이낙연 등 전 대표들까지 언급한 내용이어서 큰 파장을 일으켰다. 친명계는 혁신위의 공천 혁신안을 대체로 수용하는 분위기였으나, 비명계는 "특정 계파에 유리한 공천 칼질"이라며 반발했다. 혁신위 활동 동안 계파 간 공방이 이어졌고 당내 갈등은 쉽사리 가라앉지 않았다.

결국 김은경 혁신위는 9월 18일 활동을 종료하면서 11개 혁신안을 당에 제시했으나, 상당수 안건이 당내 이견으로 채택되지 못했다. 그럼에도 혁신위가 주장한 "하위 20% 현역의원 공천 배제" 및 "청년·여성 가점 확대" 등은 이후 총선 공천 과정에 부분적으로 반영되어 당 변화의 씨앗이 되었다.

4. 윤석열 정권의 실정과 국격의 추락

최악의 잼버리 대회와 국제적 망신

2023년 8월, 대한민국 전라북도 새만금에서 개최된 제25회 세계스카우트 잼버리는 전 세계 150여 개국에서 약 4만 명의 청소년이 참가한 국제 행사로, 명실상부한 '세계 청소년 축제'였다. 하지만 이 대회는 시작부터 끝까지 운영 부실과 위기 대응 실패로 얼룩지며, '국제적 망신', '국가 브랜드 실추'라는 혹평 속에 마무리됐다. 사상 초유의 조기 철수 사태와 태풍 대응 실패, 부실한 행사 준비는 대한민국의 국제 행사 운영 능력에 깊은 의문을 남겼다.

개막 직후, 행사장은 극심한 폭염에 시달렸지만 그에 대한 대비는 거의 없었다. 참가자들은 제대로 된 그늘막도 없이 긴 시간 활동에 노출되었고, 냉방 시설이나 생수 공급도 부족했다. 이로 인해 수백 명의 참가자가 열사병과 탈진 증세를 보이며 병원으로 이송됐다. 화장실, 샤워장 등 위생 시설은 기준 이하였으며, 쓰레기 처리와 음식 관리에도 문제가 발생해 불쾌감과 건강 우려가 커졌다.

또한 외국 참가자들을 위한 통역 및 안내 시스템이 미비했고, 응급 상황 대응 체계 역시 제대로 작동하지 않았다. 이러한 상황은 결국 영국, 미국, 싱가포르 등 주요 국가 대표단의 조기 철수로 이어졌다. 특히 영국은 자체 예산으로 4,000여 명 전원을 호텔로 옮겼고, 미국은 군산 미군기지로 이동하는 등 대회를 포기한 채 독자 대응에 나섰다.

이러한 사태 속에서 태풍 '카눈'이 한반도를 향해 북상했고, 정부는 뒤늦게 모든 참가자 전원 철수를 결정했다. 청소년들은 전국 각지의 호텔과 시설로 분산되었지만, 이 과정에서도 교통 혼선, 수용처 미비, 언어 소통 문제 등이 반복되며 혼란이 가중됐다. 정부는 콘서트, 문화체험 등으로 마무리 분위기를 수습하려 했지만, 본질적인 운영 실패를 덮을 수는 없었다.

이 잼버리 대회의 실패는 단순한 기후 요인 때문이 아니었다. 준비 과정에서 보여준 전시행정과 탁상행정, 책임소재 불분명, 부처 간 협업 실패가 복합적으로 작용했다. 약 1,100억 원의 예산이 투입되었음에도 참가자 안전과 편의는 외면됐고, 감사원은 이후 잼버리 관련 예산 집행에 부적절한 사용과 부실 행정이 있었다고 지적했다.

무엇보다 큰 문제는 '청소년'이라는 행사 주인공이 전혀 보호받지 못했다는 점이다. 세계 각국에서 온 미래 세대들이 한국에서 경험한 것은 협력과 연대가 아니라, 혼란과 불신이었다. 참가자들은 실망을 넘어 불쾌감을 드러냈고, 일부 외국 언론은 이를 두고 "국가적 위기관리 실패"로 평가했다. 또한 종합일간지에는 전날 마신 술 때문인지 개막식 당일 참석한 자리에서 뒤로 넘어지기도 한 윤석열을 일으켜 세우는 김건희를 담은 사진이 게재됐다. 이 사진 한 장은 잼버리 대회의 총체적 실패를 상징하고도 남았다. 국정의 최고 책임자가 국제적 행사를 앞두고 술이나 퍼마시다니 일반 가구의 가장이라도 패가망신할 상황이었다.

2023년 세계스카우트잼버리 대회 실패와 관련해 더불어민주당은 정부의 총체적 무능과 책임 회피를 강하게 비판했다. 민주당은 폭염과 태풍 대비 미흡, 비위생적 환경, 외국 대표단 조기 철수 등 일련의 사태를 "국제적 망신"이라 규정하고, 윤석열정부의 전시행정과 부실한 준비를 지적했다. 특히 주무 부처인 여성가족부와 전라북도, 조직위원회의 책임 소재를 명확히 해야 한다며 국정조사와 감사원 감사를 요구했다. 또한 국민 혈세 1,000억 원이 투입된 만큼 예산 집행의 투명성 검증도 촉구하며 정무직 인사의 문책과 사과를 촉구했다. 민주당은 잼버리 참사가 단순한 행사 실패가 아닌, 정부 운영의 구조적 문제를 드러낸 사례라 보고 후속 책임자 처벌과 제도 개선을 강조했다.

부산엑스포 유치 실패

대한민국은 2030년 세계박람회(EXPO) 개최지로 부산을 유치하기 위해 2019년부터 유치 활동에 나섰다. 박람회는 올림픽, 월드컵과 함께 세계 3대 메가 이벤트로 평가되며, 개최국의 국제 위상 제고와 경제적 효과, 지역 발전 등에 중대한 의미를 갖는다. 정부는 부산엑스포를 통해 국가 브랜드를 강화하고, 수도권 집중을 완화하며 지역균형발전을 촉진하겠다는 전략적 목표를 설정했다.

초기 유치 활동은 비교적 조용하게 시작되었으며, 2021년 말부터 본격적인 유치전이 전개되었다. 이후 2022년 윤석열정부 출범과 함께 범정부적 지원체계가 마련되었고, 대통령실, 외교부, 산업통상자원부, 부산시 등 여러 기관이 참여하는 유치위원회와 태스크포스가 구성되었다. 특히 대통령이 직접 정상외교에 나서면서 유치 활동에 외교력을 집중하는 전략을 펼쳤다. 윤석열 대통령은 2022~2023년 동안 아프리카, 동남아, 중남미, 유럽 등 다수 국가를 순방하며 지지 확보에 공을 들였고, BTS(방탄소년단), 한류 스타, 경제인 등의 민간 자원도 유치전에 동원했다.

그러나 시간이 지날수록 유치전의 전술적 한계와 전략 부재가 드러났다. 가장 큰 경쟁자는 사우디아라비아의 리야드였다. 사우디는 무함마드 빈살만 왕세자의 주도 아래, 2030년까지 자국을 비(非)석유 기반 경제로 전환하기 위한 '비전 2030'의 핵심 이벤트로 엑스포 유치를 내걸었다. 리야드는 막대한 자본을 바탕으로 전 세계 수십 개국에 원조, 투자, 개발 프로젝트를 약속했고, 이를 통해 표 확보에 성공적인 결과를 냈다.

2023년 11월 28일, 프랑스 파리에서 열린 국제박람회기구(BIE) 총회에서 투표 결과는 예상보다 더 압도적이었다. 리야드는 1차 투표에서 과반이 넘는 119표를 얻으며, 29표에 그친 부산과 17표의 로마를 누르고 단일 투표로 개최지를 확정했다. 한국은 유치 막판까지 "결선투표로 가면 승산이 있다"는 전략을 가졌지만, 실제로는 리야드의 표 결집력에 완패한 셈이다.

그런데 부산엑스포 유치를 위해 파리를 방문했던 윤석열이 최종 발표 나흘 전 현지에서 재벌 총수들과 술자리를 가진 사실이 알려졌다. 민주당 강선우 대변인은 "국민 혈세를 써가며 해외에 나가서 재벌 총수와 '소폭 만찬'을 벌였다니, '일분일초를 아끼지 않고 쏟아붓는 혼신의 대장정'이 폭음이냐"며 "이러니 119대 29라는 충격적인 외교 참사가 벌어진 것 아니냐"고 비판했다.

강 대변인은 "침체에 빠진 경제상황에서 재벌 총수들을 병풍으로 쓰는 것도 부족해 술상무로 썼냐"며 "수백억 혈세를 낭비하며 재벌 총수들을 해외까지 데리고 가 술자리를 벌인 것에 대해 당장 사죄하라"고 촉구했다.

사실임이 분명한 것을 두고도 국민의힘은 "대통령 순방 두고 무조건 폄하하기에만 여념이 없는 민주당의 비난이 참담하다"고 술 취한 윤석열을 감쌌다. 국민의힘은 "동행한 경제인들과의 늦은 저녁식사에 '폭음'을 들먹이며 비난을 퍼붓고 있다"며 "엑스포 유치를 위해 노력한 유치위원회 위원 등의 노고에 감사를 표하기 위한 자리였을 뿐"이라고 밝혔다.

그러면서 "대통령 순방에 함께한 경제사절단은 대통령의 외교 성과를 바탕으로 투자협약 체결 등 성과를 거뒀다"며 "비난하고 깎아내리기 전에 대통령의 순방 외교 성과가 어땠는지를 먼저 따져 보라"고 반발했는데, 도대체 어떤 외교적 성과인지 알 수가 없었다. 내란을 옹호하는 정당 본색이 여기서부터 조짐이 보였다.

한국의 유치 전략은 여러 면에서 패배를 예정했다. 우선, 유치전 총괄 컨트롤 타워가 명확하지 않았고, 부처 간 역할 분담도 모호했다. 산업부와 외교부, 부산시가 각각 개별적으로 움직이며 중복되거나 비효율적인 전략이 실행되기도 했다. 유치 캠페인은 화려했지만, 지속적인 관계 구축보다는 단기 이벤트성 외교에 치우쳤다는 평가가 뒤따랐다. 결국 윤석열의 대통령 리더십의 한계였다.

순직 해병 사건 수사 외압과 은폐

2023년 7월, 경북 예성 내성천의 집중호우로 인해 실종된 민간인을 수색하던 해병대원이 급류에 휩쓸려 사망했다. 당시 군 내부 지침상 위험 지역에 진입하지 말라는 원칙이 문서상으로 분명히 있었다. 그런데도 해병대원은 구명조끼도 입지 않은 채 급류 속으로 들어갔다. 매뉴얼을 무시하는 무모한 수색작업 지시에 따라 임무를 수행하다 물살에 휩쓸려 결국 사망하고 말았다. 지휘 책임에 대한 즉각적인 수사가 진행됐다. 수사단장 박정훈 대령은 수사 결과 수색 작전을 지시한 임성근 해병대 1사단장을 과실치사 혐의로 입건하고, 군사법원이 아닌 민간 검찰에 사건을 송치하겠다고 보고했다.

해병대 수사단은 이 사건을 경북경찰청에 이첩하고 대언론 브리핑까지 준비했다고 한다. 그런데 얼마 직후 이 보고를 받고 윤석열이 "사고에 일일이 사임하면 별이 몇 개라도 모자라다"며 격노했다고 한다. 이 격노 이후 사태는 급변했다. 거꾸로 수사단장 박정훈 대령이 항명수괴죄로 기소돼 재판을 받는 것으로 전환됐다. 이에 이 사건은 단순한 군 내부 안전사고로 끝나지 않았다. 유족과 시민사회, 그리고 민주당은 해병대 지휘부가 위험을 알고도 무리하게 수색 작전을 지시했다며 지휘관을 포함한 책임자의 처벌을 요구했다.

해병대원 순직 국정조사 촉구 농성장 방문한 민주당 지도부(2023.12.18.)

그러나 윤석열은 군 사고의 최고책임자인 이종섭 국방부 장관을 호주대사로 내보내기도 하고 이를 위해 그에게 걸려있던 출국금지 조치를 해제했다. 더불어민주당은 발 빠르게 나섰다. 정의당 등 야권과 함께 '채 상병 사건 진상 규명 특별검사법'을 발의하고, 야당 단독으로 통과시켰다. 이 사건을 군사적, 정치적으로 독립된 수사를 해야 한다는 취지였다. 국회는 2024년 10월 특검법을 통과시켰다. 그러나 윤석열은 해당 특검법을 거부권 행사로 반려

했다. 이러한 불의에 보수적인 '해병전우회'까지 사건의 진상 규명과 책임자 처벌을 요구하는 등 제22대 총선의 쟁점이 되기까지 했다. 이 사건은 결국 윤석열 몰락의 신호탄이 되었다. 자신의 탄핵을 막으려던 불법 계엄령 발동과 몰락에 이르게 만든 한 요인이 되었다.

윤석열은 "이미 수사가 진행 중이며, 정치적 의도가 다분한 특검은 불필요하다"고 주장했으나, 야당과 유가족은 "진상 규명을 막는 행위"라며 강하게 반발했다. 윤석열이 지배하는 검찰의 수사는 신뢰할 수 없다는 비판이 제기되었다. 또 진상을 밝히는 과정에서 '김건희 도이치 주가 조작 사건'의 공범인 이종호 블랙펄 인베스트먼트 대표가 연루되었다는 의혹이 제기됐다. 채 상병 사망에 책임이 큰 임성근 해병대 1사단장이 이종호와 관계있다는 것이 드러났다. 결국 임성근은 윤석열 탄핵 뒤 출범한 '채 상병 특검'에 의해 2025년 구속됐다.

해병대원 특검법 거부 규탄 및 통과 촉구 범국민대회에 참석한 민주당 의원과 당원들 (2024.5.25.)

연구개발(R&D) 예산 대폭 삭감

2023~2024년 윤석열정부 하에서 단행된 연구개발(R&D) 예산 대폭 삭감은 과학기술계, 산업계, 학계 전반에 큰 파장을 일으켰다. 정부는 재정 건전성을 명분으로 약 10조 원 규모의 국가 R&D 예산 중 16.6%인 1조 6천억 원을 삭감했고, 특히 중소기업 기술개발, 기초과학연구, 인공지능 및 우주·방산 연구 등 전략 분야의 예산이 줄어들었다. 이는 우리나라 과학기술 정책의 방향성과 정부의 연구개발 투자 철학에 대한 근본적 의문을 제기하게 했다.

실제 현장에서는 다수의 연구 프로젝트가 중단되거나 축소되었으며, 특히 신진 연구자들의 지원이 대폭 줄어들면서 미래세대의 연구 기반이 약화되었다. 중소기업 기술개발 지원사업 삭감으로 인해 기업들은 상용화 단계의 기술을 포기하거나, 해외 투자처로 눈을 돌리는 사례도 늘어났다. 과학기술계의 인재들이 외국으로 발을 돌리는 사태까지 발생했다

민주당은 정부의 일방적 감액이 "국가경쟁력에 대한 자해행위"라고 비판했다. 또한, R&D 예산 삭감이 과학기술 기반 산업 전략과 모순된다는 지적이 제기되었고, 윤석열정부의 '반도체·AI·우주 강국' 구호와 실제 투자 전략이 괴리를 보인다는 비판도 확산되었다.

2023년 가을, 과학기술계의 대규모 서명운동과 시국선언이 이어졌으며, 일부 연구자들은 정부과제 제안 자체를 거부하기도 했다. 청와대 국민청원에도 관련 항의가 쏟아졌고, 과학기술계의 정부에 대한 신뢰는 크게 훼손되었다.

윤석열정부의 R&D 삭감 사태는 단순한 재정 조정이 아니라 과학기술 정

책의 철학 부재를 드러낸 사례고, 이로 인해 사회적 신뢰를 잃어버렸다. 특히, 이공계 청년세대와 연구자 집단은 장기적 연구환경의 불안정성을 크게 체감하게 되었다.

대전시당에서 열린 현장 최고위원회의(2023.11.15.)

5. 이재명 당대표의 단식투쟁

　8월 말 정국은 다시 요동쳤다. 이재명 대표는 8월 31일 "윤석열 정권의 폭정을 막고 민생을 지키겠다"며 돌연 단식투쟁에 돌입했다. 국회 본청 앞에서 시작된 그의 단식은 일본 후쿠시마 원전 오염수 해양 방류에 대한 정부 규탄, 민주주의 후퇴 및 경제 위기 상황에 대한 항의, 윤석열 대통령의 책임 있는 국정전환 요구 등을 명분으로 내걸었다.

　제1야당 대표의 무기한 단식은 이례적인 선택이었고, 여당은 "정쟁용 쇼"라고 비난했으나 민주당 지지층 결집 효과도 나타났다. 이재명 대표는 단식 19일 만에 건강 악화로 병원에 후송되었으나, "대통령의 사과와 내각 총사퇴 없이는 중단 없다"는 입장을 고수했다.

　그의 단식은 9월 내내 이어졌고, 민주당 의원들은 교대로 단식 동조 및 청와대 앞 1인 시위를 병행했다. 그러나 윤석열 대통령은 별다른 반응을 보이지 않았고, 오히려 국민의힘 지도부는 "야당대표 단식은 국정 발목잡기"라며 냉담한 태도를 취했다. 9월 18일, 이 대표가 단식 19일째 급격한 건강 악화로 병원에 긴급 이송되면서 단식은 중단되었다. 그의 단식투쟁은 뚜렷한 성과 없이 끝났지만, 야당 지지층을 결집시키고 정부여당에 대한 투쟁 의지를 대외적으로 천명했다는 평가가 나왔다.

이재명 대표 무기한 단식투쟁(2023.9.10.)

체포동의안 가결과 민주당의 위기

이재명 대표가 병원에 입원 중이던 9월 21일, 친윤검찰의 강압수사가 빚은 '사법 리스크'는 결정적 국면을 맞았다. 검찰이 이 대표에 대해 백현동 개발 특혜 의혹 및 쌍방울 대북 송금 의혹으로 구속영장을 청구하면서, 국회에 두 번째 체포동의 요구서가 제출된 것이다. 민주당은 당론으로 다시 부결을 결의했지만, 정작 9월 21일 본회의 무기명 표결 결과 체포동의안이 가결되고 말았다. 민주당 내부 추산으로 무려 39명에 달하는 이탈표가 발생하여, 국민의힘 등 여당 의원들의 표와 합쳐 가결 정족수를 넘은 것이다. 헌정사상 야당 대표에 대한 체포동의안 가결은 초유의 일이었고, 이를 계기로 당내 친명계와 비명계의 갈등은 폭발 직전으로 치달았다. 가결 직후 이재명 대표 측은 "검찰이 당내 일부 배신자들과 짜고 한 쿠데타"라며 강하게 반발했고, 친명계 당원들은 가결표 의원 색출을 주장했다. 민주당 지지층 상당수가 분노로 들끓었다. 단식 중이던 이재명 대표는 당 공보국을 통해 격앙된 지지자들에게 단결해서 민주당을 지키자는 메시지를 냈다.

"우리 역사는 늘 진퇴를 반복했습니다. 4.19 혁명으로 독재정권을 타도하자 군사쿠데타가 발발했고, 6월 항쟁으로 국민주권을 쟁취하자 군부 야합세력이 얼굴을 바꿔 복귀했습니다. 이제 촛불로 국정농단세력을 몰아내자 검찰카르텔이 그 틈을 비집고 권력을 차지했습니다. 검사독재정권의 폭주와 퇴행을 막고 민생과 민주주의를 지켜야 합니다. 윤석열 정권의 폭정에 맞서 싸울 정치집단은 민주당입니다. 민주당이 무너지면 검찰독재의 폭압은 더 거세지고 그 피해는 고스란히 국민에게 돌아갈 것입니다. 민주당의 부족함은 민주당의 주인이 되어 채우고 질책하고 고쳐주십시오. 이재명을 넘어 민주당과 민주주의를, 국민과 나라를 지켜주십시오. 검사독재정권의 민주주의와 민생, 평화 파괴를 막을 수 있도록 민주당에 힘을 모아주십시오. 당의 모든 역량을 하나로 모을 수 있다면 우리는 반드시 승리할 것입니다. 더 개혁적인 민주당, 더 유능한 민주당, 더 민주적인 민주당이 될 수 있도록 사력을 다 하겠습니다. 강물은 똑바로 가지 않지만 언제나 바다로 흐릅니다. 역사는 반복되면서도 늘 전진했습니다. 결국 국민이 승리했고, 승리할 것입니다. 국민을 믿고 굽힘없이 정진하겠습니다."

구속영장 기각 후 서울구치소 앞에 선 이재명 대표(2023.9.27.)

반면 비명계 모임 '과감한 희망21' 등에서는 "당의 분열을 조장하는 망언"이라며 이 대표를 공개 비판했다. 이재명 대표는 병상에서 긴급 메시지를 내 "검찰과 암거래한 세력은 반드시 심판받을 것"이라고 경고했고, 실제로 이후 진행된 총선 공천 경선 과정에서 가결표를 던진 것으로 의심받는 상당수 비명계 현역들이 탈락하는 결과로 이어졌다. 한편 국회 체포동의안 가결 직후 열린 법원의 영장실질심사에서는 이재명 대표에 대한 구속영장이 기각됐다. "다툼의 여지가 있고 증거인멸 우려가 결정적이지 않다"는 게 기각 사유였다.

이재명 대표 체포동의안 가결은 당에 엄청난 후폭풍을 몰고 왔다. 9월 22일 긴급 의원총회가 열렸다. 그 결과는 원내 대변인인 이소영 의원을 통해 알려졌다. "(이 대표 체포동의안) 표결 결과가 지도부의 요청과 다른 방향으로 나왔기 때문에 그 모든 상황에 대한 책임을 지고 박광온 원내대표가 사의를 표명했다. 원내대표단도 총사퇴한다."라고 밝혔다. 원내대표단 뿐만 아니라 조정식 사무총장과 사무총장 산하 정무직 당직자들도 모두 사의를 표명했다. 당 지도부에 책임이 있다며 당 지도부가 총사퇴하라는 요구도 있었지만, 지도부는 사태를 책임지고 수습한다는 결론을 내렸다.

공석이 된 원내대표 보궐선거가 9월 26일에 치러졌다. 경선에는 김민석, 남인순, 홍익표 의원이 출마해 3파전으로 진행되었다. 1차 투표에서 김민석 의원이 탈락하고, 남인순 의원과 홍익표 의원이 결선투표에 나섰다. 투표 결과 홍익표 의원이 새 원내대표로 당선되었다. 친명계와 비명계가 극명하게 갈린 가운데 치러진 선거였고, 범친명계로 분류된 홍익표 의원에게 힘이 실린 모양새였다. 신임 원내대표는 "이재명 당대표와 함께 내년 총선에서 승리할 수 있는 동력을 만들겠다"며 "원칙과 기준을 갖고 민주성과 다양성에 바탕해서 의사를 결정하고, 과정은 투명하고 공정하고 유능하게 관리하겠다. 그에 대한 책임은 제가 제일 먼저 지겠다."고 의원들 앞에서 다짐했다. 민주당은 다시 전열을 정비하고 다가오는 보궐선거를 준비했다.

강서구청장 보궐선거 승리

엄청난 혼란을 넘은 민주당은 10월에 있을 강서구청장 보궐선거 승리를 향해 당력을 집중했다. 단일 기초단체장 보궐선거였지만 윤석열정권 중간심판 성격을 띤 선거라 전국적 관심이 쏠렸다. 이 선거는 전임 구청장이었던 국민의힘 김태우가 지난 5월에 공무상 비밀누설 혐의로 대법원에서 징역 1년에 집행유예 2년을 확정받아 구청장직을 상실하면서 치러지게 된 선거였다. 그런데 수백억 원이 들어갈 것으로 추산되는 보궐선거에 나온 국민의힘 후보는 유죄를 선고받아 재선거의 원인을 제공한 당사자인 전임 구청장 김태우였다. 윤석열의 파렴치한 특별사면권 남용과 국민의힘의 뻔뻔한 공천이 만들어낸 합작품이었다. 강서구민들은 그런 뻔뻔한 짓에 분노했고, 투표로 심판했다.

진교훈 강서구청장 후보 선거사무소에서 열린 현장 최고위원회(2023.10.4.)

민주당 진교훈 후보가 56.52%의 득표율로 국민의힘 김태우 후보를 약 17%p의 큰 차이로 누르고 당선되었다. 보궐선거임에도 투표율은 48.7%에 달할 정도로 열기가 뜨거웠다. 윤석열정부 중간평가 성격이 강했던 선거에서 야당이 완승함으로써 윤석열 정권은 큰 타격을 입었다. 반면 민주당은 체포동의안 가결이라는 악재를 털어버릴 수 있었다. 민주당은 선거 결과를 두고 "민심은 이미 정권에 등을 돌렸다"며 총선 승리에 대한 자신감을 내비쳤다. 반면 국민의힘은 지도부 총사퇴 등 후폭풍에 휩싸였고, 보궐선거 패배 책임론으로 혼란을 겪었다. 강서구청장 승리는 내홍에 시달리던 민주당을 일시적으로 결집시키는 효과도 있었다. 이재명 대표 역시 "국민 승리"라며 환영했고, 당내에서는 "총선도 해볼 만하다"는 분위기가 확산되었다.

의료 대란 사태 대응

윤석열정부는 2024년 2월, 의과대학 정원을 2025학년도부터 기존보다 2,000명 확대하는 방침을 전격 발표했다. 전국 의대 입학 정원이 약 3,058명에서 5,058명으로 대폭 늘어나는 셈이다. 이는 1996년 의대 정원이 3,058명으로 동결된 이후 27년 만의 대규모 확대였다. 정부는 고령화로 인한 의료 수요 증가, 지방의료 취약지역 문제, 필수의료 인력 부족 문제 등을 정원 증원이 필요한 이유로 내세웠다.

하지만 이 같은 발표는 의료계와의 충분한 협의 없이 강행되었고, 즉각적인 반발을 불렀다. 대한의사협회와 전국 수련병원 전공의들은 정부가 의료계와의 실질적인 논의나 구조 개혁 없이 '숫자 늘리기'만을 택했다며 집단행동에 나섰다. 수많은 전공의들이 사직서를 제출하고 진료 현장에서 이탈했으며, 일부 병원은 응급실 진료 축소, 중환자실 운영 중단, 수술 연기 등의 위기를 겪었다. '의료공백'이라는 말이 현실이 된 것이다.

의료계는 의대 정원 증원 자체에 절대 무작정 반대하는 것이 아니라, 현행 의료전달체계와 수련환경, 필수의료 유도 정책 등이 선행되어야 한다는 입장이었다. 그러나 정부는 이러한 논의 없이 일방적으로 숫자를 늘렸고, 이는 의료계 전체의 불신을 낳았다. 더구나 정원이 늘어도 신규 인력이 수도권, 대도시, 미용·성형 등 수익성 높은 분야로 몰리는 것을 막을 구조가 없다는 점도 비판의 대상이 되었다.

　정부의 사후 대응도 거칠었다. 정부는 집단행동에 나선 전공의들을 '무단이탈'로 규정하며 법적 조치를 경고했고, 경찰까지 투입하여 강경 대응 방침을 세웠다. 그러나 이러한 조치는 갈등을 더욱 키웠고, 국민 다수는 환자 피해를 걱정하면서도 정부의 대응이 유연하지 않았다는 점에 비판적인 시선을 보냈다. 결국 정부는 군의관, 공보의, 군병원 의료인력 등을 동원하여 응급 진료 공백을 메우려 했으나, 이는 단기적 대응에 불과했다.

　전문가와 언론은 의료 대란 사태의 책임이 정부에 있다고 지적했다. 정부의 정책 방식, 협치 실패, 의료체계에 대한 근본적 개혁 부재의 결과라는 것이다. 정부와 의료계의 신뢰가 완전히 붕괴됨으로써 대화 자체가 완전히 불가능한 상태가 된 점을 가장 큰 문제로 지적했다. 또한 의료 인력을 양성하는 시스템과 실제 의료서비스 제공 구조 간의 연결 고리가 단절된 상태에서, 정원만 늘려봤자 문제 해결에는 한계가 있다고 강조했다.

　민주당은 의료대란 문제를 해결하기 위해 박주민 의원을 위원장으로 하는 의료대란대책특별위원회를 구성했다. 대화와 신뢰회복을 위해 우선 여야정 그리고 의료계가 함께하는 협의체를 구성하자는 제안을 했다. 그 제안에 대해 무시로 일관하던 정부는 뒤늦게 협의체 구성에 나섰다. 만시지탄이었다. 특위는 협의체가 문제를 풀어 갈 방향도 분명히 제시했다. 첫째, 의료진들의 현장 복귀와 의대 교육의 정상화를 위해 2026년 정원 재검토는 물론, 정원 규모의 과학적 추계와 증원 방식을 포함한 폭넓은 논의를 다시 해야 한다. 둘째, 대통령과 정부는 국민의 목숨을 위협하는 지금의 의료대란이 정부의 정책 실패에 따른 것임을 인정하고, 국민께 사과하고, 책임자들을 문책해야 한다.

더 나아가서 특위는 2024년 11월에 특위 위원장이고 국회 보건복지위원장인 박주민 의원 대표 발의로 '의료대란 피해보상 특별법안'을 제출했다. 법안에는 정부의 의대정원 2000명 증원 발표에 반발해 전국의 대학병원을 포함한 수련병원 전공의 약 1만 명이 집단사직하면서 발생한 의료공백 사태로 인해 적시에 치료 또는 수술 받지 못한 환자들이 중증에 빠지거나 목숨을 잃었을 경우 이에 대한 피해보상을 국가가 책임지도록 하는 내용이 골자였다. 그러나 윤석열 정권은 딴 생각을 하고 있었다. 그 생각이 여실히 드러난 것이 법안 발의 얼마 후에 선포한 계엄 포고령이었다. 포고령에는 전공의 무조건 복귀를 요구하는 것과 그렇지 않을 경우 처단하겠다는 협박이 포함되었다.

민주당 의료대란대책특위와 대한응급학회의 응급의료 비상사태 관련 간담회(2024.9.2.)

제6장

친위쿠데타 저지와
제4기 민주정부 출범
(2024-2025)

| 제6장 |

1. 이재명 당대표 피습

피습으로 쓰러진 이재명 당대표(2024.1.2.)

2024년 1월 2일, 부산 가덕도 신공항 부지를 방문 중이던 민주당 이재명 대표가 한 남성에 의해 피습당하는 사건이 벌어졌다. 피의자는 지지자로 가장해 접근한 뒤 준비해온 흉기로 이 대표의 목 부위를 찔렀고, 이 대표는 중환자실로 이송돼 응급수술을 받았다. 목의 경정맥 일부가 손상될 만큼 심각한 상처였다. 이 사건은 정치인을 향한 폭력이라는 점에서 단순한 개인 범행을 넘어 민주주의에 대한 위협이었다.

이번 피습은 극단적 정치 혐오와 온라인에서 증폭되는 악의적 프레임이 실제 물리적 위협으로 연결될 수 있었다는 점에서 매우 무서운 사건이었다. 2025년 윤석열 구속 영장 발부에 불만을 가진 일부 극우파 청년들이 서부지방법원을 공격해 파괴한 극단적인 불법 폭력 사태의 전조처럼 보였다. 피의자는 극단적 정치 불신 속에서 범행을 계획했고, '사인 요청'이라는 가장 일상적인 접근 방식을 통해 지도자급 정치인에게 치명상을 입혔다.

이 대표는 이번 사건을 계기로 정치의 품격과 대화의 문화를 복원해야 한다고 강조했다. 진보와 보수의 차이를 넘어, 상대를 악마화하고 비난과 조롱으로 일관하는 정치가 혐오를 키우고 결국 물리적 테러로 이어진 무서운 결과였다. 이재명 대표는 수술 이후 "증오의 정치를 끝내자"고 호소했다. 죽이는 정치가 아니라 살리는 정치를 하자는 이 대표의 호소는 단순한 정치적 메시지가 아니라 한국 정치 전반에 던지는 무거운 울림이라는 게 언론계의 평가였다.

2. 제22대 국회의원 선거 민주당 압승

2024년은 제22대 국회의원 총선거(4월 10일)를 앞두고 민주당에게 사활이 걸린 해였다. 윤석열정부 중반기에 치러지는 이번 총선에서 민주당은 국정심판론을 내세워 승리를 다짐했다. 2023년 말부터 이재명 대표 체제로 총선기획단이 출범하여 공약 개발과 인재 영입 작업이 시작됐다. "민생에 유능한 정당" 이미지를 부각하기 위한 노력도 기울였다.

민주당은 '고물가·고금리 대응 경제 정책', '후쿠시마 오염수 방류 반대 등 국민안전 이슈', '검찰개혁 마무리 및 권력기관 견제' 등의 이슈를 전면에 내세워, 민생을 살리고 국민을 지키겠다는 대국민 약속을 했다.

한편으로 20대 남성 등 이탈했던 젊은 층 표심을 잡기 위해 청년 정치인들을 전진 배치하고, 군 장병 월급 200만 원, 청년 주거·취업 지원 등을 공약에 담았다. 젠더 갈등을 완화하기 위해서는 "성평등 사회 실현"을 기본 입장으로 유지하면서도 남성 역차별 논란에는 신중한 접근을 취하는 등 균형 잡기에 애썼다.

조직 면에서는 이재명 대표 직속으로 총선승리위원회를 발족하고 당내 계파를 아우르는 공동선대위원장단을 구성했다. 2024년 1월 24일에는 당의

로고와 심볼을 바꿨다. 2016년 1월에 로고와 심볼을 공개한 이후 8년 만이었다.

새로운 로고와 상징은 더불어민주당의 연속성을 나타내면서도 시대의 변화에 조응하는 방향으로 바꿨다. 새 로고는 '민주당'을 더 크게 강조해 민주당의 역사성과 정체성을 드러냈다. 민주당은 새 로고를 발표하면서 이 변화를 두고 "국민을 살리는 정치를 실현하고, 모두가 행복하고 희망을 꿈꾸는 나라를 만들기 위한 민주당의 각오를 담았다."라고 설명했다.

새로운 당 PI 선포식(2024.1.24.)

공천규칙 확정과 내부 갈등

민주당은 일찍부터 제22대 총선을 준비했다. 2023년 11월 1일에는 조정식 사무총장을 단장으로 하는 총선기획단을 꾸렸다. 총선기획단은 후보자 검증 기준을 마련하고, 여성과 청년의 정치참여 확대 방안을 마련했다. 현역 의원이 불출마한 선거구 등을 전략선거구로 지정해 청년과 여성을 우선 공천하자는 제안을 했다. 그리고 청년 후보자가 출마한 지역은 경선을 원칙으로 하자는 제안도 했다.

인재위원회도 활발하게 움직였다. 예전과 달리 인재 추천을 국민들이 직접 할 수 있도록 '국민추천제'를 실시했다. 총 접수 건수가 16,221건이었고, 추천 인재는 2,008명에 달했다. 12월부터는 국민추천제를 통해 영입된 인재를 소개하고 그들의 정책과 정치적 포부를 발표하기 위해 '사람이 온다, 미래가 온다'를 슬로건으로 인재영입식도 진행했다. 영입된 인재들은 2024년 2월 한 달간 당대표와 함께 '사람과 미래' 전국투어를 하며 강연과 토크 콘서트도 진행했다. 영입된 인사 24명이 출마해 15명이 당선되는 성과를 거뒀다.

1월에는 총선기획단의 제안에 따라 공천규칙을 일부 손질했다. 현역 의원 성적평가에서 하위 10%에 해당할 경우, 경선 컷오프 또는 경선 득표 30% 감산 조치를 확정한 것이 핵심이었다. 이는 "물갈이 공천"을 통해 세대교체와 인적쇄신을 이루겠다는 의지를 보여주려는 생각이었다.

이에 대해 하위 평가 대상에 포함된 비명계 다수 의원들은 크게 반발했다. 실제로 비이재명계로 분류된 인사들이 하위평가 통보를 받았고, 경선에서 대거 탈락하고 말았다. 2024년 2~3월 진행된 민주당 후보 경선은 이른바 "친명 대 비명"의 대리전 양상이 뚜렷했다.

제22대 국회의원선거 총선기획단 1차 회의(2023.11.6.)

 수도권을 중심으로 친명계 인사들이 공천 경쟁에서 약진한 반면, 비명계 상당수가 고배를 마셨다. 대표적인 사례로 서울 강북을 지역구에서 비명계 중진 박용진 의원이 친명계 정봉주 전 의원, 조수진 변호사에 연이어 경선 패배를 당해 탈락했다. 박용진 의원은 경선 직전 하위 10% 평가로 경선 득표 30% 감산 페널티를 받았고, 결국 근소한 차로 패배했다. 이 밖에도 친문·비명 성향의 3선 윤영찬(성남 중원), 초선 김해영(부산 연제) 등이 경선에서 고배를 마셨고, 친이재명 성향의 정청래(서울 마포을), 김남국의 후임으로 전략 공천된 김남근(서울 성북을) 등은 무난히 경선을 통과했다.

언론은 이를 두고 "친명횡재(친명계의 횡재)와 비명횡사(비명계의 황망한 죽음)"라고 보도하며 민주당 공천 상황을 묘사했다. 공천 막바지까지 박용진, 강병원 등 탈락자들은 "계파사천"이라고 반발했고 일각에서 탈당 후 무소속 출마설도 돌았으나, 이재명 대표는 "공정한 경선이었다"며 진화에 힘썼다. 결과적으로 민주당 공천은 현역 교체율 40%를 웃도는 물갈이로 귀결되었으며, 상당수 지역구에서 초선·청년 후보들이 공천장을 거머쥐었다. 그런 변화가 당원들의 선택이었다는 점만은 분명했다.

국회의원 회관 대회의실에서 열린 제22대 총선 후보자 대회(2024.3.17.)

압도적 승리와 정치 지형의 변화

2024년 4월 10일 실시된 제22대 국회의원 선거에서 민주당은 큰 승리를 거두었다. 공천 잡음도 있었지만, 윤석열 정권을 심판하려는 민심은 그 분노에 공감하는 민주당에 힘을 실어줬다. 전체 300석 중 민주당은 지역구와 비례대표를 합쳐 161석을 획득하며 제1당 지위를 지켰다. 민주당이 전략적으로 지원한 비례대표 연합정당인 더불어민주연합도 14석을 얻어, 민주당 계열 의석을 합하면 175석에 달했다.

제22대 총선 출구조사 개표 직후 선거상황실(2024.4.10.)

이는 과반(151석)을 훌쩍 넘는 수치로, 민주당이 2020년 총선 승리 후 내부 분열 등으로 줄었던 의석을 상당 부분 회복한 것이다. 반면 집권여당인 국민의힘은 참패를 당해 지역구·비례 합쳐 90석에 그쳤다. 국민의힘 역시 비례

전략정당 국민의미래를 통해 18석을 보탰으나, 이를 다 합쳐도 108석으로 민주당 진영에 크게 미달했다.

제22대 총선에서는 거대 양당 외에도 새로운 정당들이 약진했다. 문재인 정부 법무부 장관 출신으로 윤석열의 집요한 먼지털이식 수사를 받던 조국이 이끈 조국혁신당은 정권심판을 원하는 진보 유권자들의 바람을 모았다. 민주당과 조국혁신당을 모두 지지하는 유권자들에게 '지역구는 민주당 비례는 조국신당'이란 구호와 '3년은 너무 길다'라는 슬로건을 제시했다. 특히 20~40대 고학력층·도시 중산층 유권자 중 상당수가 '3년은 너무 길다'는 슬로건에 반응했다. 결국 진보 성향 표심을 일부 흡수해 12석을 얻었다.

새로운미래는 이낙연 전 국무총리와 비명계 더불어민주당 탈당파들이 주축이 돼 2024년 2월 창당했지만 이낙연 본인도 완패했다. 우여곡절 끝에 김종민 의원만이 세종에서 당선되었지만, 그마저 9월에 탈당해 결국 단 한 석도 없는 정당으로 몰락했다. 이준석이 경기 화성에서 당선하는 등 비례 2석을 더한 개혁신당이 3석을 확보하며 다당제가 구현됐다.

진보당도 정의당 탈락으로 빈자리를 메우며 1석을 지켜 원내 진입에 성공했다. 전체적으로 민주당을 중심으로 한 야권이 국회 권력을 장악한 결과였으며, 윤석열정부 출범 이후 최초의 전국 단위 선거에서 민심은 반윤 반국민의힘으로 심판의 의지를 표출했다.

민주당의 총선 승리 요인으로는 우선 윤석열정부에 대한 중간평가 성격을 들 수 있다. 선거 전 각종 여론조사에서 유권자들은 윤 대통령의 국정운영에 대해 과반이 부정평가를 내렸고, 특히 경제·민생 어려움과 일본 후쿠시마 오염수 문제 등에서 정부 대응에 불만이 높았다. 민주당은 효과적으로 "정권심판론"을 제기하며 표를 결집시켰다.

둘째, 야권 분열 최소화 전략이 주효했다. 비록 조국혁신당 등이 출현하긴 했지만, 민주당은 정의당 등 기존 진보정당과의 경쟁을 크게 의식하지 않을 정도로 제1야당 위상을 유지했다. 오히려 2020년 도입된 준연동형 비례대표제하에서 위성정당(민주연합)을 다시 활용해, 표 분산을 막았다.

셋째, 혁신 공천도 승리에 일조했다. 민주당은 다수 신인을 발탁하고 2030 청년 후보를 전면에 내세워 세대교체를 강조했고, 과거 여러 차례 구설에 올랐던 일부 중진들이 물러나며 유권자들에게 신선한 이미지를 주었다. 특히 86세대의 퇴장이 두드러졌다. 86세대의 대표적 인물인 임종석은 공천이 뜻대로 되지 않아 불출마했고, 4선의 안민석도 출마하지 않았다. 민주당 주류에 반하는 목소리를 내던 5선의 이상민은 뜻밖에 국민의힘으로 옮겨 대전 유성을에 출마했으나 낙선했다. 대신 30대 청년 당선자가 10명 이상 배출되고 여성 의원 비율도 크게 높아져, 민주당 의석 구성의 세대별·성별 다양성이 증진되었다.

마지막으로, 선거 막판 이재명 대표에 대한 동정여론이 일어난 점도 있다. 3월부터 진행된 이 대표 재판 및 검찰 추가 기소 등에 대해 무리한 "야당 탄압"이라는 정서가 퍼지며 민주당 지지층이 더욱 결집했다. 선거 당일 실시된 출구조사에서도 "정부 견제 위해 야당 지지" 응답이 과반을 차지해 이번 선거의 성격을 보여주었다.

전국적으로는 민주당이 압승했음에도 불구하고, 영남 지역에서는 여전히 열세를 면치 못했다. 부산에서는 민주당 전재수(북구갑) 후보 외에는 모두가 낙선해 겨우 한 석을 지켰다. 대구·경북에서는 한 석도 얻지 못했다. 그만큼 전국정당의 길은 멀었고, 민주당이 해결해야 할 숙제로 남았다.

출구조사 결과를 지켜본 뒤 손을 잡고 있는 이재명 대표, 이해찬·김부겸 상임공동선거대책위원장(2024.4.10.)

국민의힘은 이념 편중 공천과 대통령실의 공천 개입 논란, 그리고 '한동훈호' 지도부의 선거 전략 실패 등이 겹쳐 참패했다는 평가가 나왔다. 또한 윤석열은 "대파 한 단이 875원"이라는 발언으로 물가·민생을 모른다는 것을 단적으로 드러내며 국민의힘 패배의 제1요인이 되었다.

여기에다 방송출연으로 지명도가 높았던 경기대 이수정 교수의(국민의힘 경기 수원정 후보)의 "대파 '한 단'이 아니라 '한뿌리'다" 등의 해명도 '윤석열 비위 맞추기'란 악평을 부르는 자책골이 되었다.

또 '채 상병 사망사건'을 덮기 위해 이종섭 국방부 장관을 호주대사로 급히 발령 내고 그에 대한 법무부의 출국금지를 바로 풀어준 뒤에 출국시켰다, '런종섭'이란 별칭을 얻을 정도로 이에 관련한 여론이 악화되자 급거 귀국시키는 등 윤석열의 '채 상병 특검 거부권 행사'의 후과가 컸다. 결과적으로 윤석열은 민주당 등 야권 대승의 숨은 '일등 공신'이었다는 야유를 받기도 했다.

공천 과정에서 연이은 탈락 통보를 받은 비명계 중 일부는 끝내 당을 떠났다. 3선 이상 중진 중 경선을 포기하고 불출마를 선언한 이들도 있었다. 이원욱, 조응천 의원은 이낙연 전 대표가 창당한 새로운미래에 합류했지만 낙선했다. 5선 이상민 의원과 4선 김영주 의원은 국민의힘에 입당해 출마했지만 역시 낙선했다. 반면 임종석, 박용진, 윤영찬 의원 등 다수의 비명 인사들은 "백의종군"을 선언하고 당 잔류를 택했다.

3. 제22대 국회개원과 민주당 전당대회

총선 직후인 4월 30일, 민주당은 3선의 박찬대 의원(인천 연수갑)을 원내대표로 선출했다. 박 원내대표는 당선 직후 "국민의 명령은 개혁과 통합이며, 민생 중심의 실용적 원내 운영을 하겠다"고 밝히며 개혁입법 추진을 강조했다. 박찬대 원내대표 체제의 핵심은 실행력과 친명계 결집력 강화였다. 원내수석부대표엔 박성준·김용민 의원이 임명됐다. 원내 대변인으로는 노종면, 강유정 의원이 임명됐다.

충남 예산에서 1박 2일 열린 제22대 총선 당선자 워크숍(2024.5.23.)

민주당의 입법 노력

2024년 5월 30일 개원한 제22대 국회는 민주당을 중심으로 야권이 과반을 차지한 구도로 재편되었다. 민주당은 곧바로 국회의장단 선거에서 승리를 거둬 신임 국회의장에 5선의 우원식 의원을 선출했다. 우원식 의장은 "협치를 존중하되, 국회 본연의 역할을 다하겠다"며 중립을 다짐했다. 입법 과정에서는 민주당 주도의 법안 처리가 속도를 내기 시작했다.

2024년 6월 난항을 거듭하던 여야 원 구성 협상은 민주당 주도로 국회법에 따라 원 구성을 단행했다. 법사위(정청래), 운영위(박찬대), 과방위(최민희) 등 핵심 상임위원장을 민주당이 확보했다. 윤석열정부의 국회 방탄 원천봉쇄 및 민주적 국회 운영의 기틀을 마련한 것이다.

'전세사기피해자 지원 및 주거안정에 관한 특별법'은 여당과의 합의로 입법에 성공했다. 6월 임시국회에서 민주당은 대선 공약이기도 했던 '고등학교 무상교육법', '노란봉투법 재추진안' 등을 단독으로 상임위 통과시켰다. 윤석열은 여전히 거부권 행사 의지를 굽히지 않았지만, 민주당 박찬대 원내대표는 "국민이 부여한 입법 권한을 적극 행사할 것"이라며 개혁입법에 재도전했다. 7월에는 1년 전 거부당했던 방송법 개정안을 내용 보완해 재상정했고, 경찰청장 국회인사청문회법 등 권력기관 견제 법안들도 발의되었다.

예산 심의 권한도 야당이 쥐게 되어, 2025년도 예산안 심사에서 민주당은 대통령실 운영예산과 일부 국책 사업 예산을 대폭 삭감하며 정부를 압박했다. 이러한 입법 주도권 장악은 윤석열정부를 사실상 '레임덕' 상황에 몰아넣었다는 평가가 나왔다. 다만 민주당이 단독으로 법률을 통과시켜도 대통령 거부권과 헌법재판소 제소 등의 벽을 넘어야 했기에, 완전한 입법 성과를 내려면 다른 야당들과의 공조와 200석 이상의 동의(거부권 재의결 요건) 확보가 과제로 남긴 했다.

이재명 당대표 연임

같은 해 8월 18일 열린 더불어민주당 전당대회에서 이재명 대표가 압도적 득표율로 당대표 연임에 성공했다. 이 대표가 받은 득표율 85.4%는 민주당 당대표 경선 역사상 최고 기록이다. 당대표 연임은 새정치국민회의(민주당의 전신) 시절 총재를 맡았던 김대중 전 대통령 이후 24년 만이다. 경선 투표 2위는 김두관 전 의원으로 득표율이 12.12%였다.

또한 최고위원으로 김민석, 전현희, 한준호, 김병주, 이언주 의원이 당선됐다. 이후 이재명 당대표는 사무총장으로 김윤덕 의원, 정책위의장 진성준 의원, 전략기획위원장 천준호 의원을 임명했다.

야당이 국회 권력을 쥐게 되면서 윤석열 정부의 국정운영은 큰 변화를 맞았다. 우선 인사 동의 절차에서 야당 뜻을 구시하기 어려워졌다. 또한 국정감사에서는 야당 의원들이 정부 실정을 강하게 질타했고, 여러 차례 특검(특별검사제) 도입도 추진되었다. 민주당과 야당들은 '김건희 여사 주가조작 의혹 특검법'을 공동 발의하여 김건희 리스크를 정조준했다. 여당이 소수파로 전락한 가운데 윤석열은 이재명 대표와 여야 영수회담을 취임 720일 만에 갖는 등 정국 운영 방식에 변화를 모색했다.

그러나 근본적인 협치 구조는 쉽사리 복원되지 못했다. 민주당은 여전히 "윤석열 정권의 실정과 국정농단을 심판해야 한다"는 입장이었고, 윤석열도 검찰 수사를 통한 견제에 여전히 의존하는 모습을 보였다.

송파구 KSPO돔에서 열린 제1차 정기전국당원대회(2024.8.18.)

민주당의 계엄 경고

2024년 제22대 국회 출범 이후, 민주당은 여러 차례 '계엄령 경고'를 제기하며 윤석열정부의 행보에 대한 우려를 공개적으로 드러냈다. 이 같은 발언은 단순한 정쟁을 넘어, 현 정부의 권력 집중과 민주주의 위기에 대한 근본적인 문제 제기로 이어졌다.

민주당은 2023년부터 이어진 검찰의 야당 수사, 언론 통제 논란, 경찰권 강화, 군 통수권 관련 발언 등을 종합해 '권위주의적 통치'의 징후로 판단하였다. 특히 대통령실의 일방적인 국정운영과 사법부 및 언론에 대한 압박은 민주적 견제 장치의 약화를 불러왔다.

이재명 대표에 대한 검찰 수사와 구속영장 청구 과정에서, 민주당은 "야당을 무력화시키려는 시도는 군사 정권 시절의 정치 탄압과 다르지 않다"며 계엄 가능성을 경고했다. 김민석 의원은 이미 2024년 8월부터 '군 지휘부, 군 장병, 경찰' 등에 "의원들의 국회 출입을 막거나 회의 소집을 막으면 그 자체로 내란범죄가 된다"면서 "어떤 공직자도 그에 동조, 적극 행동하면 계엄 해제 후 다 형사 범죄로 다스릴 수 있으니 경거망동하지 말기를 권고한다"고 말했다. 그는 계엄에 대비해 '계엄을 빙자한 친위쿠데타방지법'을 발의하기도 했다.

일명 '서울의봄 4법'으로, 계엄 선포 요건을 강화하고 국회의 계엄 해제 의결 참여를 확장하는 내용을 담았다. 박선원 의원도 지속적으로 계엄의 징후들을 제시하며 경각심을 높였다. 이재명 대표도 2024년 9월 1일 여야대표회담에서 "최근 계엄이 자꾸 이야기 되고 있다. (…) 이러한 문제에 대해서도 우리가 더 심각하게 고민해야 한다."고 발언했다. 그처럼 민주당은 윤석열이 실제로 비상계엄을 선포할 수 있다는 대비를 하고 있었다.

민주당의 그런 경고와 우려에 대해 국민의힘과 정부는 날조된 유언비어, 국기 문란, 상상에 기반한 괴담이라며 가짜뉴스라거나 음모론이라고 폄훼했다. 대통령실 대변인도 괴담을 확산시키지 말라며 "민주당 의원들의 머릿속에는 계엄이 있을지 몰라도 저희 머릿속에는 계엄이 없다."라고 논평을 냈다. 모든 언론도 마찬가지였다. 계엄을 경고할 수는 있지만 증거도 없이 지속적으로 계엄 가능성을 유포하는 민주당과 민주당 의원들을 비판했다.

그러나 친위쿠데타는 언제든 일어날 수 있다는 것이 역사적 교훈이고, 민주당 사람들을 그 역사적 교훈을 잘 알고 있었다. 이승만과 박정희의 친위쿠데타는 성공했지만, 계획했다가 실행하지 못한 친위쿠데타도 많았다. 전두환은 1985년에 친위쿠데타 계획을 세웠다 포기했고, 노태우도 1989년에 청명

계획이라는 이름으로 친위쿠데타를 준비했다가 3당 합당으로 방향을 돌렸었다. 가장 최근인 2017년 박근혜 전 대통령 탄핵 정국 당시에도 국군기무사에서 계엄령 검토 문건이 작성된 사실이 공개되면서 충격을 준 바 있다.

이러한 역사적 전례는 민주당이 계엄령 가능성을 과도하게 해석하는 것이 아니라, 실제 가능성을 염두에 두고 경계해야 할 사안으로 보는 배경이 됐고, 윤석열 내란세력은 계엄 준비과정에서 박근혜의 기무사 계엄령 검토문건을 '공부'했다는 것이 확인됐다. 민주당의 계엄 경고는 계엄을 막는 데 중요한 역할을 했고, 김대중 대통령이 강조했듯, '망원경적 역사의식과 현미경적 현실인식'이 빛을 발하는 시간이었다.

거세진 윤석열 퇴진 요구

2024년 대학가에서는 교수와 연구자들의 성명이 잇달았다. 실로 1960년 4.19 항쟁과 1987년 6월 항쟁과정의 교수 선언을 방불케 했다. 2024년 10월 28일에는 대학가 최초로 가천대의 교수노조 성명에서 "윤석열 정권이 말기 호스피스 단계에 들어갔습니다. 호스피스 기간이 얼마나 될지 암담한 실정으로, 국민과 나라를 위해 처절한 관리가 필요한 상황입니다."라고 포문을 열었다.

보수의 정치적 심장이라고 하는 대구, 경북에서도 지식인 396명이 윤석열 퇴진을 요구하는 성명을 발표했다. 경북대에서는 2016년 박근혜 탄핵 요구 당시의 교수, 연구자 등 시국선언 참여인원의 배가 넘는 179명이 서명했다. 미주 지역의 교포 교수 및 연구자 236명도 윤석열의 하야를 촉구했다. 윤석열의 출신 대학인 서울대에서도 11월 28일 525명의 교수, 연구자가 성명에 동참했다. "윤석열과 동창이라는 게 부끄럽다는 제자들의 대자보가 우리를 부끄럽게 합니다. (중략) '영혼이 없는 기술지식인'을 양산해 온 것은 아닌지 참담하고 죄스러운 마음을 금할 수 없습니다."라고 썼다. 시국선언의 발표와 진행을 맡은 박배균 서울대 지리학과 교수는 "서울대라고 하는 최고의 대학을 나왔던 사람을 대통령 시켜놨더니 개판이구나, 서울대가 그렇게 좋은 대학이 아니구나, 이런 것들을 현실적으로 보여준 좋은 실증자료가 아닐까 생각한다."라고 했다.

그리고 같은 날 천주교 사제 1,466명도 "어째서 사람이 이 모양인가!"라는 제목의 시국선언문을 발표했다. 옥현진 대주고, 문창우 주교 등 고위 성직자들도 이름을 올렸다. 2023년부터 있었던 윤석열 퇴진 운동이 평신도 중심이었다면 이번엔 양상이 달랐다. 100개 대학에서 6월 항쟁 때 참여교수 1500여 명의 두 배 이상의 인원이 참여했다.

4. 윤석열 불법 비상계엄령 선포

내란의 밤

2024년 10월, 국회에서는 국정감사가 진행되었다. 민주당 등 야권은 서울 양평 간 고속도로 변경 특혜, 김건희 주가조작 등 윤 정부의 핵심 비리를 추궁했다. 그 외에도 다양한 윤 정부의 부패 의혹을 제기하며 공세를 이어갔다.

서울 광화문 옆에서 열린 김건희·윤석열 국정농단 규탄 및 특검 촉구 제3차 국민행동의 날 집회(2024.11.16.)

11월 2일부터는 장외투쟁도 시작했다. 서울역과 광화문 주변에서 수차례 전국 당원과 시민들이 집결해 '김건희 국정농단 규탄 범국민대회'를 열어 김건희 특검법 수용을 촉구했다.

11월에는 윤석열이 야권이 반대하는 박장범의 KBS 사장 임명을 강행했다. 박장범은 '파우치 박'이란 별명이 붙은 인물이었다. 최재형 목사가 폭로했던 김건희의 샤넬백 불법수수 의혹을 거론하면서, 대통령의 심기를 살펴 그저 '조그만 파우치'가 오간 일로 치부해 구설에 올랐다. 그의 말은 국민 정서와는 동떨어진 표현이었고, 권력자에게 아양 떠는 언론인의 상징적 표현이 되었다. 민주당의 반대에도 불구하고 그는 결국 공영 방송사의 사장이 되었다. 민주당은 그를 사장으로 앉힌 것은 방송장악 기도라며 강하게 반발했다.

국정감사 이후에는 예산심사가 진행되었다. 민주당은 민생예산 확보에 총력을 기울였다. 그런데도 민주당은 정부가 제출한 예산안 677조 4천억 원에서 4조 1천억 원을 깎은 '감액 예산안'을 들고 나왔다. 11월 29일 국회 예산결산특별위원회에서 민주당은 여당의 반발 속에서 단독으로 감액 예산안을 처리했다. 그 이유를 박찬대 원내대표는 의원총회에서 이렇게 설명했다. "불요불급한 예산은 삭감하되 민생 회복과 미래를 위해 꼭 필요한 예산은 증액하기 위해 노력했다. 민주당의 노력에도 불구하고 여당과의 합의 불발로, 그리고 기획재정부의 반대로 내년 예산에서 총수입 3천억 원, 총지출 4조 1천억 원을 감액하게 되었다." 민주당이 민생예산 확보를 외치면서도 감액 예산을 들고 나온 것은 고육지책인 면도 있었다.

헌법상 국회는 예산을 증액할 수는 없다. 그래서 여야는 대화와 타협을 통해 우회적으로 서로가 원하는 예산을 증액하는 방식으로 예산안을 절충해 왔다. 그러나 윤석열 정권은 야당을 대화의 상대로 인정하지 않고, 무시해 왔다. 민생 예산 증액에는 관심도 없고, 민주당이 불필요한 예산으로 보고 삭감한 검찰 등의 특수활동비를 지키는 데만 관심을 쏟았다. 그래서 예산안 협상은 쉽게 타협점을 찾을 수 없는 상황이었다. 그런 상황에서 민주당은 감액 예산안을 협상의 지렛대로 삼고자 했다. 민생 예산을 늘려 민생 회복에 도움이 되는 예산안을 마련하려는 의도였다.

12월 2일은 2025년도 예산안을 처리해야 하는 법정 시한이었다. 그 날 우원식 국회의장은 민주당이 단독으로 넘긴 감액 예산안을 본회의에 상정하지 않고, 여야가 12월 10일까지 예산안 처리에 합의해 달라고 했다. 박찬대 원내대표는 당 의원총회에서 "당정이 민생 예산 증액엔 관심이 없고 특활비 사수에만 관심을 쏟고 있는데 협상 기한을 더 준들 뭐가 달라질까 의문"이라면서도 "정해진 기한 내까지 최선의 노력을 다하겠다"고 했다. 그런데도 국민의힘은 감액 예산안 철회와 사과 없이는 추가 협상을 하지 않겠다는 입장을 바꾸지 않았다. 국정운영을 책임진 여당의 태도라고는 도저히 믿기지 않는 몽니였다.

다행히 예산안 재협상을 벌이려는 여야의 물밑 접촉이 시작된 바로 그 날, 2024년 12월 3일, 상상도 못했던 일이 벌어졌다. 대통령이 비상계엄을 선포한 것이다. 헌법 제77조는 대통령이 비상계엄을 선포할 수 있는 조건을 명시하고 있다. '전시·사변 또는 이에 준하는 국가비상사태' 12월 3일, 여느 밤과 다르지 않게 평화롭던 그 밤을 비상상황으로 만든 것은 바로 윤석열 자신이었다.

12월 3일 밤 22시 23분, 윤석열은 TV 방송에 나와 긴급 대국민 특별담화를 발표한 뒤, 비상계엄령을 선포했다. 그가 말한 비상계엄 선포의 이유는 납득할 수 없는 것이었다. "북한 공산 세력의 위협으로부터 자유대한민국을 수호하고, 우리 국민의 자유와 행복을 약탈하고 있는 파렴치한 종북 반국가세력들을 일거에 척결하고 자유 헌정질서를 지키기 위해" 그는 비상계엄을 선포한다고 했다. 계엄을 선포하기 전에는 국무회의 심의를 거치도록 한 헌법 제89조도 지키지 않은 상태였다.

그는 비상계엄을 선포하기 전에 이미 경찰청장 등에게 민주당 인사 등을 포함한 체포 명단과 봉쇄하거나 점령할 기관들을 적시한 계엄 지휘서를 전달했다. 23시 37분부터 국회 경비대와 경찰이 국회 출입을 봉쇄했다. 계엄을 해제할 권한이 있는 국회의원이 본회의장에 집결하지 못하게 하려는 것이었다. 국회 운동장에 내린 헬기 12대에서는 군인들이 쏟아져 나와 국회 본회의장으로 진입하는 작전을 펼쳤다. 윤석열은 군 지휘관에게 본회의장에 있는 의원들을 끌어내라는 독촉을 하고 있었다.

발표된 포고령은 더욱 기차 찰 내용으로 가득했다. 국회와 지방의회, 정당의 정치활동을 일체 금한다는 조항과 함께 뜬금없이 복귀를 거부하는 전공의는 처단한다는 조항도 있었다. 비상계엄 선포를 듣고 포고령을 읽은 국민들은 경악했다. 노장년층에게는 1980년 전두환의 계엄 장면이 연상됐다. 공포를 느낄 수밖에 없는 상황이었지만 서울과 수도권의 시민들은 여의도 국회로 모이기 시작했다.

시민과 민주당의 저항

대한민국 헌법 제1조는 헌법 조문을 넘어 대한국민 가슴에 새겨진 신념이다. 민주주의가 흔들리고 후퇴할 때면 대한국민은 움츠러들거나 물러서지 않았다. 민주당도 마찬가지다. 반독재 민주화의 기치를 내걸고 70년을 지나온 당이다. 당 강령 맨 앞줄에는 민주화 정신을 계승한다는 다짐이 선명하다.

뼈아픈 민주주의 수난의 경험은 80년 전두환 일당의 폭거와 88년 민주 진영의 분열, 이 두 번만으로 충분했다. 대한국민과 민주당은 이 순간을 위대하게 극복했다.

민주당은 이 사태를 친위쿠데타로 규정하고, 나라와 당의 운명이 걸린 중대 위기로 받아들였다. 민주당 의원들과 당직자들은 비상계엄 해제가 급선무라는 점을 분명히 인식하고 비상하게 움직였다. 윤석열이 계엄을 선포하자마자 의원들의 단톡방에는 "국회가 재적의원 과반수의 찬성으로 계엄의 해제를 요구한 때에는 대통령은 이를 해제하여야 한다."는 헌법 제77조 제5항이 공유되었고 '국회로 모이라'는 행동지침을 정했다. 22시 42분 경 박찬대 원내대표는 소속 의원 전원에게 국회 소집령을 내렸다. 동시에 윤석열이 한 계엄 선포는 불법이며 무효라고 선언했다. 선언하는 게 중요한 게 아니라 계엄을 실제로 해제시켜야 했다.

비상계엄을 해제할 권한은 국회에 있고, 재적 의원 과반수가 모여 해제를 요구하면 대통령은 계엄을 해제해야 한다. 상황은 일촉즉발이었다. 계엄을 해제하느냐 못하느냐가 다수당인 민주당 손에 달려 있었다.

22시 56분부터는 이재명 당대표도 국회로 달려오면서 개인 유튜브 방송을 했다. '위헌적이고 반국민적인 계엄 선포'라며, '국민 여러분은 국회로 와 달라'고 국민께 호소했다. 민주당 지도부는 국회 담을 넘어 경내 진입에 성공했고, 국회 본회의장에 모여 초조하게 본회의가 열리기를 기다리고 있었다. 그때 계엄군이 국회 본회의장으로 진입을 시도했다. 사태가 급박하게 돌아가자 23시 55분경 민주당은 전 당원에게 국회로 모여 달라는 긴급 공지도 보냈다. 이미 달려온 민주당 당직자들과 보좌관들은 필사적으로 본회의장으로 진입하려는 군인들을 막았다.

12.3 비상계엄 선포 후 국회 본회의장으로 진입하려는 군경을 막는 민주당 당직자와 보좌관들(2024.12.3.)

다행히 동원된 군인들은 임무 수행에 소극적으로 임하는 듯했다. 급박한 상황이 흐르는 가운데 모인 의원들이 과반이 되었다. 새벽 1시 1분, 국회는 계엄 해제 요구안을 상정해 출석한 190명 전원 찬성으로 가결했다. 가결 소식이 알려지자 국회 앞 도로를 가득 메운 시민들은 '대한민국 만세'를 외쳤다. 국회는 '비상계엄 선포는 무효'라고 선언하고 '국회의결에 따라 대통령은 즉시 비상계엄을 해제하라고'고 통보했다.

민주당도 비상계엄 해제 후 국회 본회의장에서 바로 긴급 비공개 의원총회를 열어 당의 입장을 다음과 같이 정리했다. "윤석열 대통령의 비상계엄 선포는 명백한 헌법 위반이며 중대한 헌법 위반이자 법률 위반이다. 엄중한 내란 행위이자 완벽한 탄핵 사유다. 대한민국 5천만 국민과 민주당은 헌법과 민주주의를 유린한 윤 대통령의 헌정 파괴 범죄를 좌시하지 않겠다. 윤 대통령은 국민과 역사의 불벼락 같은 심판을 더 이상 피할 수 없다." 이후 윤석열 대통령의 즉각적인 자진 사퇴를 촉구하는 한편 국회 차원의 탄핵 절차에도 착수하겠다고 밝혔다.

비상계엄 해제 후 국회 본회의장에서 연 민주당 비상의총(2024.12.4.)

그러나 윤석열은 국회의 계엄 해제 요구에 즉각 응하지 않았다. 계엄법 제11조에 따라 국회가 계엄 해제를 요구하면, 대통령은 지체 없이 계엄을 해제하고 이를 공고해야 한다. 새벽 2시 17분에는 대통령실이 국회 계엄 해제 요구안에 대한 거부권 행사를 검토한다는 보도가 나오기도 했다. 새벽 4시 27분이 되어서야 윤석열은 '국회의 요청대로 군을 철수시키고 계엄선포를 해제 하겠다'고 항복선언을 했다. 국회로 모여드는 시민과 국회의원의 기세에 눌리지 않을 수 없었을 것이다. 국민과 국회가 함께 위헌 불법 계엄을 해제하고 국회를 지키고 헌법을 지킨 것이다.

반면 계엄 해제의 순간에도 국민의힘은 그들의 반민주적 본성을 적나라하게 드러냈다. 비상계엄의 해제보다도 계엄 해제 표결을 방해하고 소속의원들의 해제 표결 참여를 막는 듯한 태도를 보였다. 추경호 당시 국민의힘 원내대표는 소속 당 비상 의원총회장소를 국회, 중앙당사, 국회 등으로 여러 차례 바꾸며 소속 국회의원들의 계엄 해제 참여를 어렵게 했다. 결국 그는 계엄 해제를 막았다는 혐의로 특검에 불려나가는 신세를 면할 수 없게 되었다.

국회본청 앞에서 열린 윤석열 대통령 사퇴 촉구·탄핵 추진 범국민 촛불문화제 (2024.12.4.)

5. 국민과 함께 이뤄낸 대통령 탄핵

국회정문 앞에서 국회를 지켜 준 국민께 감사 인사를 하는 민주당 의원들과 당직자들 (2024.12.7.)

불발된 탄핵소추

12월 7일, 국회가 탄핵소추안을 표결하는 날이었다. 전날 6일부터 많은 시민이 국회 앞 대로에서 탄핵소추를 바라며 밤샘을 하고 있었다. 아침 7시경 민주당 국회의원들과 당직자들은 국회 앞으로 나와 시민들에게 감사 인사를 드리고, 반드시 탄핵소추안을 가결시키겠다는 각오를 다졌다.

오후 5시, 국회는 시대착오적이며 위헌적인 계엄을 선포한 윤석열 대통령에 대한 탄핵소추안 표결에 들어갔다. 국민의힘 추경호 원대대표는 탄핵소추안 표결 시 국민의힘 집단퇴장을 지시하고 같은 시간에 의원총회를 소집해 이탈표 방지에 총력을 기울였다. 부패혐의로 박근혜의 탄핵소추를 의결할 당시에는 자유투표를 결정했던 것과는 사뭇 대조되는 것이었다. 민주당 지도부는 국민의힘의 본회의 보이콧을 막기 위해 탄핵소추안 표결에 앞서

윤석열 탄핵소추안 표결에 불참한 국민의힘 의원들에게 돌아오라고 호소하는 민주당 의원들 (2024.12.7.)

김건희 특검법 재표결도 안건으로 상정했다. 여당이 본회의에 불참하면 재적의원의 과반 이상을 점하고 있는 야당의원만으로도 특검법을 가결시킬 수 있기 때문이다.

하지만 국민의힘은 김건희 특별법 재의결을 부결시킨 후 집단퇴장으로 대응했다. 우원식 국회의장이 국민의힘 의원들의 참여를 호소하며 표결 종료 선언을 미루는 사이, 당 원내지도부는 국민의힘 의총장으로까지 달려가 표결참여를 호소했으나, 재적의원 300명 중 195명만이 투표에 참여함으로써 투표불성립으로 탄핵소추안은 폐기됐다. 탄핵소추한 표결에 참여한 국민의힘 의원은 단 3명뿐이었다.

박찬대 원내대표는 본회의장 단상에서 표결에 불참한 국민의힘 의원 이름을 하나씩 부르며 "어서 빨리 돌아오라"고 호소했다. 민주당 의원들도 자리에서 일어나 함께 그 이름들을 따라 외치면 표결에 동참해 달라고 외쳤다.

강대식(대구 동구군위군을) 강명구(경북 구미시을) 강민국(경남 진주시을) 강선영(비례) 강승규(충남 홍성군예산군) 고동진(서울 강남구병) 곽규택(부산 서구동구) 구자근(경북 구미시갑) 권성동(강원 강릉시) 권영세(서울 용산구) 권영진(대구 달서구병) 김건(비례) 김기웅(대구 중구남구) 김기현(울산 남구을) 김대식(부산 사상구) 김도읍(부산 강서구) 김미애(부산 해운대구을) 김민전(비례) 김상훈(대구 서구) 김석기(경북 경주시) 김선교(경기 여주시양평군) 김성원(경기 동두천시양주시연천구을) 김소희(비례) 김승수(대구 북구을) 김용태(경기 포천시가평군) 김위상(비례) 김은혜(경기 성남시분당구을) 김장겸(비례) 김재섭(서울 도

봉구갑) 김정재(경북 포항시북구) 김종양(경남 창원시의창구) 김태호(경남 양산시을) 김형동(경북 안동시예천군) 김희정(부산 연제구) 나경원(서울 동작구을) 박대출(경남 진주시갑) 박덕흠(충북 보은군옥천군영동군괴산군) 박상웅(경남 밀양시의령군함안군창녕군) 박성민(울산 중구) 박성훈(부산 북구을) 박수민(서울 강남구을) 박수영(부산 남구) 박정하(강원 원주시갑) 박정훈(서울 송파구갑) 박준태(비례) 박충권(비례) 박형수(경북 의성군청송군영덕군울진군) 배준영(인천 중구강화군옹진군) 배현진(서울 송파구을) 백종헌(부산 금정구) 서명옥(서울 강남구갑) 서범수(울산 울주군) 서일준(경남 거제시) 서지영(부산 동래구) 서천호(경남 사천시남해군하동군) 성일종(충남 서산시태안군) 송석준(경기 이천시) 송언석(경북 김천시) 신동욱(서울 서초구을) 신성범(경남 산청군함양군거창군합천군) 안상훈(비례) 엄태영(충북 제천시단양군) 우재준(대구 북구갑) 유상범(강원 홍천군횡성군영월군평창군) 유영하(대구 달서구갑) 유용원(비례) 윤상현(인천 동구미추홀구을) 윤영석(경남 양산시갑) 윤재옥(대구 달서구을) 윤한홍(경남 창원시마산회원구) 이달희(비례) 이만희(경북 영천시청도군) O 상휘(경북 포항시남구울릉군) 이성권(부산 사하구갑) 이양수(강원 속초시인제군고성군양양군) 이인선(대구 수성구을) 이종배(충북 충주시) 이종욱(경남 창원시진해구) 이철규(강원 동해시태백시삼척시정선군) 이헌승(부산 부산진구을) 인요한(비례) 임이자(경북 상주시문경시) 임종득(경북 영주시영양군봉화군) 장동혁(충남 보령시서천군) 정동만(부산 기장군) 정성국(부산 부산진구갑) 정연욱(부산 수영구) 정점식(경남 통영시고성군) 정희용(경북 고령군성주군칠곡군) 조경태(부산 사하구을) 조배숙(비례) 조승환(부산 중구영도구) 조은희(서울 서초구갑) 조정훈(서울 마포구갑) 조지

연(경북 경산시) 주진우(부산 해운대구갑) 주호영(대구 수성구갑) 진종오(비례) 최보윤(비례) 최수진(비례) 최은석(대구 동구군위군갑) 최형두(경남 창원시마산합포구) 추경호(대구 달성군) 한기호(강원 춘천시철원군화천군양구군을) 한지아(비례)

탄핵소추안 가결을 바라면 밤새 국회 앞을 지킨 시민들은 허탈했다. 탄핵 불발로 국민 여론은 들끓었다. 12월 9일 한국갤럽 여론조사에서는 윤석열 탄핵 찬성 74%, 계엄 부적절 87%로 민심이 드러났다. 윤석열 지지율은 11%로 곤두박질했다. 국민의힘 국회의원 앞으로 탄핵 찬성 촉구 문자 폭탄이 쏟아지고 국민의힘 지역사무실 앞으로는 탄핵 찬성 현수막, 국민의힘 근조화환이 놓이고 규탄집회가 열렸다. 국민의힘 위헌정당해산 심판 국회 국민동의청원이 시작 사흘 만에 21만 명을 돌파했다.

글로벌 투자은행들이 줄줄이 한국경제성장률을 하향 조정했다. 비상계엄 이후 9일 하루 동안 외국인 투자자는 1조 원 넘게 순매도하고 시가총액 144조 원이 증발했다. 상장주식이 바닥을 쳤다. 환율도 1,500원 도달 가능성이 제기되면서 국민연금의 조기 고갈이 경고되었다.

여권의 대응이라고 해봤자 기껏해야 기회주의적인 권력 노림수였다. 탄핵에 대한 찬성 없이 8일 한동훈이 '윤석열에게 6개월 내 하야 요구' 방침과 '윤석열에게서 군 통수권 회수' 등을 주장했지만 정작 윤석열은 대답도 하지 않았다. 게다가 법적 근거는 물론 권한도, 책임도 없는 한덕수 국무총리와 한동훈 국민의힘 대표는 두 사람의 국정운영 계획을 밝히는 공동담화를 발표하자 또 다른 내란 준동이라는 거센 비판에 직면했다.

국민의힘은 추경호를 중심으로 '계엄은 통치행위', '입법독주와 줄탄핵에 대한 반발' 등 계엄의 위헌 위법을 호도하는 여론전에 매달리는 등 국민 여론과는 괴리되는 행태를 보였다.

역사적인 탄핵소추 의결

민주당 지도부는 다시 김건희 특검과 탄핵을 동시에 추진하며 정부와 여당을 압박했다. 12월 12일 네 번째 김건희 특검법을 통과시킨 데 이어, 14일 야6당 공동명의로 발의된 윤석열 탄핵소추안이 표결을 앞두고 있었다.

이 역사적인 윤석열 탄핵소추안 의결일에는 100만 명이 국회에 운집, 국회 앞에 응원봉을 들고 국민의 의지가 무엇인지를 직접 보여주었다. 결국 국민의힘 지도부는 탄핵 반대 당론은 유지하되, 표결에는 참여하기로 결정했다.

표결에 들어간 결과 204표로 가결되었다는 우원식 국회의장의 발표에 국회 주변과 여의도를 꽉 채운 국민은 환호했다. '빛의 혁명'이 1차적으로 성공한 순간이었다. 국민의힘 의원 7명이 공개적으로 탄핵찬성을 선언한 데 이어 최소 12명이 탄핵찬성에 동참한 결과였다.

12월 14일 대통령 윤석열의 탄핵소추안이 국회를 통과하며 대통령으로서의 직무는 정지되었다. 헌법재판소의 탄핵심판과는 별개로 경찰과 검찰, 그리고 공수처의 수사도 함께 진행되었다. 12월 18일, 공수처는 윤석열의 '12.3 비상계엄' 사태와 관련한 수사를 단독으로 진행하겠다는 입장을 발표했다.

2025년 1월 3일 공수처는 출석통보에 연이어 불응한 윤석열 대통령에 대해 법원의 체포영장을 발부받아 집행에 나섰지만, 윤석열 대통령은 관저에

차벽을 설치하고, 경호처는 방호망을 치며 극렬하게 저항했다. 일단의 극우 집단과 국민의힘 의원들도 방패막이가 됐다. 그러나 15일 2차 체포시도에 성공했고, 18일 구속되었다. 비상계엄 선포 45일 만이었다.

헌법재판소의 원활한 탄핵결정을 위해서는 지연되고 있었던 국회 몫 헌법재판관 임명이 필요했다. 당시 헌법재판소는 6명의 헌법재판관으로 운영되고 있었기 때문이다.

이에 민주당을 비롯한 야당주도로 12월 26일 3명의 헌법재판관 선출안을 통과시켰지만, 한덕수 권한대행은 이들의 임명을 거부했다. 국회의 적법한 절차를 거친 결정이었음에도 불구하고 여야 합의가 필요하다는 이유를 들었다.

민주당은 궤변이라고 비판하며 국회의 선출 권한을 침해했다는 점을 들어 한덕수 권한대행의 탄핵안을 발의했다. 탄핵사유에는 이외에도 비상계엄 내란 행위 공모·묵인·방조, '김건희 여사 특검법'·'채 상병 특검법' 거부, 한동훈·한덕수 공동 국정운영 발표, 내란 상설특검 임명 회피 등이 포함되었다. 한덕수 권한대행 탄핵안은 27일 가결되었다.

2025년 3월 8일 법원 부장판사 지귀연은 윤석열 구속 취소를 결정해 그를 석방시켰다. 검찰은 법원의 윤석열 구속 취소 결정에 즉시항고를 하지 않았다. 당시 지귀연 부장판사는 구속기간 만료 시점을 '날 단위'가 아닌 '시간 단위'로 계산, 윤씨의 구속 취소를 결정했다.

이는 전례가 없는 해석으로 평가, 법조계에서 큰 논란을 만들었다. 윤석열 탄핵국면에서 친윤석열계가 여전히 힘을 발휘하고 있던 '구체제'의 방해는 여전히 집요하고 끈질겼다.

민주당 의원들도 가만히 있을 수만은 없었다. 단식을 하자거나 삭발을 하자는 의견들도 있었지만 거리로 나가 시민들을 만나기로 했다. 3월 12일부터 민주당 의원들과 당직자들은 거의 매일 국회에서 출발해 마포대교를 건너 광화문까지 9km를 행진하며 '내란수괴, 윤석열을 파면하라!'고 소리높여 외쳤다.

윤석열 파면을 촉구하며 광화문까지 도보 행진을 시작한 민주당 의원과 당직자들(2025.3.12.)

대통령을 파면한다

윤석열이 풀려나자 시민의 분노는 하늘을 찔렀다. 게다가 헌법재판소의 판결까지 예상보다 늦어져 많은 사람들이 애를 태웠다. 그러다 4월 8일로 탄핵심판이 미뤄진다는 소식이 전해졌다. 헌법재판소의 판결은 공중파 방송으로 생중계됐다. 헌법재판소는 다음과 같은 요지로 윤석열을 파면했다.

피청구인은 헌법과 법률을 위반하여 이 사건 계엄을 선포함으로써 국가긴급권 남용의 역사를 재현하여 국민을 충격에 빠트리고, 사회·경제·정치·외교 전 분야에 혼란을 야기하였습니다.

국민 모두의 대통령으로서 자신을 지지하는 국민을 초월하여 사회공동체를 통합시켜야 할 책무를 위반하였습니다. 군경을 동원하여 국회 등 헌법기관의 권한을 훼손하고 국민의 기본적 인권을 침해함으로써 헌법수호의 책무를 저버리고 민주공화국의 주권자인 대한국민의 신임을 중대하게 배반하였습니다.

결국 피청구인의 위헌·위법행위는 국민의 신임을 배반한 것으로 헌법수호의 관점에서 용납될 수 없는 중대한 법 위반행위에 해당합니다.

피청구인의 법 위반행위가 헌법질서에 미친 부정적 영향과 파급효과가 중대하므로, 피청구인을 파면함으로써 얻는 헌법수호의 이익이 대통령 파면에 따르는 국가적 손실을 압도할 정도로 크다고 인정됩니다. 이에 재판관 전원의 일치된 의견으로 주문을 선고합니다.

탄핵 사건이므로 선고시각을 확인하겠습니다. 지금 시각은 오전 11시 22분입니다.

주문 "피청구인 대통령 윤석열을 파면한다"

헌법재판소 윤석열 대통령 탄핵 선고(2025.4.4.)

낭랑한 음성으로 엄숙하고도 논리정연하게 윤석열의 파면을 결정하는 결정문을 읽었던 헌법재판소장 대행 문형배는 국민적 영웅으로 떠올랐다. 현장에서, 그리고 TV 화면을 통해 헌법재판소의 결정을 지켜보던 시민들은 환호했다. 문형배 재판소장 대행이 전원 일치로 탄핵을 결정하기 위해 숙의를 거듭하느라 헌법재판소의 판결이 늦어졌다는 후문이 전해졌다.

4월 9일 국민의힘과 윤석열의 청와대가 그렇게 반대하던 마은혁 헌법재판관이 104일 만에 임명됐다. 탄핵선고가 내려지기까지 민주당 의원들은 국회에서, 광장에서, 천막 단식장에서 시민들과 함께 헌신적으로 그 역사를 만들었다.

윤석열탄핵 국회의원연대 단식농성(2025.3.13.)

조기 대선과 이재명 대통령 당선

대통령 파면으로 조기 대선을 치러야 했다. 헌정질서와 민주주의를 지켜낸 국민이, 다시 한번 나라의 운명을 결정할 시간이 오고 있었다. 민주당은 4월 15일 후보자 등록을 마치고 본격적인 경선에 들어갔다. 경선은 이재명, 김경수, 김동연 후보 간 3파전으로 진행되었다.

4월 19일 충청권 순회경선을 시작으로, 20일 영남권, 26일 호남권, 27일 수도권·강원·제주 순회경선까지 12일간 합동연설회와 TV토론을 마친 결과, 이재명 후보가 당원과 국민선거인단투표에서 89.77%라는 역사적인 득표율로 민주당 제21대 대통령후보로 확정되었다. 1987년 민주화 이후 원내 제1, 2당 대선, 경선을 통틀어 가장 높은 득표율이었다. 이재명은 후보 수락 연설에서 "더욱 단단한 민주당이 되어 원팀으로 승리하겠다"고 다짐했다.

제21대 대선 이재명 후보 확정(2025.4.27.)

4월 30일에는 제21대 대통령선거대책위원회, '진짜 대한민국 선대위'가 출범식을 가졌다. 보수책사로 불리던 윤여준 전 환경부 장관과 박찬대 대표 직무대행 겸 원내대표가 상임총괄선대위원장을 맡았고 강금실 전 법무부 장관, 정은경 전 질병관리청장, 김동명 한국노총위원장, 김경수 전 경남지사, 김부겸 전 국무총리가 총괄선대위원장으로 나섰다.

통합형 선대위라는 기조에 걸맞게 이명박정부 인사인 이석연 전 법제처장과 이인기 전 새누리당 의원도 공동선대위원장에 이름을 올렸고, 권오을 전 의원은 국민대통합위원장으로 선대위에 합류했다.

비상계엄 사태로 혼란에 빠진 대한민국을 안정화시키기 위한 대선경쟁이 본격적으로 진행되는 와중인 5월 1일, 사법쿠데타가 벌어졌다. 윤석열이 자신의 친위검찰을 조종해 이재명의 선거법 위반을 억지 기소했었다. 2022년 9월, 이재명 대표는 공직선거법 위반 혐의로 기소되어 1심인 서울중앙지법 재판부는 그가 공표한 발언이 사실을 왜곡했다고 판단하며, 징역 1년에 집행유예 2년을 선고했다. 당시 이 판결은 당선무효형을 초래할 수 있다는 우려를 낳았고, 이 대표의 정치적 생명에 치명적인 영향을 미칠 수 있다는 논란도 일었다.

2023년 11월, 이재명 대표는 1심 판결에 불복하고 항소를 제기했다. 2025년 3월 26일, 서울고등법원에서 변호인 측은 공직선거법 제250조 1항에 대한 법리 다툼을 벌였으며, 허위사실 공표의 정의가 광범위하다는 점을 강조했다. 법원은 결국 2심에서 이 대표가 공표한 사실이 허위가 아님을 인정하며 무죄 판결을 내리게 되었다.

그러나 대법원장 조희대가 유례없는 초고속 진행으로 최종판결일을 5월 1일로 잡았다. 자칫 조희대 대법원이 파기자판을 해 유죄를 확정하면 이재명의 대통령선거는 출마 전에 낙마할 수 있는 중대한 사안이었다. 그러나 일단 파기자판까지는 하지 않아 한숨은 돌리게 되었다.

대법원 전원합의체(재판장 조희대 대법원장, 주심 박영재 대법관)는 공직선거법상 허위사실공표 혐의로 기소된 이 후보 상고심 선고기일을 열어 대법관 12명 중 10명의 다수의견으로 "원심은 공직선거법이 규정한 허위사실공표죄에 관한 법리를 오해하여 판결에 영향을 미친 잘못이 있다"며 사건을 서울고법으로 돌려보냈다. 통상 보수 언론으로 불리는 중앙일보에서도 이 재판의 기일이 이례적으로 빨랐다는 지적을 했다.

"이날 선고는 이례적으로 빨리 진행됐다는 점에서도 주목받는다. 기소로부터 1심 선고까지 799일(2년 2개월)이나 걸렸는데, 대법원은 상고심 선고를 항소심 후 36일 만에 결론 내렸기 때문이다. 조 대법원장이 강조해온 6·3·3(선거사범은 1심은 기소 후 6개월, 2·3심은 전심 후 3개월 내 선고) 규정상 법정 기한인 6월 26일보다도 두 달 가까이 당겨졌다."
<중앙일보 2025.5.5.>

민주당은 5월 4일 긴급 비상의총을 개최했다. 2시간 45분 동안 38명의 의원이 발언에 나선 의원총회에서 조희대 탄핵결의안은 채택되지 않았지만, 탄핵을 포함한 대비책까지 고려해야 한다는 의견이 다수였다. 대법원의 판결과정이 위헌·위법했다는 데도 공감대를 이뤄 7일부터 규탄대회 등 대응에 나서기로 했다. 5일은 민주당을 비롯한 야당과 광장대선연합정치시민연대(광장시민연대) 주최로 국회의사당 계단에서 '정치개입 조희대 대법원장 사퇴'와 '내란공범 한덕수 처벌'을 촉구하는 비상시국선언 기자회견을 했다. 시국선언에 참여한 박찬대 더불어민주당 직무대행은 이렇게 말했다.

"12.3 내란 종식과 대한민국 정상화라는 국민의 명령을 조희대 대법관이 사법쿠데타로 짓밟고 있다. 이는 명백한 대선개입, 국민주권 강탈 또 다른 내란이다."

이재명 더불어민주당 대통령 후보의 공직선거법 위반 사건에 대한 대법원의 초고속 재판에 대한 법원 내부에서도 비판이 잇따랐다. 7일에는 대법관들을 비판하고 조희대 대법원장의 사퇴, 전국법관회의 소집 등을 촉구하는 목소리가 나왔다.

5월 10일에는 국민의힘 후보를 불법적으로 교체하려는 지도부의 기도에 맞서 평당원들의 투표로 김문수를 대통령선거 후보로 확정짓기도 했다.

　이러한 정치적 반동의 행태가 계속되는 상황에서도 더불어민주당은 5월 12일 청계광장에서 '진짜 대한민국 선대위' 출정식으로 시작으로 공식적인 대선 선거운동에 들어갔다. 같은 날, ①세계를 선도하는 경제강국, ②내란극복과 K-민주주의 위상 회복, ③가계·소상공인의 활력증진, ④실용적 외교안보 강국, ⑤국민의 생명과 안전을 지키는 나라, ⑥ 세종 행정수도와 '5극3특' 추진으로 국토균형발전, ⑦노동이 존중받고 사람의 권리가 보장되는 사회, ⑧아동·청년·어르신 등 모두가 잘사는 나라, ⑨저출생·고령화 위기를 극복, 아이부터 어른까지 함께 돌보는 국가, ⑩기후위기에 적극 대응 등 10대 정책 공약을 발표했다.

청계광장에서 열린 '진짜 대한민국 선대위' 출정식(2025.5.12.)

이렇듯 민주당은 민주주의 회복과 국민통합을 최우선 과제로 내세웠다. 그것은 단순한 구호가 아니었다. 민주당은 내란을 완전히 종식하고, 진짜 대한민국을 만들자고 호소했다. 모두가 함께 어우러진 나라 대한, 평범한 사람들이 주인인 나라 대한민국을 만들자고 했다.

내란이 일어난 지 꼭 6개월이 지난 2025년 6월 3일, 선거가 실시되었다. '빛의 혁명'의 눈부신 성과로 이재명 후보가 당선됐다. 이재명 49.42%, 김문수 41.15%. 이재명 후보는 역대 민주당 대통령 중에서 가장 높은 득표율로 제21대 대통령에 당선되었다. 6월 4일 새벽 1시경 당선이 확실시되자 이재명 후보는 민주당사를 찾아 수고한 당직자들과 기쁨을 나눴다. 그는 국민을 크게 통합하는 진짜 대통령이 되겠다고 약속했다.

당선이 확실시 된 새벽에 당사 방문한 이재명 후보(2025.6.4.)

민주당과 이재명 대통령은 6월 4일 국회에서 간소한 대통령 취임 선서식을 열었다.

"우리를 갈라놓은 혐오와 대결 위에 공존과 화해, 연대의 다리를 놓아 가겠다"

이재명 대통령은 진영 간 대결로 갈라진 이 땅을 통합의 행복한 나라로 만들겠다고 다짐했다.

국회에서 열린 제21대 이재명 대통령 취임식(2025.6.4.)

6. 정청래 당대표 체제 출범과 검찰개혁의 완수

　민주당은 3년 만에 다시 집권여당이 되었다. 이재명정부를 성공으로 이끌어야 할 막중한 책무가 주어졌다. 우선 전열을 정비해야 했다. 6월 13일에는 새로운 원내대표를 선출했다. 원내대표 선거에도 권리당원 투표 20%를 반영하도록 선출 규정이 바뀌어, 권리당원 의사가 처음으로 원내대표 선거에도 반영되었다. 김병기 의원과 서영교 의원이 마지막까지 경쟁한 가운데, 김병기 의원이 제22대 국회 2기 원내대표에 당선되었다. 그는 "내란종식과 헌정질서 회복, 권력기관 개혁을 하나의 트랙으로, 민생 회복과 경제 성장을 또 하나의 트랙으로, 국민통합과 대한민국 재건을 또 하나의 트랙으로 모든 것을 바치겠다."고 목소리를 높였다.

　대선 출마를 위해 임기를 1년 남기고 당대표직을 내려놓은 이재명 대표의 뒤를 이을 새 당대표도 선출해야 했다. 남은 임기 1년 동안 당을 이끌 대표를 뽑기 위해 임시전당대회를 8월 2일에 열기로 했다. 7월 중순 경선에 막이 올랐다. 후보로는 최고위원을 지낸 정청래 의원과 원내대표를 지낸 박찬대 의원이 출마했다.

　정청래 의원은 2025년 6월 15일, 민주당 당대표 선거 출마를 공식 선언했다. 그는 "국민주권시대에 맞는 당원주권시대를 열겠다"고 밝히며 "당원 중심의 민주당으로 바꾸겠다"는 메시지를 던졌다. 여기에 맞서는 박찬대 후보 쪽은 의원 및 대의원 조직 기반이 강했고, 대의원 투표에서의 우위 확보가 역전의 키포인트가 될 수 있다고 내다보았다. 민주당 대표 선거는 권리당원 투표, 대의원 투표, 국민여론조사라고 하는 3개 요소를 일정 비율로 합산하여 결정되는 방식이다. 권리당원 투표가 전체의 55%, 대의원 투표가 15%, 국민여론조사가 30% 비율로 반영되는 것이다.

결국 정청래 후보가 61.74%의 지지를 받아 새 민주당대표로 선출됐다. 그는 수락 연설에서 "검찰·언론·사법개혁을 추석 전 마무리하겠다"고 했다. 한편 국무총리로 임명된 김민석 전 최고위원의 공석으로 실시된 최고위원 보궐선거에서는 황명선 후보가 선출되었다.

경기 고양 킨텍스에서 열린 제2차 임시전국당원대회에서 선출된 정청래 대표(2025.8.2.)

이재명 대통령도 정청래 대표도 자축할 시간이 없었다. 이재명 대통령은 탄핵 뒤의 취임이라 통상의 '대통령직 인수위'를 구성하지 못했다. 대신 그 일을 압축적으로 진행할 국정기획위원회(국정위)를 출범시켰다.

국정위는 이한주 위원장을 중심으로 다양한 분야의 전문가와 실무 관료들이 참여하였으며, "국민이 주인인 나라, 함께 행복한 대한민국이라는 국가비전 아래 3대 국정원칙(경청과 통합, 공정과 신뢰, 실용과 성과)을 설정하였다.

정부서울청사 창성동 별관에서 열린 국정기획위원회 현판식(2025.6.16.)

2025년 8월 13일, 국정위는 '국정운영 5개년 계획'과 '123대 국정과제'를 공식 발표하였다. 이 계획은 국민이 하나 되는 정치, 세계를 이끄는 혁신경제, 모두가 잘사는 균형성장, 기본이 튼튼한 사회, 국익 중심의 외교안보라는 5대 국정목표를 중심으로 23대 추진전략과 123대 구체 과제로 구성되었으며, 입법·재정·조직·인력까지 포함한 실행 설계를 특징으로 한다. 특히, 권력기관 개편 및 검찰개혁, 언론개혁, 재벌개혁, 정치개혁 등 '4대 개혁과제'는 국민주권 실현의 핵심 수단으로 명시되었다.

우선 검찰개혁은 문재인정부 시절의 검경수사권 조정과 검수완박(검찰 수사권 완전 박탈) 논란을 거쳐, 윤석열정부에서의 수사권 복원 시도에 대응하는 형식으로 다시 제기되었다. 민주당은 2025년 정기국회에서 검찰의 권한 집중을 해소하고, 국민의 통제 아래 수사·기소 체계를 재구축하기 위한 4대 법안을 추진하였다. 첫째, 기존 검찰청 조직을 해체하고 검사의 수사권을 폐지하는 검찰청법 개정안, 둘째, 기소 기능을 담당하는 독립기구 신설하기 위한 공소청 설치법안, 셋째, 수사 전문 독립기관인 중대범죄수사청(중수청) 설치법안, 수사기관에 대한 민주적 통제 기구 설치를 위한 국가수사위원회 설치법안이 그것이다.

이들 법안은 2025년 8월 말까지 민주당 당론으로 발의되었으며, 국민주권 검찰정상화특별위원회를 통해 초안이 완성되었다. 개혁 지지 진영은 검찰의 정치적 중립성과 수사권 남용 방지를 위한 핵심 조치로 평가하고 있다.

언론개혁도 중요한 개혁과제였다. 윤석열정부 시절 언론 자유와 편향성, 허위정보 문제가 정치쟁점화됨에 따라, 민주당과 국민주권정부는 언론의 공공성과 독립성을 강화하는 개혁을 추진하기로 하면서 공영방송 이사회의 정치적 독립성 보장하는 방송법 개정안과 정정보도 및 피해 구제 강화를 위한 언론중재법 개정안, 그리고 허위정보 유통 및 플랫폼 책임 강화하기 위한 가짜뉴스 방지 특별법을 제정하기로 했다.

재벌 중심 경제 구조의 개선과 중소기업, 노동자, 플랫폼 종사자 등 경제적 약자의 권리 강화를 위한 입법도 추진하기로 했다.

검찰청을 폐지하고 기소·수사 기능을 분리하는 정부조직법 개정안이 9월 26일 국회 본회의에서 통과됐다. 이에 따라 1년의 유예 기간을 거친 뒤 2026년 9월부터 검찰청은 78년 만에 역사 속으로 사라지고, 기소 기능을 전담하는 공소청과 수사를 담당하는 중대범죄수사청(중수청)이 각각 출범한다. 국회는 이날 본회의에서 재석 의원 180명 가운데 찬성 174명, 반대 1명, 기권 5명으로 정부조직법 개정안을 가결했다.

개정안에 따라 법무부 장관의 사무 범위는 기존 '검찰·행형·인권옹호·출입국관리'에서 '검사 사무·행형·인권옹호·출입국관리'로 조정됐다. 또한 '법무부 장관 소속으로 검찰청을 둔다'는 조항은 '공소청을 둔다'로 변경됐다.

이로써 민주당의 숙원이었던 검찰개혁법안이 드디어 통과됐다. 그러나 검찰이 무소불위의 힘을 가졌던 오랜 시간을 돌아볼 때 법안의 통과만으로 검찰개혁은 완수되지는 않을 것이다. 그러나 민주당은 국민과 함께 그 험한 길을 뚜벅뚜벅 한 걸음씩 걸어갈 것이다. '사람 사는 세상'을 갈망했던 노무현 대통령의 꿈이 먼 길을 돌아 이제 현실이 되고 있다.

민주당은 민주당의 자랑스러운 대통령, 김대중·노무현·문재인이 갔던 개혁의 길, 국리민복의 길로 이제 이재명 대통령과 함께 힘차게 나아가 국민이 진짜 주인인 진짜 대한민국을 이룰 것이다.

광화문에서 열린 제21대 대통령 국민임명식(2025.8.15.)

제7장

더불어민주당의 길

| 제 7 장 |

더 강한 민주주의를 향해

민주당 70년의 역사는 대한민국 민주주의를 발전시키고 지켜온 역사였다. 독재정권과 권위주의 정권의 온갖 탄압과 퇴행 속에서도 '민주'의 깃발을 놓지 않았다. 그 역사가 민주당 사람들에게 '정통 민주세력'이라는 자부심의 원천이다. 4.19 혁명으로 집권한 민주당은 "새로운 민주공화국"을 향해 나아갔으나 군부쿠데타로 집권 9개월 만에 정권을 잃었다. 그 이후 독재정권들은 수차례 민주당을 해산시켰고, 민주당 사람들의 손발을 묶었다. 그 수난에도 굴하지 않고 다시 일어서서 마침내 평화적 정권교체를 이뤘다.

평화적 정권교체를 이룬 후 10년에 걸친 민주정부를 운영하면서 민주적 질서와 제도를 더 굳건히 하였지만, 반동은 사라지지 않았고 민주주의는 다시 위기에 빠졌다. 10년 만에 다시 정권을 잡은 보수세력은 과거의 습성을 버리지 못하고 서슴없이 민주주의를 위기에 빠뜨렸다. 민주당을 향해 정치보복을 했고, 민간인들을 사찰했고, 급기야는 전임 대통령을 죽음으로 내몰았다. 국가권력을 자신들의 사적 이익을 취하거나 경쟁자를 탄압하는 도구로 사용하고, 국정을 농단했다. 민주주의는 외피일 뿐, 얼마든지 독재정치가 재현될 수 있다는 것을 뼈저리게 실감했다.

민주주의 후퇴를 제대로 막지 못한 데는 민주당의 책임도 컸다. 계파의 주도권 싸움으로 당은 혼란을 거듭했고, 민심에 부응하지 못했다. 그 혼란의 종지부를 찍은 것이 바로 2015년 더불어민주당의 시작이다. 더불어민주당으로 이름만 바꾼 것이 아니라 당 혁신에도 박차를 가했다. 온라인 당원 시스템을 도입해 당원이 당의 의사결정에 적극 참여하게 했다. 새로운 인물들도 대거 영입해 국민 삶을 나아지게 하는 유능한 정당으로 발돋움하기 시작했다. 결국 2016년 총선에서 제1당을 차지하며 16년 만에 여소야대 정국을 만들었다.

단결하면 승리한다는 상식이 현실로 드러난 순간이었다.

거대야당이 된 더불어민주당은 국민 기대에 부응했다. 박근혜 정권은 국정농단으로 대한민국을 순식간에 혼란에 빠뜨렸다. 그것은 단순한 국정농단이 아니라 헌정질서의 파괴였다. 국민이 촛불을 들고 광장에 서서 '이게 나라냐'고 외치며 "대한민국의 모든 권력은 국민으로부터 나온다"는 헌법 제1조를 온몸으로 보여줬다. 한국의 민주주의는 그냥 주어지거나 쉽게 얻어진 것이 아니라는 역사적 교훈을 되새기는 순간이었다. 국민과 함께 민주당은 박근혜 탄핵소추안을 의결했고, 결국 파면에 이르게 했다. 조기 대선을 통해 국민은 더불어민주당에 '나라다운 나라'를 만들라는 소명을 줬고, 문재인정부가 탄생했다. 더불어민주당이라는 이름으로 처음 집권을 하면서 10년 만에 정권교체를 이룬 주역이 된 것이다.

민주당정부는 국민의 준엄한 명령에 따라 이명박·박근혜정부 10년 동안 파탄 난 나라를 다시 세우려고 동분서주했다. 남북관계를 복원하고 권력기관을 개혁했다. 전대미문의 코로나19 팬데믹, 일본의 수출 규제 등에도 지혜롭게 대응했다. 야당의 반대로 무산되기는 했지만, 낡은 헌법을 고쳐 국민 기본권을 더 보장하는 새로운 민주공화국의 질서를 만들고자 개헌안까지 발의하면서 개헌을 시도하기도 했다. 그런 노력으로 대한민국은 '완전한 민주주의 국가'로 평가받았다.

그러나 5년 만에 국민은 정권을 보수세력에게 넘겼다. 민주당과 문재인정부가 민심에 충분히 부응하지 못한 결과였다. 정권교체로 정권을 잡은 윤석열은 조자룡 헌칼 쓰듯 권력을 마구 휘두르며 대한민국의 민주주의를 망가뜨리기 시작했다. 야당을 반국가세력으로 몰며 유례없이 잔혹한 정치보복을 자행했다.

경쟁자를 탄압할 때, 민주주의는 급속하게 무너진다는 역사적 사실은 현실이 되었다. 2024년 대한민국은 독재의 위험이 있는 '결함 있는 민주주의' 국가로 추락했다. 급기야 윤석열은 45년 만에 비상계엄을 선포해 친위쿠데타를 일으켰다. 일순간에 민주주의가 위기에 빠졌다. 이번에도 국민은 좌시하지 않았다. 맨몸, 맨손으로 윤석열 내란을 막았고, 대한민국의 민주주의를 구했다.

그렇지만 12.3 내란은 민주주의 제도의 취약성을 단적으로 드러냈다. 법치를 내세워 정적을 탄압하고, 대통령의 권한을 내세워 국회를 무용지물로 만들었다. 급기야는 통치행위를 내세워 비상계엄까지 선포했다. 그런 제도적 취약성 속에서도 대한민국의 민주주의는 놀라운 회복력을 보여줬다. 그 회복력의 원천은 제도 자체를 넘어 민주주의를 염원하는 국민의 의지였다. 민주주의의 취약성을 극복해 더 강한 민주주의로 나아가는 길은 오직 '더 많은 민주주의'이며, 더 많은 민주주의자들이라는 것을 보여줬다.

민주당부터 먼저 성숙한 민주정당이 되어야 한다. 당내민주주의를 더 강화하고 당의 주인인 당원의 권리를 실질적으로 보장하는 당원주권정당으로 나아가야 한다. 당내 다양한 의견들이 서로 존중받고 조화를 이룰 수 있는 문화와 제도를 만들어야 한다. 거대 정당의 기득권에 안주하지 않고 소수의 목소리를 배려하고, 그들과 함께 연대하는 연합의 정치로 나아가야 한다. 아울러 민주당원들도 일상 속에서 더 철저한 민주주의자가 되어야 한다. 차이를 존중하고, 연대의 가치를 소중히 여겨야 한다. 참여하고 감시하며 행동해 당의 주인 역할을 충실히 해야 한다.

또한 AI 혁명시대에 맞는 디지털 민주주의를 더욱 발전시켜야 한다. 그리하여 합리적 토론과 민주적 의사결정을 더 쉽고 빠르게 할 수 있는 직접민주주의 시스템도 과감하게 도입해야 한다. 소수의 기술 독점 우려를 극복해 대의민주주의의 한계와 직접민주주의의 비효율성을 보완하며 시대가 요구하는 새롭고 혁신적인 민주주의를 만들어 가야 한다. 그렇게 해서 민주당이라는 이름을 더욱 자랑스럽게 빛내야 한다.

통합의 정치, 통합의 나라를 향해

70년의 역사 속에서 민주당은 숱한 분열과 통합을 반복했다. 분열하면 언제나 패배했고 통합하면 늘 승리했다. 계파끼리 주도권을 쥐려는 다툼을 하며 당의 공적 소명을 저버릴 때, 민심도 당을 저버렸다. 민주당이 통합하고, 기득권을 버리고 민주세력과 연합할 때 국민은 언제나 승리라는 선물을 안겨줬다.

더불어민주당은 민주당 70년 역사 속에서 그 어느 때보다 통합과 안정을 이루고 있다. 그 배경은 당의 중심에 당원이 있다는 점이다. 계파나 유력자가 당을 좌지우지하는 일은 더 어려워졌다. 당원들이 당의 뿌리가 되어 작은 흔들림은 있더라도 뽑히지 않고 지탱하는 당원중심정당이 된 것이다. 물론 그만큼 당원의 책임도 커졌다. 당원들이 더 큰 책임감을 갖고 당의 주인 노릇을 할 때 민주당은 더욱 단단해지고 풍요로워 질 것이다.

더 나아가서 민주당은 한국 사회의 통합을 위해 매진해야 한다. 불평등과 양극화가 사회적 갈등과 분열을 심화하고 있다. 국민을 갈가리 갈라놓는 정치적 극단주의가 기승을 부리고 있다. 각자도생의 사회 질서가 유발한 고립과 소외가 공동체의 의미를 퇴색시키고 있다. 윤석열 내란은 그런 사회적 갈등과 극단주의, 고립이라는 사회적 상황을 파고든 유사 파시즘을 배경으로 하고 있다. 과거에도 독재는 늘 갈등과 혼란을 기회로 삼아왔다.

이에 맞서 공존과 화해, 연대의 다리를 새롭게 놓아야 한다. "갈등보다 대화를, 상처보다는 치유를, 대립보다는 화해를, 비난보다는 협력을, 혐오보다 서로를 살피고 돌보는 상생의 가치"를 회복해야 한다. '더불어'라는 당명을 쓴 취지도 바로 거기에 있다. 민주주의의 소중한 가치인 '연대'를 당의 핵심가치로 삼겠다는 다짐이었다. 민주당은 70년 역사 동안 줄곧 '더불어 함께 잘 사는 민주주의'를 추구해 왔다. 모두가 기본적 삶의 조건을 충족하는 정의로운 사회를 만들어 '통합의 나라'를 만드는 것이 민주당의 꿈이다.

민주당은 진짜 대한민국을 만들겠다고 약속했다. 그 진짜 대한민국은 다름 아닌 통합의 나라, 함께 어우러진 나라, 연대와 상생의 나라를 의미한다. 경쟁자에게 보복하지 않고, 소수자를 배제하지 않고, 차이를 혐오하지 않는 나라가 진짜 대한민국이다. '평등한 자유', '함께하는 자유'를 누리는 나라가 진짜 대한민국이다. 자유는 외부의 간섭을 제거하려는 고립된 개인의 노력으로 지킬 수 있는 것이 아니다. 대신 공동체 구성원들의 연대와 협력을 통해 서로가 서로에게 보장하고 함께 일궈나가는 것이다. 민주당은 '더불어'라는 이름답게 그런 통합의 나라를 만드는 데 앞장서야 한다.

민생을 책임지는 유능한 정당으로

민주당은 더 유능해져야 한다. 민주당이 집권에 실패하거나 정권을 잃었을 때는 많은 경우 민주당의 부족함 때문이었다. 민주당이 더 유능하고 믿음직한 모습을 국민에게 보여주지 못했을 때, 민생이 도탄에 빠졌을 때, 민주당이 해법과 대안을 제시하지 못했을 때, 국민은 실망했고 보수세력에게 정권을 맡겼다. 민주당 70년을 돌아보며 크게 성찰해야 할 부분이다.

국민이 절대빈곤에 허덕일 때 민주당은 "못살겠다 갈아보자"는 구호로 국민의 희망이 되었다. 총통제를 향해 치닫는 박정희 독재권력이 민생을 내팽개쳤을 때, 혁신적 정책을 제시하며 경제와 민생을 살리자는 김대중의 호소에 국민은 호응했다. IMF 국난을 극복하며 국민의 피눈물을 닦아줬을 때, 국민은 민주당을 믿었다. 국가 균형발전을 통해 지역 주민도 균등한 삶을 살도록 하려는 노무현 대통령의 노력을 높이 평가했고, 코로나19로 국민의 생명이 위태로웠을 때, 민주당정부가 보여 준 헌신과 유능함에 박수를 보냈다.

자신의 생각과 지향점이 옳다는 것만으로 국민을 설득하려고 해서는 안 된다. 이념의 깃발만 높이 들고 목소리만 큰 정당이 아니라, 국민의 삶을 더 나아지게 할 구체적인 성과와 결과를 내놓아야 한다. 그러기 위해서는 민심에 즉각 반응하는 유연함, 시대정신을 꿰뚫는 적확함, 시대과제를 풀 수 있는 유능함으로 무장해야 한다. 국리민복만을 최우선으로 하는 유연하고 실용적 태도로 민생의 든든한 버팀목이 되어야 한다. 그래야 민주당이 표방하는 중도 정당의 길로 갈 수 있다.

현실정치에서 유능함은 정치인의 지적 역량으로 드러나는 것이 아니다. 좋은 집이냐 아니냐는 집을 짓는 목수가 아니라 집에 사는 집주인이 더 잘 아는 법이다. 따라서 유능함은 주권자인 국민의 집단지성을 철저하게 신뢰하고, 문제의 답을 국민 속에서, 현장 속에서 찾으려는 노력으로 형성된다. 더불어민주당은 국민의 요구를 정확히 이해하고 받아들여, 대안과 수권능력을 가진 유능한 정당으로 거듭나야 한다.

유능한 정당이 되기 위해서는 열정과 성실함이 필요하다. 국민 눈높이에서 "반 발짝 앞서가려는" 탐구와 연구를 게을리해서는 안 된다. 더 깊이 보는 현미경과 더 멀리 보는 망원경을 가져야 한다. 현미경과 망원경으로 찾아낸 대안과 해결 방안을 국민께 제시하고 평가받아야 한다.

흔들리지 않는 백년 정당을 향해

　더불어민주당 10년은 지난 60년의 역사를 성찰하며 부족한 부분은 채우고, 아쉬운 부분은 보완했던 시간이었다. 승리의 역사를 자랑스러워하며 다시는 흔들리지 말자는 다짐과 격려의 시간이었다. 민주당이 나라의 운명을 좌우한다는 소명의식과 책임감을 확실히 각인한 시간이었다. 그 힘으로 초유의 내란 사태를 막고 다시 집권에 성공하여 국민주권정부를 이룰 수 있었다.

　그럼에도 불구하고 우리는 잊지 말아야 한다. 문재인정부의 노력과 성과에도 불구하고 정권을 빼앗겼고, 그 결과 민주주의와 국가의 위기를 초래했다. 그런 순간이 다시 오지 말라는 법은 없다. 한국의 민주주의가 흔들리지 않고, 민생과 경제가 더 발전하기 위해서는 더불어민주당의 역할이 막중하다. 그 역할을 다하기 위해서는 우선 지난 70년의 역사를 깊이 성찰해 반성과 계승의 노력을 해야 한다. 그러한 노력의 일환으로 민주당 60년사에 더해 더불어민주당 10년사를 편찬하였다. 역사 속에서 길을 찾으려는 민주당의 노력이 백년 정당으로 가는 힘찬 발걸음이 될 것이다. 국민과 함께, 당원과 함께 70년을 이어온 민주당의 자긍심으로 뚜벅뚜벅 나아가자.

연 표
[2015 - 2025]

더불어민주당

2015

○▶ 더불어민주당으로 당명변경(2015.12.28.)
  - 당무위원회에서 새정치민주연합에서 '더불어민주당'으로 당명 변경

2016

○▶ 김종인 비대위 체제 출범(2016.1.27.)
  - 문재인 대표와 최고위원 일괄 사퇴
  - 중앙위원회에서 김종인을 비상대책위원장으로 선출

○▶ 제20대 국회의원 선거 승리(2016.4.13.)
  - 민주당이 123석, 새누리당 122석으로 민주당이 제1당 차지

○▶ 추미애 당대표 체제 출범(2016.8.17.)
  - 전당대회를 통해 추미애 당대표 선출
  - 최고위원에 김영주, 최인호, 전해철, 김춘진, 심기준, 양향자, 김병관, 송현섭

○▶ 박근혜 탄핵소추안 의결(2016.12.9.)
  - 대통령 탄핵안 발의(2016.12.3.)
  - 본회의 탄핵안 표결 총 투표수 299표 중 찬성 234표, 반대 56표, 무효 7표, 기권 2표로 가결

2017

○▶ 박근혜 탄핵 선고(2017.3.10.)
  - 헌법재판소는 재판관 전원일치로 헌정사상 최초 대통령 파면

○▶ 제19대 대통령선거 후보 선출 (2017.4.3.)
  - 경선에서 문재인, 안희정, 이재명, 최성이 경쟁
  - 문재인 57% 득표로 결선투표 없이 선출

○▶ 제19대 대통령선거 승리(2017.5.9.)
  - 문재인 41.8%, 홍준표 24.3%, 안철수 21.41%, 유승민 6.73%, 심상정 6.17% 득표

○▶ 제19대 대통령 취임(2017.5.10.)
  - 제3기 민주정부 출범

○▶ 정당발전위원회 출범(2017.8.24.)
  - 최재성을 위원장으로 이재명, 박광온, 한정애, 한민주, 심재명 등 원내외 인사로 구성
  - 정당 현대화를 통한 100년 정당 목표

2018

- **제7회 동시지방선거 압승(2018.6.13.)**
  - 광역단체장 14석, 기초단체장 151석 차지
  - 국회의원 재보궐선거 12석 중 11석 획득

- **이해찬 당대표 체제 출범(2018.8.25.)**
  - 당대표 선출 전당대회에서 이해찬, 김진표, 송영길 후보가 경쟁
  - 42.88% 이해찬 당대표 선출
  - 최고위원에 박주민, 박광온, 설훈, 김해영, 남인순 당선

- **제5차 남북 정상회담(2018.9.18.)**
  - 평양에서 문재인 대통령과 김정은 국무위원장 회담
  - 9.19 평양공동선언 발표

2019

- **선거제도 - 권력기관 개혁**
  - 준연동형 비례대표제 도입(2019.12.27.)
  - 공수처법 의결(2019.12.30.)
  - 검경수사권 조정안 의결(2020.1.13.)

2020

- **코로나19 국난극복위원회 설치(2020.3.9.)**
  - 전 당 차원에서 코로나 대응
  - 코로나 3법 통과

- **제21대 총선 압승(2020.4.15.)**
  - 민주당은 더불어시민당과 함께 180석 획득
  - 더불어시민당과 합당(2020.5.13.)

- **이낙연 당대표 체제 출범(2020.8.29.)**
  - 전당대회에서 이낙연 당대표 선출
  - 최고위원에 김종민, 염태영, 노웅래, 신동근, 양향자 선출

2021

- **김태년 비상대책위원장 체제 출범(2021.3.10.)**
  - 이낙연 대표 사퇴로 김태년 원내대표가 권한대행 겸 비상대책위원장

2021

- **재보궐선거 참패(2021.4.7.)**
  - 서울시장 후보 박영선, 부산시장 후보 김영춘 모두 패배
  - 지도부 총사퇴, 도종환 비대위 체제 전환

- **송영길 당대표 체제 출범(2021.5.2.)**
  - 송영길, 홍영표, 우원식 후보가 경쟁
  - 송영길 후보가 35.6%로 당선
  - 최고위원에는 김용민, 강변원, 백혜련, 김영배 선출

- **제20대 대통령선거 후보 선출(2021.10.10.)**
  - 이재명 후보가 50.29% 과반 득표율로 선출

2022

- **열린민주당과 합당(2022.1.14.)**
  - 중앙위원회 의결로 열린민주당 흡수 합당

- **제20대 대통령선거 패배(2022.3.9.)**
  - 이재명 47.8%, 윤석열 48.53%, 0.73%p 차로 패배

- **윤호중·박지현 공동비대위원장 체제 출범(2022.3.13.)**
  - 지도부 총사퇴 이후 윤호중 원내대표와 박지현을 공동대표로 하는 비대위 출범

- **제8회 동시지방선거 패배(2022.6.1.)**
  - 광역단체장 5석, 기초단체장 63석으로 대패

- **우상호 비상대책위원장 체제 출범(2022.6.10.)**
  - 지도부 총 사퇴 후 우상호 비대위원 체제 시작

- **이재명 당대표 체제 출범(2022.8.28.)**
  - 전당대회에서 이재명 후보가 77.77%의 압도적 득표율로 당대표 선출
  - 최고위원으로 정청래, 고민정, 박찬대, 서용교, 장경태 선출

- **검찰독재정치탄압대책위원회 설치(2022.12.1.)**
  - 박범계, 박찬대를 공동위원장으로하는 검찰독재 대응 기구 설치

2022

○▶ 이태원 참사 발생(2022.10.29.)
  - 국정조사특별위원회 출범(2022.11.24.)
  - 이상민 장관 탄핵소추안 의결(2023.2.8.)
  - 이태원 특별법 제정(2024.5.14.)

2023

○▶ 이재명 대표 체포동의안 발부
  - 1차 체포동의안 부결(2023.2.27.)
  - 2차 체포동의안 가결(2023.9.21.)
  - 영장실질심사에서 구속영장 기각(2023.9.27.)

2024

○▶ 이재명 대표 피습(2024.1.2.)
  - 부산 가덕도신공항 건설부지 방문 중이던 이재명 대표를 향한 정치테러 발생

○▶ 제22대 총선 압승(2024.4.10.)
  - 더불어민주당과 더불어민주연합이 184석으로 압승

○▶ 비상계엄 선포(2024.12.3.)
  - 윤석열 탄핵소추안 가결(2024.12.14.)
  - 윤석열 탄핵(2024.4.4.)

2025

○▶ 제21대 대통령 후보 선출(2025.4.27.)
  - 이재명, 김동연, 김경수 후보가 경쟁
  - 이재명 후보가 89.77% 득표율로 민주당 대선 후보로 확정

○▶ 제21대 대통령 당선(2025.5.3.)
  - 민주당 이재명 후보가 49.72% 득표율로 당선

○▶ 정청래 당대표 체제 출범(2025.8.2.)
  - 이재명 당대표 사임으로 당대표 보궐선거 실시
  - 정청래 후보가 61.73% 득표율로 당선

| 후기 |

승리의 역사,
국민과 함께 이룬
새로운 10년의 기록

더불어민주당 창당70년 기념사업 추진위원회 당사 편찬 분과장
위 성 곤

존경하는 당원 동지들과 국민 여러분께, 『국민과 함께한 민주 70년: 더불어민주당 70년사』를 헌정합니다. 10년 전 발간된 『60년사』라는 견고한 토대 위에, 대한민국 현대사의 가장 극적이고 파란만장했던 지난 10년의 역사를 정사(正史)로 완성하는 막중한 책무를 마침내 완수하게 되어 깊은 감회와 함께 벅찬 책임감을 느낍니다. 이번 70년사 편찬 작업은 정청래 당대표님의 확고한 의지와 선도적인 관심이 밑바탕이 되었으며, 권노갑, 송춘한 공동위원장님께서 이끄신 '창당70년 기념사업 추진위원회'의 전폭적인 지원 덕분에 결실을 맺을 수 있었습니다. 이 자리를 빌려 진심으로 경의와 감사를 표합니다.

격동의 세월, 위대한 국민과 함께 이룬 승리의 연대기

지난 10년은 그야말로 역사의 격랑이었습니다. 60년사 편찬 직후, 우리는 헌정질서를 뒤흔든 국정농단 사태라는 초유의 위기에 직면했습니다. 그러나 위대한 국민은 '촛불혁명'으로 불의에 맞서 일어섰고, 우리 당은 국민과 함께 박근혜 정부 탄핵을 관철하고 문재인정부를 출범시키며 무너진 민주주의를 복원하고 대한민국의 국격을 드높였습니다.

하지만 그 성과를 이어가기도 잠시, 윤석열 정권의 등장과 함께 대한민국 민주주의는 다시금 심각한 후퇴와 위기를 맞았습니다. 급기야 헌정질서의 근간을 유린하는 비상계엄 사태라는 참담한 역사적 퇴행을 목도해야 했습니다. 이 절체절명의 순간, 더불어민주당은 다시 한번 국민의 염원을 받들어 가장 선두에 섰습니다. 피와 땀으로 지켜온 민주주의를 수호하기 위한 처절한 투쟁 끝에, 우리는 마침내 윤석열 대통령 탄핵을 이끌어내며 헌법적 가치를 수호했습니다. 그리고 이재명정부를 출범시키며 새로운 민주주의의 시대를 열었습니다.

공정하고 객관적인 '정사(正史)'로서의 기록

이처럼 지난 10년은 좌절과 승리, 위기와 극복이 숨 가쁘게 교차한 '살아있는 역사' 그 자체였습니다. 저희 편찬위원회는 이 역사를 미화하거나 축소하지 않고, 공정하고 객관적인 '정사'로 기록하는 것을 최우선의 원칙으로 삼았습니다.

영광의 순간들뿐만 아니라, 아팠던 분열과 통렬한 반성의 순간까지도 가감 없이 담아내어 미래 세대를 위한 소중한 역사적 교훈으로 삼고자 했습니다.

이 험난한 기록의 여정은 이기헌, 김준혁, 정을호 의원님 등 편찬위원 동료들의 역사적 사명감과 헌신 덕분에 숱한 고비를 넘길 수 있었습니다. 또한 기획과 방대한 실무를 전담해 주신 박혁 연구위원, 강병익 연구위원, 신가연 주임과 신동호 실장의 밤낮없는 노고가 없었다면 이 책의 완성은 불가능했을 것입니다. 귀한 사진을 제공해 준 당직자들께도 감사드립니다. 무엇보다 방대한 사료를 엮어 생생한 역사로 직조해내신 이문영, 최용범 두 분 집필 작가님의 깊은 열정과 전문성에 마음 깊이 경의를 표합니다.

더불어민주당의 70년사는 굴욕과 좌절 속에서도 민주주의를 향한 투쟁을 결코 멈추지 않았던 위대한 국민과 당원 동지들의 숭고한 기록입니다. 이 책이 새롭게 출범한 이재명정부의 성공적인 국정운영을 든든히 뒷받침하고, 더불어민주당의 미래 100년을 밝히는 굳건한 시대적 밑거름이 되기를 간절히 염원합니다.

2025년 12월

초판 1쇄 인쇄 2025년 12월 8일
초판 1쇄 발행 2025년 12월 8일

지은이 더불어민주당 창당70년 기념사업 추진위원회
책임편집 위성곤
펴낸곳 도서출판 썬프린팅

출판등록일 2020년 8월 10일
출판등록번호 제 2020-000090호

디자인 (주)티오피폴리컴

ISBN 979-11-977823-2-9

정가 20,000원
·파본이나 잘못된 책은 교환하여 드립니다.
·본 제작물의 저작권은 더불어민주당에 있습니다.
·이 책은 저작권법에 따라 보호받는 저작물이므로 무단 전재와 무단 복제를 금합니다.